QUATRIÈME ÉDITION

COLLAGE

VARIÉTÉS CULTURELLES

LUCIA F. BAKER
Professor Emeritus/University of
Colorado, Boulder

RUTH ALLEN BLEUZÉ
Moran, Stahl & Boyer International

LAURA L.B. BORDER
University of Colorado, Boulder

CARMEN GRACE
University of Colorado, Boulder

JANICE BERTRAND OWEN
University of Colorado, Boulder

ANN WILLIAMS-GASCON
Metropolitan State College, Denver

THE McGRAW-HILL COMPANIES, INC.

New York   St. Louis   San Francisco
Auckland   Bogotá   Caracas   Lisbon
London   Madrid   Mexico City   Milan
Montreal   New Delhi   San Juan
Singapore   Sydney   Tokyo   Toronto

This is an  book.

Collage: Variétés culturelles

This book is printed on acid-free paper.

1 2 3 4 5 6 7 8 9 0   VNH   VNH   9 0 9 8 7 6 5

ISBN 0-07-005168-2

The editors were Leslie Berriman, Eileen LeVan, Caroline Jumper, and Marie Deer.
The production supervisor was Tanya Nigh.
Production and editorial assistance was provided by Linda McPhee Smith, Edie Williams (Vargas/Williams/Design), and Melissa Gruzs.
The text and cover designer was BB&K Design, Inc.
The photo researcher was Stephen Forsling.
This book was set in Adobe Garamond by Jonathan Peck Typographers and Maryland Composition Company.
This book was printed and bound by Von Hoffman Press.

Library of Congress Cataloging-in-Publication data

Collage. Variétés culturelles. / Lucia F. Baker . . . [et al.].—4. éd.
    p.   cm.
  ISBN 0-07-005168-2
    1. French language—Readers—France—Civilization.   2. French language—Textbooks for foreign speakers—English.   3. France—Civilization.
I. Baker, Lucia F.   II. Title.
PC2127.F7C59   1995   95-20365
448.6'421—dc20   CIP

Grateful acknowledgment is made for the use of the following:

Photographs

Page 2 © Peter Menzel/Stock, Boston; **6** © Beryl Goldberg; **12 (top)** © Emmanuelle Dal'Secco/Fotogram/Tony Stone Images; **(bottom)** © Ulrike Welsch; **13** © Ulrike Welsch; **20** © David Simson/Stock, Boston; **29** © Owen Franken; **32** Jacques de Guise, *Histoire des nobles princes de Hainaut,* from *Fondation du couvent des Mineurs à Valenciennes* (ms. 149 t.3 fol.235). Bibliothèque Municipale, Boulogne-sur-Mer. Photograph © Lauros-Giraudon/Art Resource, N.Y.; **35** © Jean-Luc Barde/Scope; **36** Street scene in a medieval town, from *Gouvernement des princes* (ms. 5062, fol.149). Cliché © Bibliothèque Nationale, Paris; **37** Martial de Paris, called d'Auvergne, *Execution of Joan of Arc,* from *Les Vigils de Charles VII* (ms.fr.5054, fol.71). Bibliothèque Nationale, Paris. Photograph © Giraudon/Art Resource, N.Y.; **39** Jacques le Grant, *Women Learning to Spin, Men Learning to Fight,* from *Le livre des bonnes moeurs.* Musée Condé, Chantilly. Photograph © Giraudon/Art Resource, N.Y.; **41** Hyacinthe Rigaud, *Louis XIV,* the Louvre. Photograph © Giraudon/Art

(continued on page 243)

Table des matières

General Preface to the Fourth Edition

THE COLLAGE SERIES

The *Collage* series is intended for use in second-year French programs. The three books of the series—a core grammar textbook, a literary reader, and a cultural reader—share a common grammatical and thematic organization. Across all three components, a given chapter emphasizes the same structures and related lexical items and has a similar cultural focus. The component structure of the series offers instructors a program with greater coherence and clarity, and with more flexibility and variety, than is possible with a single textbook (whether or not it is supplemented by a reader).

The series aims to develop communicative language ability while helping learners strengthen their skills in each of the four traditional areas: listening, reading, writing, and speaking. The *Collage* program is sufficiently flexible to allow the teacher an individual and creative approach in the classroom. Each book in the series can be used alone; however, used together, the three books give students diverse models of language use, ranging from colloquial to literary, and expose students to varying points of view on culture and civilization.

The series consists of

- **Révision de grammaire**   The pivotal element of the program, this all-French textbook reviews essential first-year grammatical structures and introduces new second-year structures and vocabulary. It encourages students to express their own ideas while using new material. It provides many opportunities for speaking and—with the *Cahier d'exercices*—writing, in real-life contexts.

- **Lectures littéraires**   Assembled with the abilities of the intermediate French student in mind, this anthology includes poetry, short stories, and excerpts from dramatic works and novels taken from a variety of periods. All chapters are coordinated in theme and vocabulary with those of the other two textbooks.

- **Variétés culturelles**   A rich collection of authentic readings from magazines, newspapers, and books, *Variétés culturelles* invites students to explore the culture, customs, history, and traditions of France and the francophone world.

MAJOR CHANGES IN THE FOURTH EDITION

- Three of the twelve chapters have entirely new themes.

- Information about the French-speaking world is woven through all chapters of all books, in natural contexts.

- The total amount of grammatical material has been reduced and grammar explanations streamlined.

- Single-answer exercises in *Révision de grammaire* are contextualized, and new **Mise en pratique** activities focus on meaningful, communicative language use.

- All readings in *Variétés culturelles* are authentic, and new to this edition.

- Twelve of the readings in *Lectures littéraires* are new.

- In both *Variétés culturelles* and *Lectures littéraires,* pre-reading guidelines and tasks help make reading texts more accessible.

- All three main components emphasize pair and group work.

- New pre-writing and pre-listening strategies and activities have been integrated into the revised workbook/laboratory manual.

SUPPLEMENTS TO COLLAGE

Cahier d'exercices oraux et écrits   This combined workbook and laboratory manual is coordinated with the thematic content of the grammar textbook. The *exercices écrits* provide practice in vocabulary, grammar, syntax, and guided writing. Most exercises are self-correcting; sketches, realia, and personalized questions enliven the activities.

The laboratory section of the *Cahier* promotes the development of speaking and listening comprehension skills using a variety of exercises and activities, including work with pronunciation, dialogues with pre-listening tasks, and some excerpts from *Lectures littéraires.* Focused exercises also provide extensive grammar and vocabulary review, correlated with the material presented in *Révision de grammaire.*

Audiocassette Program   Audiocassette tapes to accompany the *Cahier d'exercices oraux et écrits* are available free to adopting institutions. The audiocassette program may be made available for purchase by students through university and college bookstores. A tapescript to accompany the audiocassette program is also available free to instructors.

Instructor's Manual   This manual offers instructors suggestions on using the *Collage* series in a variety of teaching situations. Coordinated with each of the three main volumes in the series, it provides general background information about language learning, a set of guidelines for developing a syllabus, guidance in building discrete skills (reading, listening, etc.), a revised section on evaluation and testing, a set of chapter-by-chapter comments on using the materials in the classroom, and an answer key to many of the questions and exercises in the student texts.

Computer Materials   The *McGraw-Hill Electronic Language Tutor* (*MHELT* 2.0), containing all the single-answer exercises from the grammar textbook, is available for use with *Collage: Révision de grammaire.*

Videos   A variety of McGraw-Hill videotapes are available to instructors who wish to offer their students additional perspectives on the French language and French-speaking cultures and civilization. Instructors may request a list of the videos or order the tapes through their McGraw-Hill sales representative.

Acknowledgments

The authors would like to thank all of the instructors who participated in the development of previous editions of *Collage.* We are also indebted to the following instructors who completed various surveys that were indispensable to the development of the fourth edition. (The appearance of their names here does not constitute endorsement of these texts and their methodology.)

Nicole Aas-Rouxparis
Lewis and Clark College

Nicole R. Amon
San Jose City College

Pat Aplevich
University of Waterloo,
Ontario, Canada

Phillip Douglas Bailey
Union College

Robin Diane Ballard
University of Utah

Karl-Heinrich Barsch
University of Central Florida

Evelyne Charvier Berman
El Camino College

Ines Bucknam
Modesto Junior College

Catherine Burk
Medicine Hat College,
Alberta, Canada

Karen Byrd
St. Joseph's College

Ruth L. Caldwell
Luther College

Glen W. Campbell
University of Calgary,
Alberta, Canada

Jennie Celona
Worcester State College

Peter Consenstein
Borough of Manhattan Community
College, The City University of
New York

Anne C. Cummings
El Camino College

Dominick A. DeFilippis
Wheeling College

Emilie Patton deLuca
Peace College

Michele G. Diaféries
Augustana College

Roseanna L. Dufault
Ohio Northern University

M. LeRoy Ellis
Lamar University

Linda J. Emanuel
Lock Haven University

Christiane Fleig-Hamm
Queen's University, Ontario, Canada

Paul G. Foucré
Stonehill College

Jean T. Fourchereaux
Franklin College of Indiana

Catherine H. Fraley
University of Evansville

Patricia Frederick
Northern Arizona University

Peter Frey
Holy Family College

Carl L. Garrott
Chowan College

Gloria Thomas Gilmore
University of Utah

Serge Gingras
Red Deer College, Alberta, Canada

Kenneth A. Gordon
Central Missouri State University

Claude Guillemard
The Johns Hopkins University

Martine Guyot-Bender
Hamilton College

Imane A. Hakam
University of Michigan, Flint

Barbara Hergianto
South Florida Community College

Ellen Hofmann
Highline Community College

Paul Hukportie
Hunter College,
The City University of New York

Brent L. Jameson
Phoenix College

Hannelore Jarausch
University of North Carolina,
Chapel Hill

Andréa M. Javel
Boston University

Barbara Jessome-Nance
California State University, Chico

Sophie M. Kingsbury
University of Utah

Paul Kinzel
California State University, Fresno

Tiina Ann Kirss
Wesleyan College

Lynne Klausenburger
University of Washington

Milan Kovacovic
University of Minnesota, Duluth

Jacques M. Laroche
New Mexico State University,
Las Cruces

Natalie Lefkowitz
Western Washington University

Rolande L. Léguillon
University of St. Thomas,
Houston

Gang Lian
University of Utah

Susan Deomand Linz
Solano Community College

Anne Lutkus
University of Rochester

Nelly Lycurgue-Bateman
University of Utah

K. Melissa Marcus
Northern Arizona University

Ann McElaney-Johnson
Ripon College

Virginia McKinley
Warren Wilson College

Hélène McLenaghan
University of Waterloo,
Ontario, Canada

Susan Merchanthouse
Indiana University East

Deborah Nelson
Rice University

Mary Jo Netherton

Matuku Ndunga Ngame
University of Vermont

Phyllis B. Nimmons
Houston Baptist University

Mary Pagliero
Livingston University

Nguyen Phuong
Lansing Community College

Valérie S. Putnam
University of New Mexico,
Albuquerque

Lia Raileanu
Irvine Valley College

Esther Rashkin
University of Utah

Zakia Robana
Alfred University

Martha Rocca
Santa Monica College,
University of California Extension,
Los Angeles

Peggy L. Rocha
San Joaquin Delta College

Enrique Romaguera
University of Dayton

Elizabeth A. Rubino
Northeastern University

Ann Masters Salomone
Ohio University, Chillicothe

Joanne Schmidt
California State University, Bakersfield

Ingrid R. Sixberry
Community College of Aurora

G. Todd Slone
Fitchburg State College

Alison Thelma Smith
Wake Forest University

Robert O. Steele
Wilkes University

Susan Stringer
University of Michigan, Flint

Joseph Sungolowsky
Queen's College,
The City University of New York

Richard Switzer
California State University,
San Bernardino

Michelle Szkilnik
De Anza College

Eva Van Ginneken
California State University, Fullerton

Patricia L. Van Sickel
Emporia State University

Robert M. Viti
Gettysburg College

Timothy J. Williams
Pittsburg State University

Owen Wollam
Arizona State University

J. Thomas York
University of Nebraska, Kearney

We are grateful to Nicole Dicop-Hineline, Sophie Halvin, and Jehanne-Marie Gavarini, each of whom read parts of the manuscripts for linguistic and cultural accuracy; to Nicole Cormen for her useful suggestions on *Variétés culturelles;* and to Andréa M. Javel, for her insightful comments on *Lectures littéraires.* Gilles Carjuzaa and Hélène Casanova, at the University of Colorado, helped bring the perspective of the graduate instructor to the fourth edition of *Collage.*

Numerous people were involved in metamorphosing *Collage* from a set of manuscripts into the series of textbooks you have in your hands. Thank you especially to Karen Judd and Francis Owens at McGraw-Hill, to Caroline Jumper for her competent direction of the production process, to Marie Deer for important suggestions made at the copyediting stage, to Melissa Gruzs for her close reading of page proofs, and to photo researchers Stephen Forsling and Judy Mason.

Collage could never have been written without the encouragement and assistance of the staff at McGraw-Hill. We especially thank Leslie Berriman for her brilliant direction of this project from beginning to end, and Thalia Dorwick for her longtime support of *Collage*.

Finally, it is difficult to express in words our gratitude to two exceptional editors, Eileen LeVan and Myrna Rochester, for their guidance and support. Their wisdom and talent transformed *Collage*. For their patience, insights, questions, and answers, we offer our most sincere and profound thanks.

Preface to *Variétés culturelles*

· ·

Variétés culturelles has three major goals: to broaden students' understanding of the French-speaking world, to deepen students' appreciation of their own culture, and to improve students' reading skills in French. In the fourth edition, the twelve themes of the integrated *Collage* series are presented through authentic readings ranging from the light-hearted to the serious: interviews and articles, surveys and informational brochures, travelogues and a poem. They cover important characteristics and concerns of the French-speaking world, reflected in all its diversity: urban and rural; European, African, and North American.

This text does not focus on why cultures are different, nor does it seek to contrast one way of life with another. It is important to acknowledge cultural differences without weighing those differences for superiority or inferiority. It is hoped that learning about the French-speaking world will heighten students' sensitivity to their own culture and the unique answers it provides to universal human dilemmas, all the while leading them to an appreciation of cultural differences.

Each chapter features

■ Authentic readings of varying levels of difficulty (if one chapter reading is especially challenging, we have tried to balance it with an easier one in the same chapter)

■ Pre-reading sections, **Mise en route,** devoted to building the skills students will need to read authentic texts

■ A list of key words and expressions for each reading (**Mots et expressions**) with reinforcement activities

■ Post-reading activities designed to promote interaction among students

■ Realia and full-color photographs to enhance the cultural content of the chapter

Variétés culturelles also contains

■ A **Chapitre préliminaire** to introduce students to the course via several conversation-based activities

■ A French-English vocabulary (**Lexique**)

COLLAGE

Dans les rues de Paris

CHAPITRE PRELIMINAIRE

The word *culture* has a variety of meanings. It can refer to the patterns of life, the values, and the beliefs that characterize a society as a whole. It can also refer to a society's finest intellectual and artistic achievements.

Variétés culturelles introduces you to some of the traditions, everyday attitudes, and ways of life in French-speaking societies. As you learn about them, reflect on your own customs and values. When you read about today's French family, for example, think about the place of the family in your own culture. What exactly is a family? What are the roles of each member? What are the constraints on a family's time, energy, and money? Does society as a whole support or undermine families? How is the family in your culture viewed abroad? How have these ideas been formed—by hearsay? by Hollywood? by direct evidence?

As you discuss the ideas in *Variétés culturelles,* you will see how one-dimensional most stereotypes are and how your understanding of important current issues grows when you examine them from different cultural vantage points. Imagine, for example, how much you would know about educational systems if you were familiar with the schools of at least two different cultures, what works and what doesn't work in each country. As you learn about the French-speaking world this year, open your mind as much as you can. You will discover what most travelers to foreign countries know—that learning about another culture usually teaches you almost as much about yourself and your own world.

> **M**a culture est, en effet, la logique selon laquelle j'ordonne le monde. Et cette logique, je l'ai apprise dès ma naissance,... dans la façon dont on m'a élevée, récompensée, punie, tenue, touchée, lavée, nourrie; dans les histoires qu'on m'a racontées,... dans les jugements que j'entendais,... dans les livres que j'ai lus,... dans la rue, à l'école, dans les jeux... Cette logique, j'ai appris à la respirer et à oublier qu'elle était apprise. Je la trouve naturelle.
>
> —Raymonde Carroll,
> *Evidences invisibles*

ACTIVITES

A. Jeu culturel. Remettez les lettres des mots suivants dans le bon ordre, afin de retrouver les noms de personnages historiques, d'écrivains et d'artistes français. Comparez ensuite vos réponses avec celles d'un(e) partenaire.

1. LOAZ (écrivain) _____

2. TOMEN (peintre) _____

3. VERTERP (poète) _____

4. IDRON (sculpteur) _____

5. NAJEEN ADCR' (sainte) _____

6. BRETAUFL (écrivain) _____

B. Interviews. Faites la connaissance des étudiant(e)s qui suivent ce cours avec vous en leur posant des questions basées sur la liste suivante. (Dans chaque cas, formez une question complète, et notez que la même personne a le droit de répondre à plusieurs questions.) Quand vous trouvez quelqu'un qui peut répondre à une question, écrivez son nom et sa réponse, et passez à la question suivante. Quand les questionnaires sont complétés, discutez tous ensemble les questions et les résponses.

MODELE: Il faut trouver quelqu'un qui a le même âge que vous. →
          Quel âge as-tu?

Il faut trouver quelqu'un...

1. qui a le même nombre de frères ou de sœurs que vous.

   Nom: _____ Combien? _____

2. qui peut nommer trois monuments de Paris.

   Nom: _____ Monuments: _____

   _____

3. qui a visité le même nombre de pays francophones (*French-speaking*) que vous.

   Nom: _____ Pays: _____

4. qui a étudié le même nombre de langues étrangères que vous.

   Nom: _____ Langues: _____

5. qui peut nommer un président français.

   Nom: _____ Président: _____

6. qui a vu le même film français que vous.

   Nom: _____ Film: _____

7. qui peut nommer ou chanter une chanson française.

Nom: _____ Chanson: _____

8. qui peut nommer cinq boissons ou aliments (*food items*) français.

Nom: _____ Aliments/boissons _____

C. **Mots nouveaux.** Les mots suivants sont utilisés dans le langage parlé en France depuis très peu de temps. Ces expressions sont apparues au cours des dernières années et elles nous rappellent certains grands événements de cette période.

Regardez le tableau et soulignez (*underline*) les mots qui ressemblent à des mots anglais. Ensuite choisissez les cinq mots qui vous semblent les plus utiles pour parler des années 80 et 90. Comparez vos réponses avec celles d'un(e) partenaire et discutez-en avec les autres étudiants aussi.

1980: l'extra-terrestre (*m., f.*), le micro-ordinateur, l'overdose (*f.*)
1981: le bénévolat (*volunteer work*), la bisexualité, le consumérisme
1982: antitabac, le jogging, le Walkman
1983: la disquette, multimédia, le/la soixante-huitard(e) (*aging hippie*)
1984: déprogrammer, mamy (*grandma*), papy (*grandpa*)
1985: l'aérobic, le look, le SIDA (*AIDS*)
1986: le Minitel, le vidéo clip
1987: bêtabloquant(e), le fun
1988: la dérégulation, handicapant(e), micro-ondes, séropositif(-ive) (*HIV-positive*)
1989: l'aspartam, le feeling, high-tech, sidéen(ne) (*having AIDS*)
1990: l'Audimat (*TV viewer polls*) (*m.*), le sitcom, le téléachat
1991: le fax, le lobbying, multiracial(e)
1992: le jacuzzi, le rap, le tag (*graffiti*)

Les cinq mots essentiels pour parler des années 80 et 90:

_____

D. **La vie en images.** Le dessin à côté satirise certains aspects de la vie en France.

1. Nommez trois éléments figurant sur le dessin. Quels autres pays associez-vous avec les choses nommées? Pouvez-vous nommer d'autres objets que vous associez avec la France?

MODELE: Le casque-bombe symbolise le terrorisme international qui menace beaucoup de pays comme l'Algérie, l'Israël, etc.

2. Faites un dessin qui comporte quelques objets de la vie quotidienne dans votre pays. Montrez votre dessin à un(e) partenaire, qui devra deviner de quoi il s'agit (*what it is about*). Est-ce que ce sont des stéréotypes?

CHAPITRE 1

*Le matin des Français:
tout le monde va au
travail.*

LA VIE DE TOUS LES JOURS

inq semaines de congés payés. Une semaine légale de trente-neuf heures! La retraite à 60 ans! Les conditions de travail ont beaucoup changé en France depuis la Seconde Guerre mondiale. Bien que l'argent représente toujours une motivation importante dans la vie professionnelle des Français, d'autres caractéristiques semblent tout aussi essentielles: les Français veulent se sentir utiles dans leur travail, ils veulent exercer des responsabilités, apprendre, créer et avoir des contacts intéressants.

Dans ce chapitre, vous allez découvrir l'attitude de deux personnes très différentes face à leur profession: la première participe à la naissance de bébés, la seconde est responsable de la naissance de modes. La médecine et le prêt-à-porter: à votre avis, quels sont les avantages et les inconvénients de ces deux domaines professionnels? Les interviews des pages suivantes vont vous aider à analyser l'attitude des Français face au travail et à mieux comprendre la vie quotidienne en France et dans votre pays. Cela vous intéresse? Alors... au travail!

Laurence Pollet: Sage-femme

Mise en route

Guessing meaning based on context. The first time you read a text, your aim should not be to understand every word you read. Try instead to skip over words that don't seem essential to the main ideas. When you encounter unfamiliar words that you think are important, however, instead of using a dictionary, guess what they might mean based on their context. (Sometimes you might need to read ahead a sentence or two to expand the context.) If you learn to make educated guesses about meaning and use the dictionary sparingly, you'll find that reading is much more pleasurable, and in the long run you'll become a better reader.

A. Jeu de contexte. Lisez les phrases suivantes et servez-vous du contexte pour deviner le sens des mots indiqués, tirés du texte *Sage-femme:* **avaler, mes tenues, une larme, un deux-pièces, net.**

1. «Patrick prend son petit déjeuner en 5 minutes; il **avale** un café et du pain.» **Avaler** est synonyme de _____.

   a. valider **b.** manger rapidement **c.** avancer

2. «Qu'est-ce que vous allez mettre pour aller aux Internationaux de France de tennis? Tout le monde va être en **tenue** de sport, je crois.» Une **tenue** est _____.

   a. un ensemble de vêtements
   b. une voiture
   c. un type de lunettes spéciales

3. «La fin du film *Stella Dallas* est extrêmement touchante. Barbara Stanwyck pleure; elle verse des **larmes** de joie quand elle voit que sa fille est si heureuse sans elle.» Une **larme** est _____.

   a. une fatigue   b. un regret   c. un liquide qui s'écoule des yeux

4. «Francine cherche un **deux-pièces** près de l'université. Elle n'a pas besoin d'un appartement immense, mais elle ne veut pas quelque chose de trop petit non plus.» Un **deux-pièces** signifie _____.

   a. un appartement à deux minutes de l'université
   b. un appartement avec une chambre et un salon
   c. un appartement au deuxième étage

5. «Un pâtissier gagne à peu près 8 000F brut (6 500 **net**) par mois. Est-ce que cela vous semble suffisant?» Ici **net** veut dire _____.

   a. après avoir fait toutes les déductions
   b. avant de faire les déductions
   c. propre

Mots et expressions

assister à to attend
au début at the beginning
enceinte pregnant
l'équipe (*f.*) team
l'horaire (*m.*) schedule

le loyer rent
naître to be born
paraître to appear; to seem
le patron / la patronne boss, manager
la soirée evening

APPLICATIONS

A. Antonymes. Donnez le contraire des expressions suivantes.

1. à la fin
2. l'employé(e)
3. ne pas être présent(e) à
4. la matinée
5. mourir

B. Synonymes. Trouvez l'expression qui correspond à la définition donnée.

1. un groupe de personnes unies dans une tâche commune
2. le prix d'une location (maison, logement)
3. qui attend un bébé
4. un emploi du temps, heure par heure
5. se montrer; sembler

Laurence Pollet: Sage-femme

24 heures de la vie d'une femme

CELIBATAIRE, 30 ANS, SIX ACCOUCHEMENTS[1] PAR JOUR, HUIT ANS DE METIER, ET TOUJOURS UNE PETITE LARME LORSQUE L'ENFANT PARAIT. POUR GARDER SON PEP, ELLE FAIT DE LA MUSCU ET ENGLOUTIT[2] DES BOCAUX D'OLIVES.[3]

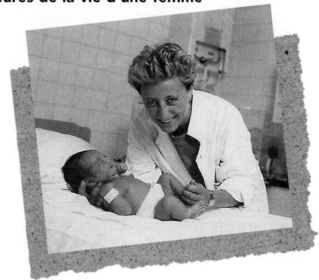

Mon premier geste au réveil, à 7 h 45, est de mettre de la musique. Complètement indispensable! Après m'être péniblement levée,[4] je prends une douche et je m'habille. Body,[5] jean ou jupe courte sont mes tenues favorites en toute saison. Puis, direction la cuisine pour avaler un café et une tartine.[6] A 8 h 30, je quitte mon deux-pièces de Levallois[7] pour me rendre à l'hôpital Louis-Mourier de Colombes, où je travaille depuis huit ans dans le service du Pr Engelmann. Quinze minutes de voiture, et j'arrive à temps pour commencer mes consultations à 9 h. Je reçois chaque matin une douzaine de femmes, enceintes de quatre à neuf mois. Uniquement des femmes dont la grossesse se déroule «normalement[8]» (dès qu'il y a un petit problème, les médecins prennent le relais,[9] mais elles sont libres de choisir, au début de leur grossesse, de se faire suivre[10] par un médecin ou par une sage-femme). En plus de l'examen médical, je discute beaucoup avec elles. Il faut les rassurer et les mettre en confiance, surtout si c'est leur première grossesse. Je les suis jusqu'au bout[11] puisque tous les trois mois j'abandonne les consultations pour pratiquer les accouchements. Mes horaires changent alors totalement. Je suis de garde[12] avec une collègue, pendant vingt-quatre heures, un jour sur quatre. Avec une moyenne de six accouchements par vingt-quatre heures («Courage, courage!» nous répète toujours notre patron au début des opérations), nous n'avons pas le temps de chômer[13]! C'est vraiment émouvant,[14] surtout lorsque je m'occupe de copines.[15] Après huit ans de métier, je me surprends encore à verser une larme au moment où paraît l'enfant. A 13 h, je vais déjeuner avec les autres sages-femmes. Nous sommes une

---

[1]*births* [2]*devours* [3]*des... olives by the jarful* [4]*Après... After getting up with much difficulty* [5]*Leotard (Body suit)* [6]*slice of bread (with butter, jelly, etc.)* [7]*Paris suburb* [8]*dont... whose pregnancy is normal* [9]*prennent... take over* [10]*se... to be cared for* [11]*Je... I follow them to the end* [12]*de... on call* [13]*to sit around doing nothing* [14]*moving* [15]*amies*

vingtaine, d'une moyenne d'âge de 35 ans, et formons une super équipe. A 14 h 30, après un repas copieux et un bon café, je continue la journée en donnant des cours (théoriques et pratiques) aux femmes qui vont bientôt accoucher.[16] Relaxation, respiration, etc. Les maris y assistent s'ils le désirent. A 17 h, les cours terminés, je fais une pause-thé avec mes copines. Puis, à 17 h 30, je quitte l'hôpital et, si je ne suis pas trop crevée,[17] je file au Gymnase Club de Neuilly.[18] Je ne suis pas une fan du sport en salle, mais puisque mes deux passions, le ski et la voile,[19] sont impraticables à Paris, il faut bien que je m'active autrement. Je ne pourrais pas vivre sans sport. Trois quarts d'heure de musculation (ou de footing[20] s'il fait beau), un sauna, et je suis de retour chez moi vers 19 h 30. Bien que je passe rarement mes soirées à la maison, je me sens bien dans mon appartement. Par chance, maman, qui en est la propriétaire,[21] me fait cadeau du loyer, ce qui me permet de vivre un peu plus aisément. Je gagne 9 000 F net par mois, ce n'est pas énorme. Avec l'économie du loyer, je peux en profiter pour acheter des livres, des disques (du jazz et encore du jazz) et partir en vacances. Si je passe la soirée à la maison, je regarde le J T[22] de 20 h en dînant d'une salade, d'un yaourt et d'une pomme. Je ne connais rien à la cuisine! J'espère que l'homme de ma vie, que je n'ai pas encore trouvé, aura des talents culinaires. Mais il y a toujours une chose dans mon frigidaire: des bocaux d'olives. Je peux en manger des quantités industrielles.[23] Et de toutes sortes! Après le J T, bouquin[24] ou peinture (de l'aquarelle). C'est idéal pour se relaxer. En revanche,[25] lorsque je sors, c'est pour faire la fête. Je vais souvent dîner chez mes vrais amis, que je connais depuis des années. Nous aimons aussi nous retrouver dans des restaurants exotiques (thaïlandais, tex-mex...). Et je ne manquerais pour rien au monde une soirée «radio-potins[26]» avec ma copine Babeth. Un peu dur pour la santé, puisque je me couche rarement avant 1 h du matin. ◤

abrégé d'*Elle*

[16]*to have a baby* [17]fatiguée [18]*Paris suburb* [19]*sailing* [20]*jogging* [21]*owner* [22]journal télévisé [23]très grandes [24]livre [25]En... Par contre [26]*of gossiping*

AVEZ-VOUS COMPRIS?

A. Journée typique. Mettez les activités quotidiennes de Laurence Pollet en ordre chronologique.

1. _____ Elle se réveille.
2. _____ Elle rentre.
3. _____ Elle va au gymnase.
4. _____ Elle regarde le journal télévisé de 20 h.
5. _____ Elle prend une tartine.
6. _____ Elle fait de la peinture ou de la lecture.
7. _____ Elle reçoit des femmes enceintes en consultation.
8. _____ Elle donne des cours aux parents qui attendent un bébé.

B. Vrai ou faux? Soulignez dans le texte les phrases qui justifient vos résponses.

1. Elle est sage-femme depuis peu de temps.
2. Ses patientes ont des problèmes médicaux sérieux.
3. Elle ne réagit (*react*) pas quand l'enfant naît.
4. Elle enseigne certaines méthodes à ses patientes.
5. Elle aime beaucoup les olives.
6. Elle adore faire la cuisine.

C. Sages-femmes. Que veut dire être sage-femme? Soulignez dans le texte les verbes et les noms qui décrivent ce que fait Laurence Pollet dans son travail. Ensuite, faites un résumé de toutes ses responsabilités en répondant aux questions suivantes. Comparez vos réponses avec celles d'un(e) partenaire.

1. Qu'est-ce qu'elle fait seule?
2. Que doit-elle faire avec d'autres personnes?
3. Est-ce qu'elle aime son travail? Justifiez votre réponse.

A DISCUTER

A. Professions. Le tableau ci-dessous donne le salaire mensuel (par mois) de certaines professions en France. Consultez-le, puis, avec un(e) partenaire, répondez aux questions qui suivent.

	SALAIRE INITIAL	SALAIRE APRES 10 ANS
Analyste programmeur	6 417F brut	10 635F
Bûcheron/ Bûcheronne[1]	9 000 à 12 000F brut	18 000 à 20 000F
Cuisinier/Cuisinière	6 000 à 7 000F brut	13 000F
Educateur/Educatrice spécialisé(e)	7 790F net	9 794F
Infirmier/Infirmière	8 770F net	10 444F

[1] *lumberjack*

1. Est-ce que ces salaires sont assez motivants? Qui mérite une augmentation de salaire? Expliquez.
2. Selon vous, quelles professions ne sont pas assez bien payées dans votre pays? les professions médicales? éducatives? les services d'ordre (police, etc.)? Pourquoi?
3. Qui est trop bien payé chez vous? les athlètes? les acteurs? les avocats? Combien gagnent-ils?

4. Comment allez-vous choisir une carrière? En fonction du salaire? du prestige? de la créativité? Justifiez votre réponse.

La maîtresse et l'élève

B. Et vous? Ecrivez quelques paragraphes dans lesquels vous décrivez votre travail (à l'université ou ailleurs). Parlez de vos horaires, de vos responsabilités, de ce que vous faites individuellement et en équipe, des lieux où vous allez après le travail, de ce que vous mangez d'habitude, de comment vous passez vos soirées, etc. Utilisez l'interview de Laurence Pollet comme modèle.

MODELE: Quand mon réveil sonne à 6 h 30, je...

La vie est trop courte pour être petite.

La maison française: le lieu de rencontre pour la famille et les amis

L'intérieur bourgeois français

Montana le discret

Mise en route

Anticipating content. When you read a magazine, you are influenced by much more than just the words on the page. You start to form opinions about the content of a piece based on the accompanying photos and drawings, the title, the highlighted sections of text, and what you know about the magazine itself. Studies show that this method of reading is helpful—that readers who form hypotheses about content before they begin to read understand more, and more quickly, than those who read passively, line by line, waiting for everything to become clear to them.

Whenever you read, use every available clue to guess what the passage is about, and to anticipate what comes next. Keep thinking and revising your guesses based on new information presented.

Anticipation. Regardez les images et les sous-titres avant de lire cette interview d'un couturier célèbre. De quels thèmes Claude Montana va-t-il parler dans l'interview? Indiquez vos prédictions en mettant un O (oui), un N (non) ou un ? (peut-être) à côté de chaque élément présenté.

l'argent _____   les loisirs _____   la nature _____

la célébrité _____   son meilleur ami _____   la politique _____

son chien _____   la mode masculine _____   la solitude _____

les Etats-Unis _____   la mort _____   son travail _____

sa famille _____   la musique _____

Mots et expressions

la (bonne) affaire (good) deal
l'avenir (*m.*) future
le bonheur happiness, bliss
le mélange mixture

la mode fashion
le plaisir pleasure
les soldes (*m.*) clearance sale
suivre to follow

APPLICATIONS

A. Synonymes. Trouvez l'équivalent des expressions suivantes.

1. le temps futur
2. la mixture, l'assemblage, la combinaison
3. imiter, adhérer
4. le contentement

B. L'intrus. Identifiez l'expression qui ne va pas avec les autres et dites pourquoi.

MODELE: le bonnet   le bonheur   heureux   le bien-être →
              le bonnet: Toutes les expressions se réfèrent au bonheur sauf le
              bonnet.

1. la mode	à la mode	démodé(e)	le mont
2. l'amour	l'affaire	la transaction	l'activité commerciale
3. la réduction	le prix	les soldes	le soleil
4. mélanger	mixte	mélancolique	le mélange
5. plaire	se plaindre	plaisant(e)	plaisir

Montana le discret

«Mes vrais amis sont des amis d'avant.»

On a l'impression de le voir partout: dans les soirées, les boîtes de nuit, à la terrasse des cafés. Pourtant, obtenir une interview de Claude Montana n'est pas une mince affaire.[1] Deux mois de coups de téléphone, d'hésitations, de promesses...

Enfin, un rendez-vous qu'il faut confirmer trois fois et que l'on reporte tout compte fait au lendemain soir.[2] Le jour J[3]: une demi-heure d'attente. Va-t-il me recevoir? Oui, tout va bien, le voilà. Parlant avec parcimonie,[4] mais avec une sincérité rare de sa vie, de ses angoisses et de ses bonheurs. Tout à coup,[5] on comprend pourquoi il se fait rare[6] et l'on s'en veut[7] presque de l'avoir harcelé.[8]

---

[1]mince... *trivial matter*   [2]reporte... *pushes forward to the next evening*   [3]jour... *D Day*   [4]Parlant... *Speaking little*   [5]Tout... *Suddenly*
[6]se... *is rarely out in public*   [7]l'on... *one is angry with oneself*   [8]*harassed*

LA CREATION

C'est un cocktail d'angoisse et de bonheur. Il y a des moments de plaisir intense et aussi des périodes de doute extrêmement fort. Parfois, je suis rongé[9] par le doute, surtout avant de présenter la collection. Réussir une collection, c'est comme un état de grâce.[10] Même si les vêtements sont superbes, s'ils ne sont pas portés par la femme qui convient,[11] si le rythme du défilé[12] n'est pas impeccable, si les lumières et la musique ne sont pas adaptées, cela ne fonctionne pas. Pour que ça marche, il faut qu'il y ait la grâce.[13] L'angoisse est moins présente lors de la préparation de la collection, car on peut espérer faire mieux, mais au moment de la présenter, les choses sont irréversibles.

LA RIGUEUR

Cela, c'est mon côté germanique. Je l'ai dans mon travail, pas dans la vie privée.

LA FAMILLE

Important! Je travaille avec ma sœur, l'une de mes alliées principales. C'est bien d'avoir quelqu'un d'aussi proche qui travaille avec soi. C'est une complicité unique.

L'AMITIE

Je suis extrêmement fidèle à mes amis. Mes grands amis sont des amis «d'avant»—d'avant le succès, d'avant la mode.

LA SOLITUDE

Oui, je connais. Je crois qu'elle pose un problème quand elle est là et que vous ne pouvez pas faire autrement. Ce que j'aime, en revanche,[14] c'est m'isoler. Je suis souvent trop entouré,[15] j'ai trop de gens à rencontrer, trop de bruit autour de moi. J'ai besoin de m'isoler pour me retrouver, pour réfléchir à ce que j'ai envie de faire.

LA FEMME

Pour moi, la femme peut jouer sur beaucoup plus de registres[16] que l'homme. C'est pour cela

« Mon chien, c'est vraiment l'assurance que Dieu existe. »

que j'aime la magnifier, la mettre sur un piédestal. Elle a tellement plus de possibilités que l'homme, et d'abord celle de jouer de sa féminité—un homme joue rarement de sa virilité. Une femme a tellement plus d'atouts.[17] C'est pour cela que j'ai la nostalgie d'une certaine femme, d'une apparition. Ce n'est pas la star, la panoplie[18] glamour que j'aime, mais la faculté d'être sublime, même dans la vie quotidienne.

LES HABITUDES

J'aime travailler avec des gens que je connais bien. Mais c'est aussi intéressant d'avoir de temps en temps quelqu'un qui vient de l'extérieur et qui apporte un peu une vision différente.

LE CHIEN

Mon chien, c'est le plus beau cadeau que l'on m'ait jamais fait. Malgré mon emploi du temps chargé,[19] il tient[20] une place énorme. Cela fait

---

[9]*consumed*   [10]*c'est... is a sublime experience*   [11]*qui... who is most appropriate*   [12]*parade (of models)*   [13]*gracefulness, elegance*
[14]*en... par contre*   [15]*trop... surrounded by too many people*   [16]*levels*   [17]*assets*   [18]*trappings (of)*   [19]*emploi... full schedule*   [20]*occupies*

quatre ans que je l'ai. Le chien, c'est vraiment l'assurance que Dieu existe.

LA NUIT

C'est le moment où je travaille le mieux. La journée, c'est la technique, et la nuit, c'est l'inspiration. Lorsqu'on travaille la nuit, on prend un peu l'énergie de ceux qui dorment. Je me sens plus à l'aise, je suis dans le calme, chez moi, avec de la musique.

LE VOYAGE IDEAL

L'Inde, que je n'ai jamais visitée. Parmi les pays que je connais, j'aime beaucoup les Etats-Unis, je m'y sens très bien. On a l'impression que tout est possible. Je parle surtout de New York. C'est une ville qui ne dort jamais. J'aime cette idée de pouvoir tout faire à n'importe quelle heure.

[21]à... long-term

LA NOTORIETE

Quelquefois gênante, mais je ne porte jamais de lunettes. *(Rire.)* Il faut assumer, sinon on devient fou. Mais, de temps en temps, c'est pénible: entrer dans un endroit, penser qu'il y aura des commentaires parce que je suis un peu fatigué ou que je n'ai pas envie de sourire. Cela dépend aussi de la manière dont cela se passe. Les gens ne sont pas toujours agressifs, loin de là.

L'AVENIR

Je ne me pose pas de questions sur l'avenir. Je suis quelqu'un de très intuitif, je suis les choses qui m'arrivent. Je ne fais pas de plans à longue échéance.[21] Qui vivra verra. 🌿

Propos recueillis par Corinne Korda

abrégé de Marie-France

AVEZ-VOUS COMPRIS?

A. Jugements. Trouvez l'expression à droite qui complète la phrase de gauche, selon Claude Montana.

1. La création _____.	**a.** la nuit
2. La femme _____.	**b.** ne dort jamais
3. La présentation d'une collection _____.	**c.** c'est parfois pénible
4. Montana travaille le mieux _____.	**d.** est un être sublime
5. New York _____.	**e.** est un moment très difficile
6. Etre célèbre, _____.	**f.** est un mélange d'anxiété et de joie

B. Analyses. Chaque profession a des avantages et des inconvénients. Indiquez si dans l'interview de Montana les thèmes suivants sont associés au plaisir, à l'irritation ou à un mélange des deux. Ensuite, soulignez dans le passage les mots clés qui justifient votre réponse.

MODELES: la famille? →
C'est un plaisir de travailler avec ma famille.
Mots clés: Important! / ma sœur / alliée principale / C'est bien / proche / complicité unique

la solitude? →
Elle a des avantages et des inconvénients.
Mots clés: elle pose un problème / trop entouré / trop de bruit / en revanche / j'aime m'isoler / me retrouver / réfléchir

1. la création de la collection?
2. la présentation?
3. travailler la nuit?
4. la notoriété?

A. Interview sur la mode. Quels éléments vous influencent quand vous choisissez vos vêtements? Vos amis tiennent-ils compte des mêmes choses? Trouvez cinq questions à poser à un(e) camarade de classe au sujet de la mode, puis mettez-vous par deux et, à tour de rôle, posez-vous ces questions. Comparez ensuite vos réponses avec celles des autres groupes.

A DISCUTER

VOCABULAIRE UTILE

Où acheter des vêtements? dans des magasins de prêt-à-porter, dans un centre commercial, sur le campus, etc.

Quels vêtements porter? élégants, de sport, de marque (*brand name*), etc.

Suivre la mode? lire des magazines de mode, faire comme vos amis, exprimer votre personnalité, etc.

Plaire à qui? à vous, à votre famille, aux autres, etc.

Que rechercher? la bonne affaire, le naturel, le confort, etc.

MODELE: E1: Qu'est-ce qui t'influence le plus quand tu choisis des vêtements?

E2: Je recherche surtout le confort. Mais je veux aussi des vêtements qui reflètent ma personnalité.

La fluidité et l'élégance chez Claude Montana

B. **Les célébrités du jour.** Formez des groupes de trois. L'un(e) d'entre vous joue le rôle d'une personne célèbre dans votre pays [athlète, acteur/actrice, journaliste, homme politique, musicien(ne), animateur/animatrice (*talk-show host*), etc.]. Les autres vont interviewer cette célébrité en lui posant six ou sept questions. Présentez votre interview au reste de la classe.

Variante. Faites l'interview sans révéler à la classe de quelle célébrité il s'agit. La classe doit deviner (*guess*) l'identité de ce personnage mystérieux, en vous posant des questions *auxquelles vous pouvez répondre seulement par **oui** ou* ***non***.

chos

A. **Qu'en pensez-vous?** Traitez par oral ou par écrit l'un des sujets suivants.

1. **Le chômage.** Dans la société actuelle, un certain niveau de chômage (*unemployment*) est inévitable (environ 4% selon les experts). Le tableau ci-dessous montre le taux de chômage dans plusieurs pays. En France, 21% des jeunes et 12,8% des femmes sont touchés par ce phénomène. Qui a peur du chômage dans votre pays? Quel groupe est le plus touché? Faut-il faire des sacrifices pour réussir une carrière aujourd'hui? Etes-vous prêt(e) à quitter votre ville pour trouver un emploi? à quitter votre pays? à faire autre chose? Expliquez.

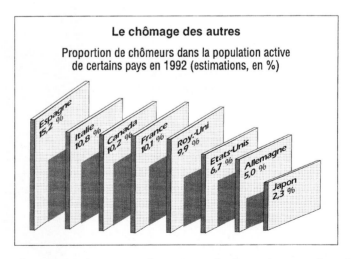

Le chômage des autres

Proportion de chômeurs dans la population active de certains pays en 1992 (estimations, en %)

Espagne 15,2 % · Italie 10,8 % · Canada 10,2 % · France 10,1 % · Roy.-Uni 9,9 % · Etats-Unis 6,7 % · Allemagne 5,0 % · Japon 2,3 %

2. **Satisfactions.** Selon un sondage récent, les Français sont très satisfaits de leur vie individuelle (famille, amis, logement, santé), assez contents de leur travail et de leurs revenus, mais très concernés par le climat politique,

social et économique en France et dans le monde. Qu'est-ce qui vous rend heureux/heureuse en ce moment? Votre vie sociale? vos activités de loisir? votre travail? Qu'est-ce qui vous déprime? Les problèmes de la jeunesse? l'environnement? les maladies graves? le stress de tous les jours? Etes-vous optimiste ou pessimiste en ce qui concerne votre avenir? Justifiez vos réponses.

B. Etes-vous d'accord? Discutez des idées suivantes avec un(e) camarade de classe. Justifiez votre opinion.

1. La vie quotidienne est un «cocktail» d'angoisse et de plaisir.
2. Il faut faire de l'exercice physique tous les jours pour être en bonne santé.
3. Le rôle du gouvernement n'est pas de s'occuper de la santé des gens.
4. La célébrité n'apporte que des joies.
5. La vie est plus dangereuse de nos jours qu'elle ne l'était il y a vingt ans.

CHAPITRE 2

Le repas en famille

FAMILLE ET AMIS

Mûrir, devenir adulte, vivre sa vie et ses rapports avec les autres d'une façon responsable. Voici certains des thèmes traités dans ce chapitre.

Pour nous faire une idée juste de questions aussi importantes et subjectives, nous avons fait appel à des personnes capables de nous faire voir différents aspects du sujet: des personnalités et des parents très pris par leur travail.

A vous maintenant de lire entre les lignes, de distinguer entre l'objectif et le subjectif, entre les faits et les impressions. A vous aussi de comparer l'éducation, la famille et le rôle des hommes et des femmes en France et dans votre pays.

Paroles d'hommes

Mise en route

Reading for the gist. Good readers generally read a passage in stages. First, read quickly through the text to get the main ideas, without pausing over unfamiliar words or phrases. In this first general reading, you should be able to answer such questions as whether the text is about a person, a place, or an event. During later readings you will be able to go back and refine your general understanding, turning to the dictionary only as a last resort.

Opinions ou préjugés? Regardez les citations qui précèdent chacun des trois textes aux pages 22–23, et parcourez (*skim*) rapidement les textes. Puis écrivez les trois ou quatre premiers adjectifs qui vous viennent à l'esprit pour décrire chaque homme. Comparez vos réponses avec celles d'un(e) partenaire.

Alphonse Boutard _____

_____

Roger Vadim _____

_____

Jean-Philippe Gatien _____

_____

Mots et expressions

confondre to confuse
déranger to bother; to disturb
l'égalité (*f.*) equality
la façon manner, way (*of doing something*)
faire les courses to run errands

mettre l'accent sur to emphasize
propre own
les rapports (*m. pl.*) relationships; relations
la tâche task

APPLICATIONS   **A. Synonymes.** Trouvez l'équivalent des expressions suivantes.

1. les relations entre des personnes
2. l'équivalence
3. la manière (de faire quelque chose)
4. individuel, particulier

B. La famille. Complétez les phrases suivantes en précisant à quel(s) membre(s) de votre famille elles s'appliquent.

1. _____ fait/font les courses d'habitude.
2. La télévision dérange _____ dans son/leur travail.
3. _____ doit/doivent accomplir des tâches quotidiennes.
4. _____ met(tent) l'accent sur les rapports avec les autres.
5. _____ confond(ent) cadeaux et amour.

> *Connais-toi toi-même est bien, connaître les autres est mieux.*

Paroles d'hommes

Trois Français parlent de l'identité féminine et masculine: un écrivain, un champion olympique et un metteur en scène célèbre. Faisons connaissance un peu...

ALPHONSE BOUDARD
«En chaque femme libre une mégère sommeille»[1]

La virilité est un instinct bestial—celui qui commande la sexualité masculine. Il n'y a pas deux moyens[2] pour un mâle de s'affirmer: soit il s'impose, soit «*il s'en va, la queue basse*[3]». C'est ce que j'ai toujours fait. Je ne vois pas d'autres solutions car, au fond, les femmes—même émancipées—demandent cela. Elles désireront toujours

---

[1]une... *a shrew lies dormant*   [2]*means*   [3]la... *tail between his legs*

des hommes virils. Les vrais, ce ne sont pas les machos, trop vantards,[4] mais les phallocrates. En chaque femme libre une mégère sommeille et ne demande qu'à être apprivoisée.[5] Mais, en réalité, ce sont les femmes qui nous dirigent.[6] J'ai vécu une partie de mon enfance dans une famille paysanne[7] pauvre du Loiret.[8] Le mari s'éreintait[9] au travail, mais la «patronne», c'était elle. Il lui confiait[10] tout son argent. Les hommes sont naïfs, et nos femmes le savent.

Ecrivain.

ROGER VADIM
«Je me méfie de ceux[11] qui veulent prouver qu'ils sont les plus forts»

Je suis né homme. La question a été réglée[12] une fois pour toutes, quand on a annoncé à ma mère qu'elle venait d'avoir un petit garçon. Je me méfie de ceux qui, perpétuellement, veulent par leurs exploits prouver qu'ils sont les plus forts. Ils sont un peu comme une caricature de Rambo, ils confondent force et virilité.[13]

La société actuelle, qui réduit tous les individus à un dénominateur commun, ne favorise pas les garçons. Un homme forge sa propre personnalité en faisant les choses à sa façon. Les femmes sont différentes. Plus futées.[14] Elles acceptent spontanément les choses, même si elles n'en font finalement qu'à leur tête.[15] Les mouvements féministes ont déstabilisé les hommes en mettant l'accent sur leurs faiblesses. Malgré mes liaisons avec des femmes très féminines, comme Brigitte Bardot, ou des championnes toutes catégories —je pense à Jane Fonda—, je n'ai jamais eu l'impression de leur être inférieur, aussi bien sexuellement qu'intellectuellement. Ni supérieur, bien évidemment. C'est une condition nécessaire pour que les rapports entre les sexes puissent[16] s'harmoniser.

Metteur en scène.

JEAN-PHILIPPE GATIEN
«Une coopération plus étroite avec les femmes»

Plutôt que de virilité, je préfère parler de masculinité. Je n'aime pas le mot «viril», qui définit les hommes d'une façon incomplète. Superficielle. Comme des machos, des brutes épaisses,[17] fiers de leur physique fort, aimant les femmes à condition qu'elles leur soient soumises.[18] Séparé de mes parents très jeune, j'ai vite appris la vie. J'ai vite compris qu'il n'y a plus de tâches spécifiques comme autrefois, car l'égalité des sexes permet aux hommes et aux femmes de travailler ensemble. Je fais souvent le ménage, la cuisine et les courses. Cela ne me dérange pas. Mais les hommes de l'ancienne génération comprennent difficilement ces idées modernes. Les machos font fausse route[19] en pensant que les hommes possèdent des qualités propres. La pratique du sport de compétition m'a appris que la hargne[20] et la combativité[21] existent également chez les femmes. Il faut rechercher de plus en plus une coopération étroite avec elles.

Médaillé olympique de tennis de table, 1992.

tiré du *Nouvel Observateur*

---

[4]trop... *who brag too much*   [5]ne... *wants only to be tamed*   [6]*manage, control*   [7]*peasant*   [8]*in the Loire valley*   [9]*wore himself out*   [10]lui... *turned over to her*   [11]Je... *I am suspicious of those*   [12]*settled*   [13]ils... *they confuse strength with masculinity*   [14]*cunning*   [15]même... *even if they end up doing exactly what they want to do*   [16]*can*   [17]brutes... *brutish louts*   [18]*submissive*   [19]font... *have the wrong idea*   [20]*aggressive behavior*   [21]*competitiveness*

A. D'après qui? Identifiez l'auteur des idées suivantes par **B** (A. Boudard), **V** (R. Vadim) ou **G** (J-P. Gatien). Justifiez vos réponses en soulignant les phrases correspondantes du texte.

1. _____ En fait, les femmes guident les hommes.
2. _____ Les deux sexes sont égaux.
3. _____ Les femmes désirent que les hommes soient plus forts qu'elles.
4. _____ Les hommes et les femmes sont différents.
5. _____ Les hommes ne réalisent pas (toujours) qu'ils sont dominés par les femmes.
6. _____ Les féministes ne mettent pas l'accent sur l'égalité des sexes.
7. _____ L'égalité des sexes est plus facile à comprendre pour un homme de vingt ans que pour un homme de cinquante ans.

B. En résumé. Relisez les trois textes et trouvez des adjectifs qui complètent les constatations suivantes.

1. Selon Alphonse Boudard, les femmes émancipées désirent des hommes _____.
2. Selon lui, les hommes sont _____ et les femmes le savent.
3. Roger Vadim trouve que les femmes ne sont ni _____ ni _____ aux hommes.
4. Selon Jean-Philippe Gatien, il n'y a pas de tâches _____ aux femmes.

A DISCUTER

Interviews

A. Alphonse Boudard, Roger Vadim et Jean-Philippe Gatien sont invités à participer à votre cours de français. Formez avec deux personnes un comité qui va les interviewer. Trois autres étudiant(e)s jouent le rôle des invités. Parlez des sujets présentés dans l'article.

VOCABULAIRE UTILE

avoir les mêmes droits, responsabilités
contrôler quelqu'un, se contrôler
dominer, être dominé(e)
faire des compromis
inférieur(e) ≠ égal(e) ≠ supérieur(e)
intellectuel(le) ≠ physique

se mettre d'accord
partager les frais (*expenses*), le travail
passionné(e) ≠ rationnel(le)
puissant(e) ≠ impuissant(e)
respecter quelqu'un, se respecter
sensible ≠ insensible
superficiel(le) ≠ profond(e)

MODELES: Monsieur Boudard, que pensez-vous des femmes modernes? Sont-elles raisonnables? trop indépendantes? Expliquez.

Monsieur Vadim, est-il difficile d'être un homme aujourd'hui? Pourquoi?

Quelles attitudes sont les plus étonnantes? les plus réalistes? Pourquoi?

B. Imaginez à présent que l'interview a lieu avec trois hommes célèbres de votre pays. Parlez des rôles de l'homme et de la femme.

C. L'interview a maintenant lieu avec trois femmes célèbres de votre pays. Traitez du même sujet.

«Je me sens toujours coupable d'être absent»

Sur les défauts d'autrui, l'homme a des yeux perçants.

Mise en route

Anticipating content. You are about to read the comments of four working parents about how they and their children cope with the parents' frequent absences from home. Before you begin, think about what you expect them to say about the following topics. As you read, confirm or adjust your expectations.

Travail et vie de famille. Les parents qui travaillent sont souvent absents de la maison. Quelles sont les conséquences de cette absence sur les enfants? et sur les parents eux-mêmes?

Avantages pour les enfants: _____

_____

_____

Inconvénients pour les enfants: _____

_____

_____

Effets sur les parents: _____

_____

_____

Mots et expressions

coupable guilty
la crèche day-care center
davantage more
emmener to take (*someone
somewhere*)
faire un effort to make an effort

fier/fière proud
occupé(e) busy
s'occuper de to take care of
(*someone or something*)
partager to share

APPLICATIONS   **A. Antonymes.** Trouvez le contraire des mots suivants.

1. inactif
2. moins

3. innocent(e)
4. humble

B. Synonymes. Trouvez l'équivalent des expressions suivantes.

1. diviser en éléments que l'on peut distribuer
2. prendre soin de quelqu'un
3. un établissement pour la garde de jeunes enfants
4. mener quelqu'un d'un lieu dans un autre
5. mobiliser ses forces pour vaincre une résistance

«Je me sens toujours coupable d'être absent»

Ils sont rarement chez eux. Comment font-ils avec leurs enfants?

AGNES B.
«La télé-maman»

J'ai deux garçons de 30 ans et trois filles de 18, 13 et 9 ans. Je rentre souvent à 19 heures et je ne vais jamais dans les dîners mondains,[1] ce qui me donne le temps de m'occuper d'eux. Mais, bien sûr, je travaille beaucoup et ma dernière fille comble mes absences[2] en regardant la télévision, que j'appelle d'ailleurs la «télé-maman». Après chaque absence, il faut renouer,[3] renouveler[4] sans cesse le dialogue avec les enfants. Ce n'est pas la quantité du temps passé avec eux qui prime,[5] c'est la qualité... Cela dit, je ne veux pas

[1]dîners... *dinner parties*   [2]comble... *spends the time I'm gone*   [3]*reestablish*   [4]*renew*   [5]*matters the most*

être le personnage central de mes enfants: je préfère qu'ils partagent leur affection avec d'autres personnes.
Styliste.[6]

JACQUES MAILLOT
«Je pourrais faire un effort»

J'ai quatre enfants et je n'ai pas beaucoup de temps pour m'occuper d'eux. Avec les deux garçons cela n'a jamais été un problème. Les filles (des jumelles de 13 ans et demi) me font, elles, souvent comprendre qu'elles aimeraient bien que je sois plus présent. Elles me reprochent de ne pas leur consacrer quinze jours pour les emmener en vacances. Tant qu'elles étaient petites, cela ne semblait pas trop les déranger, mais aujourd'hui je sens qu'elles regrettent que leur père soit si occupé. Je leur explique que Nouvelles Frontières s'est beaucoup développé, que je ne peux pas prendre de vacances aussi longues... Evidemment, je pourrais faire un effort et leur dire oui, mais je crains de mettre le doigt dans un engrenage.[7]
PDG[8] *de Nouvelles Frontières.*

EVELYNE PISIER
«Après tout, ils sont heureux»

J'ai cinq enfants et j'ai toujours travaillé. D'abord comme professeur à l'université, aujourd'hui au ministère de la Culture. Autrefois j'avais davantage de temps libre. Aujourd'hui mon travail m'accapare[9] entièrement. Le matin est sacré: j'en profite pour emmener mes enfants à l'école. Le soir, même si je dois sortir, je repasse toujours à la maison pour les voir. En fait, je me consacre totalement à eux durant le week-end. J'ai toujours eu un sentiment de culpabilité de ne pas pouvoir m'en occuper davantage mais, lorsque je les vois souriants, le visage rond et les joues pleines,[10] je me dis qu'après tout ils semblent heureux et en pleine santé.
Directrice du Livre au ministère de la Culture.

ANNY COURTADE
«Heureusement, ma secrétaire est là»

Je suis PDG de Lecasud, la cinquième entreprise de Provence-Alpes-Côte d'Azur. J'ai 50 ans, un fils de 19 et une fille de 16. Mes journées sont évidemment très chargées:[11] je me lève le matin tôt, à 6 heures, et j'accompagne moi-même ma fille à l'école. Je ne rentre pas le soir avant 20 h 30. Comme je ne suis pas chez moi, j'ai employé durant plus de dix-huit ans une nourrice[12]

à plein temps. D'autre part, ma secrétaire de direction est toujours là pour résoudre les problèmes familiaux qui pourraient survenir[13] durant mes absences. Je ne pense pas que cette situation a été préjudiciable pour[14] l'éducation de mes enfants: en rencontrant des gens très

---

[6]*Fashion designer*   [7]*mettre... get my finger caught in the gears (create a problem)*   [8]*CEO*   [9]*monopolizes my time*   [10]*lorsque... when I see their smiling faces and their rosy cheeks*   [11]*full, busy*   [12]*nanny*   [13]*come up*   [14]*préjudiciable... detrimental to*

différents à la maison, ils ont acquis une grande ouverture d'esprit.[15] De plus, ils sont fiers lorsqu'ils voient leur mère dans la presse ou entendent parler d'elle.[16] J'ai néanmoins un gros regret: celui de n'avoir jamais passé de vraies vacances avec eux. Je n'ai pas le temps, alors je compense[17] en organisant le plus souvent possible de petites escapades familiales à New York, Vienne. *Chef d'entreprise.*

tiré du *Nouvel Observateur*

[15]*mind*   [16]entendent... *hear her being talked about*   [17]*make up for it*

Avez-vous compris?

Agnès B.

1. A quelle heure rentre-t-elle? Que fait-elle le soir?
2. Pourquoi appelle-t-elle la télévision «la télé-maman»?
3. Que doit-elle faire après ses absences?

Jacques Maillot

1. Quelle différence voit-il entre ses garçons et ses filles?
2. Qu'est-ce que ses filles reprochent à leur père?
3. Pourquoi ne fait-il pas ce qu'elles souhaitent?

Evelyne Pisier

1. Que fait-elle avec ses enfants chaque matin? Et le week-end?
2. Pourquoi pense-t-elle que ses enfants sont heureux?

Anny Courtade

1. A quelle heure rentre-t-elle le soir? Qui s'occupe de ses enfants quand elle n'est pas là?
2. Quels sont les avantages de son travail pour ses enfants?
3. Qu'est-ce qu'elle regrette? Quelle solution a-t-elle trouvée?

A discuter

A. Conséquences. Quand les parents travaillent, que se passe-t-il dans la famille? Lisez les phrases suivantes et dites si les situations décrites vous semblent positives, négatives ou sans conséquences. Expliquez vos réactions, puis discutez-en avec trois camarades de classe.

	POSITIVE	NEGATIVE	SANS CONSEQUENCES
1. Les parents rentrent à 7 heures du soir.	☐	☐	☐
2. Il y a une excellente nourrice à plein temps à la maison.	☐	☐	☐

3. Les enfants regardent la télévision cinq ou six heures par jour. ☐ ☐ ☐

4. Dès l'âge de 2 mois les enfants passent leur journée dans une crèche. ☐ ☐ ☐

5. Les enfants partagent leur affection avec des personnes autres que leurs parents. ☐ ☐ ☐

6. Les parents qui travaillent peuvent offrir des voyages exotiques et des expériences diverses à leurs enfants. ☐ ☐ ☐

B. Quelques conseils. Choisissez un des passages précédents et imaginez que vous êtes psychanalyste. Répondez au parent concerné en lui disant ce que vous pensez de sa façon d'éduquer ses enfants. Mentionnez les côtés positifs ainsi que les points qui, selon vous, posent des problèmes.

Ils ont l'air bien.

Echos

A. Qu'en pensez-vous? Traitez par oral ou par écrit de l'un des sujets suivants.

1. **Les modèles de vie.** Certains parents semblent offrir un seul modèle de vie à leurs enfants: la réussite par le travail. Quelles autres types de succès trouvez-vous importants? La réussite sociale? personnelle? familiale? athlétique? Qu'est-ce qui crée un adulte stable, équilibré, heureux? Avoir des parents disponibles? des règles de conduite claires? beaucoup d'indépendance? Expliquez.

2. **Les parents et les jeunes.** Trouvez trois caractéristiques qui décrivent les meilleurs parents: sûrs de leurs valeurs? sévères? compréhensifs? disponibles? protecteurs? Que pensez-vous des «parents-copains» qui croient que les jeunes doivent faire leurs propres expériences et qui ne sont jamais autoritaires avec leurs enfants? Expliquez.

3. **Le stress chez les jeunes.** Le stress fait partie de la vie de tout le monde. Qu'est-ce qui stresse les jeunes? Le désir de posséder ce qu'ils voient dans les publicités? le besoin de réussir dans leurs études ou de faire plaisir à leurs parents? les problèmes qu'ils rencontrent avec leurs amis? Comment doivent-ils apprendre à résoudre leurs problèmes et difficultés?

B. Etes-vous d'accord? Mettez-vous en groupes de quatre et lisez les idées suivantes. Dites si vous partagez ces opinions et justifiez vos réponses.

1. Dans la famille typique, il y a deux parents.
2. En général, les parents essaient de passer le plus de temps possible avec leurs enfants.
3. Les hommes respectent les femmes.
4. Les femmes comprennent les hommes.
5. On devrait se marier une seule fois dans la vie.
6. Certaines personnes ne devraient pas avoir d'enfants.

C. La vie en images. Lisez la liste à la page 31 qui énumère les principales causes de stress dans la vie quotidienne des Français, puis répondez aux questions suivantes.

1. Quel aspect de la vie quotidienne représente la source de stress la plus commune?

   a. argent et finances
   b. études ou profession
   c. famille et amis
   d. changement de routine

2. Quels éléments de la liste vous surprennent? Pourquoi?
3. Donnez à votre tour quelques domaines qui représentent pour vous une source de stress, puis comparez votre liste avec celles des autres étudiants.

L'ÉCHELLE DES STRESS

Mort d'un conjoint[1] 100
Divorce 73
Séparation d'avec sa femme
ou son mari 65
Temps passé en prison 63
Mort d'un parent proche 63
Blessure[2] ou maladie 53
Mariage **50**
Licenciements[3] 47
Réconciliation avec
sa femme ou son mari 45
Retraite[4] 45
Ennui de santé
d'un parent proche 44
Grossesse[5] 40
Arrivée d'un nouveau membre
dans la famille 39
Problèmes d'affaires 39
Modification de situation
financière 38
Mort d'un ami intime 37
Changement de situation 36
Multiplication des disputes
familiales 35
Hypothèque[6] ou dette
de plus de 50 000 F 31
Saisie d'une hypothèque
ou échéance d'un emprunt[7] 30
Changement de responsabilités
professionnelles 29
Fils (ou fille)
quittant la maison 29
Problèmes avec
les beaux-parents 29
Exploit personnel marquant 28
Epouse se mettant à travailler
ou s'arrêtant 26
Début ou fin de scolarité 26
Changement de conditions
de vie 25

Le mariage, un stress important

Modification d'habitudes
personnelles 24
Difficultés avec un patron 23
Changements d'horaires ou
de conditions de travail 20
Déménagement[8] 20
Changement d'école 20
Changement de loisirs 19
Changement religieux 19
Changement d'activités
sociales 18
Hypothèque ou emprunt
de moins de 50 000 F 17
Changement dans les habitudes
de sommeil 16
Changement de rythme des
réunions de famille 15
Changements des habitudes
alimentaires 14
Vacances 13
Noël 12
Amendes et contraventions[9] 11

(Selon les Drs Holmes et Rahe : *in*
Stress, Soly Bensabat, Hachette 1980.)

[1] *spouse*
[2] *wound*
[3] *job loss*
[4] *retirement*
[5] *pregnancy*
[6] *mortgage*
[7] Saisie... *loan defaults*
[8] *change of residence*
[9] Amendes... *penalties and citations*

CHAPITRE 3

«Pendant les heures de jour, la rue médiévale est pleine de mouvement et de bruit.»

LA FRANCE D'AUTREFOIS

> *C*eux qui ne peuvent pas se rappeler le passé sont condamnés à le répéter.
>
> Georges Santayana,
> *Vie de raison*

Le Périgord, berceau de la préhistoire; la Bretagne, témoin de la Gaule celte; la Provence, foyer de l'époque romaine; la Bourgogne et ses villes médiévales; la vallée de la Loire et ses châteaux de la Renaissance. La France est d'une grande richesse historique, et les textes qui suivent vont vous donner l'occasion de vivre pendant quelques minutes dans une ville médiévale et de passer une journée en compagnie du roi Louis XIV. A votre avis, nos préoccupations, nos problèmes et nos divertissements ressemblent-ils à ceux des époques passées? Et vous, êtes-vous contents de vivre au 20e siècle ou avez-vous une période préférée? Laquelle et pourquoi?

Le Moyen Age: La ville et la vie urbaine

Mise en route

How to read challenging texts. Because you are now reading authentic texts in French, from time to time you will encounter passages that seem especially difficult. No one expects you to understand every line you read. In *Collage: Variétés culturelles,* your goal should be to understand enough to complete the activities in the **Avez-vous compris?** section. You can even use these activities to guide you through a second or third reading of a text.

Especially during your first reading of a passage, focus on the main ideas, skipping over words you don't know as much as possible. Pay particular attention to subheadings and section titles; they provide valuable clues about the main ideas and organization of the piece.

Titres. Parcourez (*Skim*) la lecture une première fois et, en utilisant les suggestions ci-dessous, intitulez chaque partie du passage (I–IV). Ecrivez chaque titre à gauche des chiffres romains.

> TITRES
>
> Le théâtre dans la vie urbaine
> Le spectacle de la rue
> Le paysage urbain (*cityscape*)
> Le luxe et la misère

Mots et expressions

barbare barbaric
bruyant(e) noisy
la cloche bell
se débrouiller tout(e) seul(e)
  to be resourceful, get along on
  one's own
durer to last

entretenir quelqu'un to support
  someone
lié(e) à tied to
quotidien(ne) daily
sonner to ring
le voleur / la voleuse thief

APPLICATIONS

A. Antonymes. Trouvez le contraire des expressions et des mots suivants.

1. compter sur les autres
2. civilisé(e)
3. séparé(e) de
4. s'arrêter, se terminer
5. silencieux/silencieuse, tranquille
6. inhabituel, rare

B. Jeu d'associations. Lisez les mots ci-dessous, puis écrivez la première expression qui vous vient spontanément à l'esprit.

1. une cloche
2. sonner
3. entretenir quelqu'un
4. un voleur
5. bruyant(e)

Le Moyen Age: La ville et la vie urbaine

La plupart des villes ont grandi sans plan au Moyen Age. A la fin du 14ᵉ siècle, de petites maisons sont éparpillées (scattered) partout, à côté des résidences seigneuriales et des prairies. Les places publiques ne sont pas encore symétriques ou harmonieuses. En général, les rues ne sont ni larges, ni régulières, ni pavées. Un édifice important, l'église, se détache de ce chaos et devient témoin de (witnesses) toutes les activités de la rue médiévale: ses drames et ses tragédies, ses gloires et ses spectacles...

I. Entre ville et campagne, le contraste est moins marqué et la limite plus précise qu'aujourd'hui.* La ville médiévale rayonne sur le plat pays environnant;[1] elle s'y prolonge par ses faubourgs;[2] elle exerce sur sa banlieue[3] une autorité d'ordre économique et même politique. Inversement, le paysage rural pénètre à l'intérieur de la ville; entre les quartiers bâtis[4] subsistent[5] de vastes espaces de champs et de prés,[6] et l'on voit circuler par les rues des troupeaux,[7] des charrettes chargées de foin, de paille ou de fumier.[8]

Les édifices importants, principalement les églises, apparaissent confondus dans[9] la masse des maisons. Des boutiques, des étals[10] de marchands ambulants[11] se sont installés entre les arcs-boutants.[12] Les églises participent ainsi à[13] la vie journalière de la ville, dont elles règlent le rythme par le tintement[14] de leurs cloches. Le son des cloches enveloppe en effet toute la vie urbaine; églises, monastères et jusqu'aux moindres[15] chapelles ont leurs carillons,[16] annonçant le début ou la fin du travail, la célébration des offices, les joies et les deuils.[17] Pendant les heures de jour, la rue est pleine de mouvement et de bruit.

La cité de Carcassonne: ville médiévale fortifiée

II. Chaque ville possède naturellement ses rues plus fréquentées, ses carrefours[18] et ses places où se réunissent de préférence les badauds.[19] Faute d'[20]autre espace libre, c'est parfois un cimetière qui sert de promenade publique. Une large part de l'existence individuelle, comme de la vie sociale, se déroule[21] dans la rue.

---

[1]rayonne... *spreads over the surrounding lowlands* [2]s'y... *stretches beyond its walls to encompass outlying districts* [3]*outskirts* [4]*built-up* [5]*rest* [6]*fields and meadows* [7]*cattle, sheep, etc.* [8]charrettes... *carts full of hay, straw, or manure* [9]apparaissent... *seem to be part of* [10]tables de produits à manger [11]*traveling* [12]entre... *between the flying buttresses* [13]Les... *In this way, churches are a part of* [14]dont... *they regulate the rhythm of life by the ringing* [15]jusqu'... *even the smallest* [16]*chimes* [17]*mourning* [18]*crossroads* [19]promeneurs qui regardent tout avec curiosité [20]Faute... *Lacking* [21]se... *unfolds*

---

* à cause de l'existence de hauts murs autour de la ville

«*Au Moyen Age, une large part de l'existence individuelle, comme de la vie sociale, se déroule dans la rue.*»

Seuls les gens aisés[22] disposent d'un intérieur suffisamment confortable pour y passer leurs heures de loisir; pour les petits et les humbles, il n'est guère de vie d'intérieur possible dans des habitations petites et sombres. Au petit peuple la rue offre son spectacle sans cesse renouvelé;[23] elle lui permet de participer dans une certaine mesure à la vie des grands ou du moins d'en admirer la splendeur. Car ce sentiment de pudeur[24] et peut-être de prudence qui fait que, dans des époques plus récentes, les riches cherchent à jouir discrètement de[25] leur richesse et ne point faire éclater leur luxe[26] aux yeux des classes moins favorisées, ce sentiment est inconnu aux hommes du Moyen Age. Princes, grands seigneurs, riches bourgeois prennent plaisir à étaler aux yeux de tous leur faste et leur orgueil.[27] La rue est le domaine commun où le luxe des uns côtoie[28] la misère des autres et où s'affrontent les aspects les plus contrastés de la vie sociale. Mais c'est là aussi que riches et pauvres se trouvent parfois associés dans les manifestations collectives de la vie professionnelle, politique ou religieuse.

III. Parmi ces manifestations, les plus fréquentes sont les processions. Pour demander au Ciel[29] de mettre fin à une longue sécheresse,[30] pour implorer le retour de la paix, ou célébrer une victoire sur le parti adverse, toutes les classes sociales, gens d'Eglise, bourgeois, artisans et compagnons s'assemblent derrière les bannières, les croix et les reliques, pendant plusieurs journées de suite, interrompant toute l'activité normale de la cité.

Un autre spectacle, trop fréquent en ces temps de guerre civile, rassemble la foule[31] au long des rues et sur les carrefours: celui des supplices[32] et des exécutions capitales qui, lorsqu'il s'agit de personnages importants et particulièrement détestés du peuple, comportent une mise en scène[33] destinée à frapper[34] l'imagination. L'échafaud[35] où ont lieu les exécutions capitales sont toujours dressés[36] au lieu le plus fréquenté de la ville, sur la place principale, près de la halle[37] ou du marché.[38]

Mais le spectacle de la rue est fait aussi, même en ces temps troublés, de scènes moins tragiques. Certains espaces libres sont aménagés en lices ou en

---

[22]*well-off (financially)*   [23]*sans... constantly repeating*   [24]*modestie*   [25]*jouir... enjoy in a discreet way*   [26]*ne... refrain from parading their luxurious life*   [27]*étaler... flaunting their wealth and their pride for all to see*   [28]*exists right alongside*   [29]*God (in heaven)*   [30]*drought*   [31]*crowds*   [32]*tortures*   [33]*comporte... involve a staging*   [34]*strike*   [35]*platform*   [36]*put up*   [37]*covered market*   [38]*open-air market*

terrains de sports.³⁹ Aux distractions quotidiennes de la rue s'ajoutent les fêtes et réjouissances⁴⁰ publiques organisées à l'occasion de grands événements: victoire militaire, signature de la paix, naissances princières.⁴¹ Autour des feux de joie allumés sur les places⁴² s'organisent des bals populaires et parfois des banquets publics.

L'exécution de Jeanne d'Arc

IV. On voit le rôle important que jouent dans les réjouissances populaires les «entremets⁴³», tableaux vivants⁴⁴ et représentations mimées.⁴⁵ Jamais, en effet, le théâtre n'a été⁴⁶ aussi intimement lié à l'existence du corps social⁴⁷ qu'il ne le fut au XVᵉ siècle. «Mystères», moralités, soties⁴⁸ ont été écrits non pour la jouissance⁴⁹ des lettrés,⁵⁰ mais pour le plaisir de la masse. Le public qui se pressait en foule autour de la scène venait y reconnaître ses mœurs,⁵¹ ses idées, ses croyances.

Le théâtre n'est pas le fait de «troupes» professionnelles, il est l'œuvre collective de toute la population urbaine. Tous les habitants, peut-on dire, y apportent leur collaboration. Les acteurs se recrutent dans toutes les classes urbaines. Il arrive même que l'autorité interdise⁵² tout travail et fasse fermer les boutiques⁵³ pendant la durée des représentations. Des⁵⁴ campagnes voisines où le spectacle a été annoncé, on accourt vers⁵⁵ la ville. La représentation elle-même dure généralement plusieurs jours, même lorsqu'il ne s'agit que d'une seule œuvre.⁵⁶ ▨

adapté de *La Vie quotidienne au temps de Jeanne d'Arc*

³⁹aménagés... *fixed up as areas for tournaments or for sports* ⁴⁰*festivities* ⁴¹naissances... *princely births* ⁴²Autour... *Around the bonfires lit in public squares* ⁴³divertissements de théâtre ⁴⁴tableaux... *productions using live actors to recreate famous paintings on stage* ⁴⁵représentations... *pantomimes* ⁴⁶Jamais... *In fact, the theater has never been* ⁴⁷corps... société ⁴⁸*satirical farces* ⁴⁹*enjoyment* ⁵⁰*educated* ⁵¹qui... *which crowded around the stage came there to see represented its way of life* ⁵²Il... *It even happens that the authorities forbid* ⁵³fasse... *make the shops close down* ⁵⁴*From the* ⁵⁵on... *people hurry to* ⁵⁶même... *even when there is only one work being presented*

A. Idées et détails. Le texte traite des thèmes suivants. Trouvez dans le passage une phrase qui illustre un aspect précis de chaque idée.

1. La vie urbaine et la vie rurale étaient moins distinctes au Moyen Age.
2. Dans les villes médiévales, les églises jouaient un rôle central dans la vie de tous les jours.
3. La rue offrait de nombreux attraits aux gens pauvres pendant le Moyen Age.
4. Le théâtre occupait une place centrale dans la vie sociale médiévale.
5. Il y a de grandes différences entre le théâtre médiéval et le théâtre contemporain.

B. Points communs. Etudiez chaque série de mots. Puis écrivez une phrase qui montre comment ces termes sont liés dans le texte.

MODELE: le début du travail / la fin du travail / la célébration des offices religieux →
La cloche de l'église annonçait le début ou la fin du travail et la célébration des offices religieux pendant le Moyen Age.

1. des églises / des monastères / des chapelles
2. du mouvement / du bruit / des promeneurs
3. pour demander le retour de la paix / pour mettre fin à une sécheresse / pour célébrer une victoire
4. à l'occasion d'une victoire militaire / une signature de la paix / une naissance princière
5. duraient plusieurs jours / impressionnaient les spectateurs / étaient une œuvre collective

C. Analyse. Répondez brièvement aux questions suivantes.

1. Au Moyen Age, où est-ce que le peuple passe la plus grande partie de son temps? Pourquoi? Où passez-vous la plus grande part de votre existence? Pourquoi?
2. Quels rôles jouent les processions dans la vie médiévale? A quelle occasion organise-t-on des processions ou des défilés de nos jours?
3. Où ont lieu les exécutions capitales au Moyen Age? Où est-ce qu'elles ont lieu aujourd'hui? Expliquez cette différence.
4. Le théâtre occupe une place importante dans la vie sociale médiévale. Le public y retrouve ses idées et ses croyances. Qu'est-ce qui reflète les valeurs du public d'aujourd'hui? Le théâtre? le cinéma? la musique? la télévision? Justifiez votre réponse.

A. Comparaisons. Chaque étudiant(e) fera une petite présentation sur l'un des sujets suivants.

VOCABULAIRE UTILE

la boutique, le bruit, les costumes (*m.*), la circulation, l'espace vert, les habitations (*f.*), le jeu des acteurs, le mouvement, la peine de mort, le public, le stress, etc.

MODELE: quelques différences impressionnantes entre le Moyen Age et le présent →
Au Moyen Age, la vie était beaucoup plus cruelle qu'aujourd'hui. A cette époque, les exécutions avaient lieu en public. Aujourd'hui, la peine de mort n'existe plus dans la plupart des pays européens.

1. les aspects les plus positifs de la vie quotidienne au Moyen Age
2. quelques différences impressionnantes entre le Moyen Age et le présent
3. les bâtiments les plus importants d'une ville médiévale
4. la rue médiévale et la rue moderne
5. les loisirs au Moyen Age et aujourd'hui

B. Les filles et les garçons.
L'image ci-contre illustre les rôles principaux des jeunes au 15e siècle. Dessinez ou trouvez une image qui reflète les rôles des filles et des garçons dans le monde moderne. Ces rôles sont-ils les mêmes pour les deux sexes? Ensuite présentez votre image à la classe et expliquez pourquoi vous l'avez choisie.

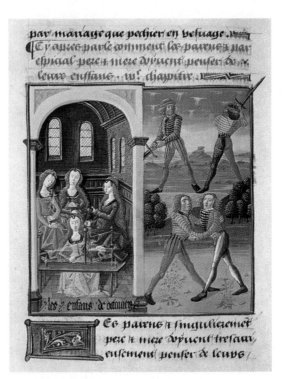

Les filles apprennent à filer, les garçons à se battre.

A la cour de Versailles: La journée du roi

Mise en route

Scanning for specific information. Scanning is another helpful technique for approaching an unfamiliar text. This approach is particularly useful when you know you are searching for specific information. Readers often scan newspaper articles for essential facts, for example, or encyclopedia entries for dates. As you will see, the text you are about to read describes moments in a typical day in the life of Louis XIV, **le Roi-Soleil.** The following activity will help you scan for those moments during your first reading of *La journée du roi.*

Journée royale. Nous avons indiqué ci-dessous le début et la fin de «La journée du roi». Cherchez dans le texte d'autres moments importants liés aux activités quotidiennes royales. (Ces renseignements se trouvent très souvent au commencement ou à la fin des paragraphes.) Ensuite comparez votre liste avec celle d'un(e) partenaire. Combien en avez-vous trouvés?

7 h du matin _____   _____

_____   _____

_____   _____

_____   _____

_____   *10 h du soir*

Mots et expressions

assister à to attend
le coucher going to bed
le courtisan courtier
égal(e) equal
faire partie de to be part of
la journée day(time)
le lever rising, getting up

la matinée morning
privé(e) private
puissant(e) powerful
la soirée evening
veiller to watch, be on the
　lookout

A. Antonymes. Trouvez le contraire des expressions suivantes.

1. faible
2. inégal(e)
3. public/publique
4. la matinée
5. ne pas être présent(e) à

B. L'intrus. Trouvez une expression dans chaque groupe de mots qui ne va pas avec les autres. Justifiez votre choix.

MODELE: le lever du roi / le coucher du roi / le travail / le cinéma →
          Le cinéma ne se réfère pas à la journée typique du roi.

1. la chambre / se déshabiller / se mettre au lit / le cou
2. le matin / sortir du lit / se réveiller / danser
3. vieil(le) / veiller / veilleur / la nuit
4. le courtisan / courir / le roi / la cour
5. matrimonial(e) / matinal(e) / le matin / la matinée
6. faire partie de / appartenir à / être parmi (*among*) / partir

À la cour de Versailles: La journée du roi

Louis XIV règne de 1643 à 1715. Le pays vit dans une grande misère, les seuls privilégiés étant les nobles admis à sa splendide cour de Versailles. Ils sont obligés d'être à la cour tous les jours parce que Louis XIV remarque tout le monde, même les absents, qui tombent immédiatement en disgrâce. En maintenant la noblesse dans cette servitude, Louis XIV peut plus facilement contrôler les puissants de son royaume.

Louis XIV, le Roi-Soleil

En 1682, Louis XIV règne depuis quarante ans. Il a remporté[1] sur ses adversaires les plus belles victoires.

La France est le pays le plus puissant d'Europe. Dans le monde civilisé, tous les yeux sont tournés vers ce palais qui occupe dans l'esprit du roi une place prépondérante et constitue son souci essentiel.[2]

Grouper autour de lui les plus puissants représentants de la noblesse française a été le dessein[3] de Louis XIV. Le roi veille personnellement à déterminer la

[1]*won*   [2]*souci... main concern*   [3]*plan*

Versailles: les appartements du Roi

position de chacun, à créer les rites qui entourent sa personne.[4] Jusqu'à la fin du règne, il s'intéresse à ces questions.

LE LEVER

A sept heures du matin, le premier valet de chambre se lève. Un quart d'heure plus tard, habillé, paré,[5] le premier valet introduit silencieusement les serviteurs chargés d'allumer le feu, les feutiers. Puis un autre ouvre les volets[6] de la chambre, un troisième fait disparaître le lit de veille[7] sur lequel le premier valet a couché.

Il est alors sept heures et demie. Le premier valet s'approche du lit royal et, sans toucher aux rideaux[8] qui l'entourent,[9] murmure: «Sire, voilà l'heure.» Puis il va ouvrir la porte au premier médecin et au premier chirurgien. Le premier médecin examine son patient, prescrit quelque remède. Le premier chirurgien l'assiste.

A huit heures un quart, le premier gentilhomme de la chambre du roi ouvre les rideaux du lit, car c'est à lui seul que revient ce devoir. L'intimité du roi a pris fin. Il va désormais[10] vivre en public, devant les témoins accoutumés[11] de ses actes. Comme sous l'effet d'une baguette magique,[12] le palais de Versailles s'éveille,[13] et déjà les courtisans, par ordre hiérarchisé, emplissent[14] les antichambres.

---

[4]rites... *rituals of which he is the center*   [5]*coiffed*   [6]*shutters*   [7]fait... *folds up and removes the cot*   [8]*curtains*
[9]l'... *surround him*   [10]*from then on*   [11]témoins... *usual witnesses*   [12]baguette... *magic wand*   [13]s'... *comes alive*
[14]*fill*

Le premier valet de chambre s'approche du roi et, sur ses mains, dépose quelques gouttes d'esprit-de-vin.[15] A son tour, le grand chambellan[16] présente le bénitier.[17] Louis se signe.[18] Tous les assistants se dirigent alors vers le cabinet du conseil. Un aumônier[19] les attend. L'office dure à peine un quart d'heure. Le roi, de son lit, ajoute habituellement quelques prières[20] personnelles.

Dans la chambre du roi on introduit le barbier. Le roi choisit sa perruque.[21] Jusqu'ici, à l'exception de la famille royale, seuls les officiers de la chambre ont été introduits près de Louis. C'est maintenant le tour[22] des «gens de qualité»[23] qui vont assister au grand lever.

Le roi demande alors son déjeuner. Il est neuf heures et quelques minutes. Le déjeuner, que nous appellerions le «petit déjeuner», est peu substantiel. Il se compose habituellement de deux tasses de tisane[24] ou de bouillon.

Après quoi, Louis XIV termine sa toilette. Il n'est rasé, par le barbier, que tous les deux jours.[25] Puis on va l'habiller. Tout se déroule[26] lentement. L'habillement se poursuit[27] sans que le roi quitte son fauteuil. Mais il a l'habitude et «faisait presque tout lui-même avec adresse et grâce».

Le roi est prêt. Il fait ses prières, les secondes de la journée.

Louis a terminé ses prières. Il passe dans son cabinet de travail, soit qu'il veuille[28] travailler, soit qu'il ait à[29] donner des ordres.

Le cortège se reforme pour se rendre à la chapelle. Louis entend la messe[30] dès dix heures, puis revient dans son cabinet pour y tenir conseil[31] ou audience jusqu'au moment du dîner.

LE TRAVAIL DU ROI

Depuis trois heures qu'il est réveillé, Louis ne s'est consacré qu'[32]au cérémonial du lever et aux prières. Dieu servi, il va maintenant se livrer[33] à son métier de roi dans son cabinet.

Les matinées sont consacrées aux réunions des conseils. Le plus important de tous, le conseil d'Etat, se tient[34] habituellement le dimanche et se poursuit souvent le lundi quand les affaires n'ont pas été toutes examinées. Nouveau conseil d'Etat le mercredi. Le mardi et le samedi se tient le conseil des Finances.

Certains jours, il n'y a ni conseil ni audiences. Le roi, le vendredi, reçoit son confesseur.

Le travail n'absorbe pas tout le temps. Sans quitter son cabinet, le roi se distrait[35] et se délasse.[36] Il lui arrive de convoquer ses musiciens, ses écrivains et ceux-ci sont toujours à la disposition du maître.

L'audience terminée, Louis se lève. Il est une heure. Il se dirige de nouveau vers sa chambre. C'est alors qu'il convient[37] de se pousser habilement[38] pour être

---

[15]dépose... *pours several drops of rubbing alcohol* [16]*chamberlain* [17]*holy water basin* [18]se... *makes the sign of the cross* [19]*chaplain* [20]*prayers* [21]*wig* [22]*turn* [23]gens... *favored aristocrats* [24]*herbal tea* [25]tous... *every other day* [26]se... *unfolds* [27]se... *proceeds* [28]soit... *either because he wants* [29]soit... *or because he has* [30]*Mass* [31]tenir... *to hold counsel* [32]ne... *has devoted himself only* [33]se... *to give some time* [34]se... *is held* [35]se... *s'amuse* [36]se... *se repose* [37]*is fitting* [38]se... *to maneuver oneself skillfully*

remarqué du roi. Maintes[39] anecdotes montrent l'importance de cet instant aux yeux de tous les gentilshommes qui, depuis le matin, attendent ce moment.

Le roi est revenu en sa chambre. Le dîner commence.

LE DINER

Aucun convive n'[40]a le droit de partager le dîner du roi. Cette règle s'est maintenue[41] pendant tout le règne. Les membres de la famille royale, les princes du sang peuvent bien y assister. Ils n'y participent pas.

Le dîner est d'ailleurs servi avec une lenteur, une pompe rituelle qui exaspérerait tout autre que[42] le roi. Chaque service donne lieu à[43] une véritable mise en scène.[44]

Ainsi, il faut trois personnes et sept à huit minutes pour servir au roi un verre de vin coupé d'eau!

On ne s'étonnera pas de constater qu'il ait fallu utiliser quatre cent quatre-vingt-dix-huit personnes pour la seule bouche du roi!

L'APRES-MIDI

Le dîner est terminé. Le roi regagne[45] immédiatement son cabinet. Le plus souvent, il consacre un court instant à se délasser[46] avec ses chiens couchants. Puis il change de vêtements.

---

[39]*Many* [40]*Aucun... No guest* [41]s'est... *was observed* [42]tout... *anybody but* [43]donne... *becomes* [44]mise... *production* [45]*returns (to)* [46]se détendre

Dès que le roi a revêtu son habit, il quitte son cabinet et part pour la chasse[47] ou pour la promenade. Le retour s'effectue à des heures variables, rarement après cinq heures de l'après-midi.

LA FIN DE LA JOURNEE

Toute la fin de la journée, le roi reste en représentation.[48] En rentrant de la chasse, il commence par changer d'habit (pour la troisième fois depuis le lever). Une ou deux fois par semaine, il assiste au salut[49] dans la chapelle. La cérémonie a lieu à cinq heures en hiver, à six heures en été.

Après le salut, voici le moment attendu avec le plus d'impatience par toute la figuration[50] qui se bouscule[51] depuis le matin dans les antichambres et les salons: celui de «l'appartement».

Il y a «appartement» trois jours par semaine. Les plaisirs de l'appartement sont de différentes natures: jeu, billard, danse, concert, parfois représentation.[52] Des buffets sont dressés[53] et permettent de se gaver[54] de pâtisseries ou de glaces pendant la soirée. Le bal qui termine l'appartement s'achève à dix heures par une contredanse. Après quoi a lieu le souper en «grand couvert».

---

[47]*hunting* [48]reste... continue à se montrer [49]bénédiction [50]*crowd* [51]*se... have been jostling one another*
[52]*performance of a play* [53]préparés [54]se... manger trop

Après le souper, le roi repasse pendant quelques instants dans son cabinet. Mais ce dernier arrêt dure peu. Il donne le bonsoir à la masse des courtisans qui se retirent. Lui-même revient dans sa chambre à coucher, accompagné seulement de ceux qui ont participé le matin aux grandes et aux secondes entrées. On assiste en effet au même cérémonial, mais dans le sens inverse.

Demain le soleil se lèvera sur une journée toute semblable[55] à celle-ci. Les figurants reprendront leur place. On comprend que le roi lui-même ait été las[56] de cette perpétuelle représentation[57]!

Heureusement, il y a les distractions qui permettent de desserrer[58] un peu cette étiquette étouffante,[59] et les événements imprévus.[60] 🔻

adapté de *La Vie quotidienne au temps de Louis XIV*

[55]*comparable* [56]fatigué [57]*public display* [58]*to relax* [59]suffocante [60]*unexpected*

AVEZ-VOUS COMPRIS?

A. Matinée typique. Mettez dans l'ordre chronologique les différentes étapes du lever de Louis XIV.

_____ Le roi est sorti de son lit.

_____ Le barbier a peigné le roi.

_____ Le premier médecin a examiné son patient.

__1__ Le valet de chambre s'est levé.

_____ Le roi a entendu la messe.

_____ Certains courtisans sont entrés pour assister au lever du roi.

_____ On a habillé le roi.

_____ Le premier gentilhomme du roi a ouvert les rideaux du lit.

_____ Le roi a pris son déjeuner.

_____ Le valet de chambre a dit «Sire, voilà l'heure.»

B. Vrai ou faux? Lisez les phrases suivantes et corrigez celles qui sont fausses. Ensuite, comparez vos réponses avec celles d'un(e) partenaire.

1. Les nobles dominent la cour de Versailles.
2. Louis XIV exige l'observation la plus rigoureuse de l'étiquette.
3. Louis XIV est complètement absorbé par les plaisirs de la cour.
4. Pendant le règne de Louis XIV, une des obligations importantes des courtisans est d'assister aux rites royaux.

5. Louis XIV est très religieux.
6. Pendant la journée, Louis XIV passe beaucoup de temps seul.
7. Le devoir de Louis XIV en tant que roi consiste à tenir conseil ou audience.
8. Pendant la journée, tous les courtisans peuvent approcher le roi à n'importe quel moment.
9. A Versailles, le moment de la journée royale attendu avec le plus d'impatience par les courtisans est celui de la chasse.
10. Le roi partage son dîner avec sa famille.

La vie des courtisans sous Louis XIV est-elle plaisante? ennuyeuse? difficile? Expliquez.

A. Activités quotidiennes. Comme Louis XIV, tout le monde a l'habitude de faire certaines choses tous les jours. Ecrivez à votre tour les différentes étapes de votre journée hier en indiquant les heures, puis soulignez les activités que vous faites tous les jours. Mettez-vous ensuite par groupes de quatre et trouvez les activités communes à tous les membres du groupe. Comparez alors votre liste avec celle des autres groupes. Quels sont les occupations et les gestes les plus courants parmi les étudiants de votre classe? Est-ce que votre routine fait obstacle à la création et au progrès? Expliquez.

MODELE: Hier, je me suis réveillé(e) à 6 h 30 comme d'habitude. Après quelques minutes, je me suis levé(e) et je me suis habillé(e). J'ai mis un short, un tee-shirt et mes chaussures de jogging. A 7 h moins 10 je suis sorti(e) de chez moi et j'ai couru pendant 40 minutes. A 7 h 30, ...

B. Jeu historique. Ecrivez le nom d'un personnage historique et une information concernant ce personnage: le siècle pendant lequel il a vécu, un endroit ou un événement avec lequel on l'identifie, etc. Mettez-vous alors par équipes de quatre. A tour de rôle, chaque membre de l'équipe va lire le nom de son personnage, puis le reste de l'équipe va essayer d'ajouter d'autres détails. Ajoutez ces détails à votre liste.

MODELES: E1: Jeanne d'Arc: Elle a vécu au 15e siècle. →
E2: Elle a délivré Orléans. **ou** Elle est morte à Rouen.
E3: Elle a aidé le roi français Charles VII à lutter contre les Anglais.

Utilisez maintenant les idées suggérées par les membres de votre équipe pour essayer de coincer (*stump*) les autres équipes. Lisez trois détails associés à la vie de votre personnage et voyez si les autres équipes sont capables de deviner l'identité de cette personne mystérieuse.

Echos

A. Qu'en pensez-vous? Traitez par écrit ou par oral de l'un des sujets suivants.

1. **Les devoirs matrimoniaux.** Au 13e siècle, les parents demandaient à leur fille d'honorer ses beaux-parents, d'aimer son mari, de diriger la famille, de gouverner la maison et de se montrer irréprochable. Le mari devait entretenir, instruire et corriger son épouse. Quant aux enfants, le mari avait la charge complète de leur éducation, et la femme seulement une fonction nutritive. Qu'est-ce qui a changé dans le couple moderne? Est-ce que chaque personne a des devoirs spécifiques? Quel système est meilleur pour la femme? l'homme? les enfants? Pourquoi? Quelle est votre définition du mariage? Est-ce un rapport basé sur l'amour? l'amitié? l'argent? Est-ce une relation d'égal à égal? Justifiez vos réponses.

2. **Votre pays.** Quels événements importants dans votre pays ne faut-il pas oublier et pourquoi? Des guerres? des victoires? des assassinats? des crises économiques ou politiques? Quelles personnes ont eu la plus grande influence sur l'histoire de votre pays? Des chefs d'état? des militaires? des industriels? des philosophes? Expliquez. Quelle est la contribution la plus importante de votre pays au reste du monde? Une invention spécifique? un attachement aux idéaux de la république et aux opinions démocratiques? une croyance au progrès continuel de l'humanité? un système d'éducation accessible à tous? autre chose? Justifiez votre réponse.

B. Etes-vous d'accord? Lisez les phrases suivantes avec un(e) partenaire. Dites si vous êtes d'accord et justifiez vos réponses.

1. Une reine peut tout aussi bien régner sur un pays qu'un roi.
2. La vie d'un membre d'une famille royale est toujours plus intéressante que celle d'un membre de la classe moyenne.
3. On devrait mieux connaître l'histoire de son pays.
4. En général, les femmes qui ont joué un rôle important dans l'histoire sont moins appréciées que les hommes.
5. Aujourd'hui, les hommes les plus connus du monde sont des hommes politiques; les femmes les plus connues sont des actrices ou des mannequins.

C. La vie en images. Qui a marqué l'histoire du monde au 20e siècle? Regardez les couvertures suivantes de *Paris-Match* et faites-les correspondre avec les noms. Puis avec un(e) partenaire nommez trois personnes qui ont dominé le 20e siècle; justifiez vos choix au reste de la classe.

1. _____ l'astronaute Neil Armstrong

2. _____ le Général Charles de Gaulle

3. _____ le pape Jean-Paul II

4. _____ le reine Elizabeth II

5. _____ l'artiste Pablo Picasso

6. _____ John Kennedy

7. _____ le révérend Martin Luther King, Jr.

a.

Avril 73

b.

Août 69

c.

Novembre 70

d.

Décembre 63

e.

Avril 68

f.

Avril 57

g.

Juin 80

CHAPITRE 4

Partage de vêtements, de jouets et de médicaments collectionnés dans les écoles françaises pour venir en aide aux enfants de Croatie

VIVRE SA VIE

> **I**l est plus nécessaire d'étudier les hommes
> que les livres.
>
> La Rochefoucauld

Le Français typique—attaché à sa terre natale, méfiant, traditionaliste—
a beaucoup changé ces vingt-cinq dernières années: le développement
des télécommunications et des transports l'a poussé à élargir ses hori-
zons; il est désormais plus ouvert; l'individualisme qui a marqué les années
80 a donné naissance à un esprit de compétition plus poussé; et la situation économique a inspiré une nouvelle créativité. La réussite individuelle
est aujourd'hui le but de nombreux Français.

Et dans votre pays, quelles étaient les valeurs traditionnelles et quelles
sont-elles aujourd'hui? Comment se sont effectués ces changements à votre
avis? Les extraits présentés dans ce chapitre vont vous mettre face aux tendances actuelles de la société française, à son système de valeurs, à ses buts
et aux détails de la vie quotidienne qui illustrent ces nouvelles tendances.

Fin de siècle: Six grandes tendances de la société française

Mise en route

Activating background knowledge. You are about to read an analysis of
social trends in late twentieth-century France. When you are first introduced to the topic of a text, it can be helpful to recall what you already
know about the topic, or about related subjects. This procedure will enable
you to remember relevant vocabulary as well as to read with a purpose
(confirming or modifying your expectations). The following activity will
help you recall what you might already know about contemporary social
trends in the industrialized West.

Associations. Cochez toutes les expressions que vous associez avec la situation actuelle des pays d'Europe et d'Amérique du Nord.

- ☐ crise économique
- ☐ diversité des points de vue
- ☐ homogénéité
- ☐ confort matériel
- ☐ stabilité
- ☐ rythme de vie mesuré
- ☐ superficialité
- ☐ individualisme
- ☐ égalité
- ☐ fossé (*gap*) entre riches et pauvres

- ☐ niveau de vie élevé pour la plupart des citoyens
- ☐ progrès technologique
- ☐ fanatisme religieux
- ☐ hétérogénéité
- ☐ chômage et faim
- ☐ instabilité
- ☐ rythme de vie frénétique
- ☐ profondeur
- ☐ solidarité avec les autres
- ☐ hiérarchie

Repensez vos opinions après avoir lu le passage.

Mots et expressions

actuel(le) present, current
le but purpose, goal
le chômage unemployment
le comportement behavior
en ce qui concerne concerning
le millénaire millennium
moyen(ne) average

le réseau network, system
souhaiter to wish
la télécommande TV remote control
zapper to switch, to hop ("channel-surf")

APPLICATIONS **A. Synonymes.** Trouvez l'équivalent des expressions suivantes.

1. mille ans
2. objectif, intention
3. présent, contemporain
4. l'ensemble des moyens par lesquels les membres d'un groupe communiquent entre eux
5. au sujet de
6. vouloir, espérer

B. L'intrus. Identifiez l'élément qui ne va pas avec les autres et dites pourquoi.

MODELE: les manières / le comportement / le compartiment / la conduite →
Le compartiment ne se réfère pas au comportement.

1. un souhait / une carotte / un désir / un espoir
2. la télécommande / zapper / la chaîne / le téléphone
3. actuel / actif / l'actualité / actuellement
4. le travail / le chômage / la salade / le salaire
5. la moutarde / moyen / le milieu / la médiane

Fin de siècle: Six grandes tendances de la société française

I. La société horizontale

Après avoir été hiérarchiques, donc verticales, les structures des entreprises, de l'Etat ou de la famille tendent à devenir horizontales. L'entreprise fait davantage participer ses employés,[1] l'Etat décentralise, la famille donne à la femme et aux enfants une plus large autonomie.

Mais c'est dans le domaine de la communication que l'évolution est la plus sensible,[2] grâce au développement des **réseaux**.* Par l'intermédiaire du téléphone, des ordinateurs, du Minitel ou du fax, reliés entre eux et aux banques de données,[3] l'information circule entre les individus sans respecter une quelconque[4] hiérarchie. Ce «maillage» transversal[5] abolit les barrières de classe sociale, d'âge, de distance, de nationalité. Il répond à la fois aux souhaits des individus et à un souci[6] général d'efficacité.[7] Ces réseaux modernes remplacent la religion, dont la vocation est (étymologiquement) de **relier**[8] les gens.

II. La société centrifuge

Les systèmes de protection sociale ont retardé les effets de la crise;[9] ils ne les ont pas empêchés. C'est pourquoi on a vu se développer une nouvelle forme de pauvreté. Aujourd'hui, un travailleur sur dix n'a pas d'emploi; un Français

*Les caractères gras viennent du texte original.

EN GARDANT LES PIEDS SUR TERRE, NOUS DONNONS DES AILES À L'EMPLOI.

ADP
Aéroports de Paris
Nous pilotons les aéroports

sur dix ne dispose pas d'[10]un revenu suffisant pour vivre décemment.

La société d'hier était **centripète:**[11] elle s'efforçait[12] d'intégrer la totalité de ses membres. Celle d'aujourd'hui est **centrifuge:**[13] elle tend à exclure ceux qui ne parviennent[14] pas à se maintenir dans le courant,[15] parce qu'ils n'ont pas la

[1]fait... *is eliciting more employee participation* [2]*noticeable* [3]reliés... *which are connected to one another and to databases* [4]une... *any kind of* [5]maillage... *network hook-up* [6]*concern* [7]*efficiency* [8]*to bind, link* [9]*a recession of the 90s lasting a number of years* [10]ne... *does not have* [11]*centripetal, oriented toward the center* [12]essayait [13]*centrifugal, oriented away from the center* [14]*manage* [15]*mainstream*

santé, la formation, la culture ou les relations nécessaires. La société de communication est aussi une société d'**excommunication.**

Le résultat est une montée des frustrations dans l'ensemble des catégories sociales. Situés au 3ᵉ rang de la richesse[16] parmi les peuples de la Communauté européenne, les Français n'occupent que le 10ᵉ rang de la satisfaction[17]! Ce mal de vivre se traduit par[18] une hausse sensible[19] des maux de société (nervosité, dépression, insomnie, mal de tête, fatigue, stress, atrophie du désir sexuel) ou de la consommation de drogue. Le confort matériel s'accompagne d'un inconfort moral grandissant. Une partie de cette angoisse est transférée sur les immigrés, les hommes politiques, l'Europe. Elle pourrait être la source de conflits entre jeunes et vieux, entre hommes et femmes, entre Français et étrangers.

On observe cependant que les Français ne cherchent pas la guerre civile; la plupart souhaitent au contraire «rentrer dans le rang»,[20] s'intégrer à la société. La démonstration[21] en a été donnée par les manifestations[22] des lycéens et étudiants; à l'inverse de[23] leurs parents qui ont fait la révolution en Mai 68, eux ne veulent pas casser la société,[24] mais obtenir simplement le droit d'y entrer et d'y jouer un rôle.

III. La société du zapping

La télécommande est l'objet-symbole de cette fin de siècle. Avec le magnétoscope, elle a donné aux téléspectateurs un pouvoir sur les images, juste contrepoids[25] à celui qu'elles exercent sur eux. Mais le phénomène du **zapping** ne concerne pas que[26] la télévision. Il s'applique aussi à la consommation; les Français sont de plus en plus nombreux à «zapper» d'un produit à un autre, d'un magasin à un autre, d'un comportement d'achat à un autre (cher / bon marché, luxe / bas de gamme,[27] rationnel / irrationnel, boutique spécialisée / hypermarché[28]...).

Les Français zappent aussi au cours de leur vie professionnelle, occupant des emplois successifs au gré[29] des opportunités ou des obligations. Ils zappent dans leur vie affective et sociale,

Une manifestation de syndicalistes dans le nord de la France

---

[16]Situés... *Ranking third richest*   [17]n'occupent... *finished tenth among EEC countries in a survey evaluating overall satisfaction with life*   [18]se... *montre*   [19]hausse... *noticeable increase*   [20]rentrer... *to join the ranks*   [21]*proof*   [22]*political demonstrations*   [23]à... *contrary to*   [24]casser... *to smash the power structure*   [25]*counterbalance*   [26]*uniquement*   [27]bas... *low-cost items*   [28]*store that sells everything*   [29]au... *at the mercy*

«La télécommande est beaucoup plus qu'un simple gadget électronique.»

penser qu'il préfigure la transformation prochaine de la civilisation.

Le zapping offre la possibilité si longtemps rêvée de l'**ubiquité**.[33] Grâce à la petite boîte noire, chacun peut successivement et alternativement être ici et ailleurs.[34]

Le zappeur se trouve donc investi d'un **pouvoir** considérable, celui de choisir les images ou les sons qui lui parviennent,[35] donc d'avoir indirectement un droit de vie et de mort sur ceux qui en sont les producteurs ou les diffuseurs.[36]

Un autre aspect essentiel de cette révolution à la fois technologique et sociologique est l'**immobilité** qu'elle autorise; un seul mouvement du doigt et le téléviseur change de chaîne.

Le téléspectateur zappeur ne suit plus une émission en totalité; il en regarde plusieurs en fonctionnant comme les ordinateurs multi-tâches.[37] Cette façon de «voir» présente sans doute l'avantage de favoriser une certaine activité intellectuelle. Mais elle privilégie la superficialité au détriment de la profondeur, privilégie la connaissance fragmentaire par rapport à la compréhension globale. Sa pratique généralisée dans les divers domaines de la vie risque de transformer les individus en multispécialistes incompétents et incapables de se situer dans leur environnement. Donc frustrés et malheureux. 🌿

abrégé de *Francoscopie: 1993*

changeant d'amis, de relations, de partenaires ou d'époux en fonction des circonstances.

Ces nouveaux comportements sont motivés à la fois par la multiplication des choix et l'instabilité caractéristique de l'époque. Ils pourraient demain s'appliquer aux choix politiques et aux systèmes de valeurs, rendant la société française encore plus imprévisible[30] et, sans doute, encore plus vulnérable.

Télécommande et civilisation

La télécommande est beaucoup plus qu'un simple gadget électronique. Le zapping qu'elle autorise résume à lui seul[31] l'évolution récente des mœurs[32] et des comportements; on peut même

[30]*unpredictable*   [31]*résume... summarizes in one word*   [32]*customs*   [33]*the ability to be in several places at the same time*   [34]*elsewhere*
[35]*les... which images and sounds will reach him or her*   [36]*broadcasters*   [37]*multitasking*

A. Vrai ou faux? Décidez si ces remarques sont vraies ou fausses. Puis trouvez dans le texte les phrases qui justifient votre choix.

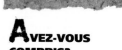

AVEZ-VOUS COMPRIS?

1. L'autorité du père est à la base de la famille française moderne.
2. Il n'y a pas de chômage en France aujourd'hui.
3. Les Français sont plus satisfaits de leur vie que les autres membres de la Communauté européenne.
4. L'attitude des téléspectateurs symbolise le mieux la société actuelle.
5. Le concept du zapping s'applique uniquement à la télévision.

B. Analyse. Répondez brièvement aux questions suivantes.

1. Quelles institutions françaises sont moins hiérarchisées aujourd'hui qu'autrefois? A quels points de vue? Est-ce que les familles dans votre pays sont «verticales» ou «horizontales»? Expliquez.
2. Qui peut s'intégrer le plus facilement dans la société française actuelle? dans votre société?
3. Que veulent les lycéens et les étudiants français d'aujourd'hui?
4. Que représente le zapping? Selon le texte, dans quels domaines de la vie est-ce que les Français zappent? Pourquoi?
5. Quels pouvoirs est-ce que la télécommande offre aux zappeurs?
6. Selon le texte, est-ce que le zapping est une chose positive? Pourquoi? Qu'en pensez-vous?

A DISCUTER

A. Sondage. Vous venez de lire une description de la société française à la fin du deuxième millénaire. Comment est-ce que les valeurs ont changé ces dix dernières années dans votre pays? Répondez aux questions ci-dessous, puis posez-les à trois camarades de classe. Prenez des notes sur une feuille séparée. Ensuite mettez-vous par quatre et comparez vos résultats.

VALEURS

l'amour, la discipline, l'égalité, l'esprit de compétition, la famille, l'honnêteté, l'humanitarisme, l'individualisme, la joie de vivre, la justice, la liberté, le matérialisme, la politesse, la religion, la responsabilité, le sacrifice, le sens du beau, le travail, _____ ?

1. Nommez trois valeurs qui ont perdu de l'importance ces dix dernières années.
2. Donnez un exemple qui illustre une de vos réponses à la première question.
3. Nommez trois valeurs qui ont gagné en importance ces dix dernières années.
4. Donnez un exemple qui illustre une de vos réponses à la troisième question.

Etes-vous optimiste ou pessimiste en ce qui concerne l'avenir de votre génération? Pourquoi?

B. Interview. Les personnes célèbres (vedettes de cinéma, chefs d'entreprise, politiciens, etc.) ont une influence sur les valeurs d'une société. Avec un(e) partenaire, décidez quelle est la personne la plus influente de votre époque. Jouez les rôles de ce personnage et du journaliste qui l'interviewe sur sa vie, ses exploits, ses buts, etc. Le reste de la classe va essayer de deviner de qui il s'agit.

Fin de siècle: Six grandes tendances de la société française (*suite*)

Mise en route

Discriminating between facts and opinions. Many readers tend to equate printed texts and truth, assuming that anything published and sold as non-fiction presents an objective reality. Critical readers, however, expect to find facts and opinions side by side, to distinguish one from the other, and to evaluate the opinions they find. Facts are based on research or experience. Reliable opinions are based on facts. Facts present evidence (who? what? where? etc.), whereas opinions express beliefs or attitudes that are debatable.

Analyse. Ecrivez **F** si vous croyez que la phrase représente un fait et **O** si vous croyez que c'est une opinion. Toutes les phrases sont tirées de la deuxième lecture du chapitre.

1. _____ Chaque jour, les Français sont exposés pendant six heures aux médias.
2. _____ A défaut d'être à l'aise (*Feeling uncomfortable*) dans la vie réelle, les Français préfèrent la recréer...devant leur poste de télévision.
3. _____ Dans un monde rude et dangereux, l'individu est devenu la valeur suprême.
4. _____ Le taux de popularité des hommes politiques est au plus bas: 63% des Français estimaient en 1991 que «le gouvernement est inefficace».
5. _____ La différenciation entre adulte et enfant, garçon et fille, et père et mère s'est amoindrie (*has lessened*).

Mots et expressions

échapper à to escape
embrasser to accept; to adopt (*an opinion*)
flou(e) blurred
léger/légère light

profond(e) deep, profound
refléter to reflect
rejeter to reject
sauter to jump

A. Antonymes. Trouvez le contraire des expressions suivantes.

1. net, précis
2. accepter
3. lourd, dense
4. superficiel

B. Le dénominateur commun. Dites ce que les expressions suivantes ont en commun.

MODELE: un obstacle / un mur / une barre →
On peut **sauter** un obstacle, un mur et une barre.

1. à la réalité / à la prison / à l'ennemi
2. en l'air / haut / de joie
3. une opinion / un parti (politique) / une carrière
4. une offre / une proposition / une idée
5. un miroir / l'eau / une surface brillante

Fin de siècle: Six grandes tendances de la société française (suite)

IV. La vie virtuelle

Chaque jour, les Français sont exposés pendant six heures aux médias (dont 2 h 30 d'attention exclusive), soit une heure de plus en six ans (1985–1991). Les enfants lisent deux fois moins de journaux qu'en 1975; même la lecture des bandes dessinées[1] a chuté au profit de l'audio-visuel[2] (télévision, jeux vidéo). Avec le développement des images de synthèse et l'avènement[3] de

Lire, écrire et compter sur l'ordinateur

[1]bandes... *comic strips*   [2]a... *has fallen compared to video alternatives*   [3]*coming*

la «réalité virtuelle», le monde s'est dématérialisé et la réalité est de plus en plus souvent «rêvée». Le foyer[4] devient une sorte de bulle[5] stérile peuplée[6] de «produits de distanciation» (télévision, téléphone, Minitel, ordinateur, fax...) qui permettent à chacun d'être relié[7] au monde extérieur sans être en contact direct avec lui.

Le mythe du «voyage» se développe; on y accède non seulement par les transports mais aussi par la drogue, les médias ou le jeu. Les loisirs qui se développent le plus (audiovisuel, jeux vidéo, parcs de loisirs, clubs de vacances...) cherchent d'ailleurs moins à simuler la réalité qu'à la transcender.

A défaut d'être à l'aise dans[8] la «vraie» vie, les Français préfèrent la rêver. Beaucoup vivent leurs passions et une partie croissante de leur vie par procuration,[9] confortablement installés devant leur poste de télévision.

V. L'égologie

Dans un monde dur et dangereux, l'individu est devenu peu à peu la valeur suprême. Celle qui commande toutes les autres. La volonté[10] de vivre pour soi,[11] en dehors de toute contrainte est un dénominateur commun. Cette évolution traduit à la fois[12] la rupture avec le passé et l'angoisse du lendemain.[13] L'intérêt que les Français portent à leur corps, la transformation des modes de vie à l'intérieur du couple et de la famille sont les conséquences directes et spectaculaires de ce mouvement «égologique». De nature philosophique, l'égologie pose en principe que la personne est prépondérante par rapport au groupe. Elle porte en elle les germes d'une nouvelle civilisation. Elle dénonce la corruption et rejette les valeurs matérialistes au profit de[14] valeurs plus intérieures. Les héros des Français ne sont plus des entrepreneurs mais des humanistes.

Le père des sans-abris: l'Abbé Pierre

L'écologiste, le prêtre, le volcanologue et le médecin

Les nouveaux héros des Français sont des humanistes. Parmi les cinq personnalités préférées des Français, on trouve en effet (et généralement dans cet ordre) le commandant Cousteau, l'abbé Pierre, Haroun Tazieff et le professeur Schwartzenberg. Tous ont en commun une haute idée de la responsabilité des hommes envers les autres hommes et prêchent, chacun de son côté, l'entraide[15] et la solidarité. Contrairement aux héros des années 80, ceux-ci n'ont pas une image de «gagneur» aux dents longues,[16] mais au contraire celle d'hommes bons et préoccupés de l'avenir

---

[4]*household* [5]*bubble* [6]*equipped* [7]*connected* [8]*A... Feeling uncomfortable with* [9]*par... vicariously* [10]*détermination* [11]*oneself*
[12]*traduit... reveals both* [13]*l'angoisse... the anxiety about what lies ahead* [14]*au... in favor of* [15]*helping one another* [16]*gagneur... go-getter*

Le Professeur Schwartzenberg souhaite une nouvelle politique du logement.

de leurs semblables.[17] On remarque aussi l'absence dans ces classements d'hommes politiques. On constate enfin que les personnages les plus souvent cités parmi les professionnels des médias ou du spectacle sont ceux qui ont (et qui cultivent) une image de «gentil».

Aide-toi et le ciel t'aidera

Le divorce des Français et des institutions est patent: la popularité des hommes politiques est au plus bas; 63% des Français estimaient en 1991 que «le gouvernement est inefficace[18]»; 74% considèrent l'Etat comme lointain.[19] Les médias n'ont pas échappé à cette désaffection: 65% des Français estiment que «on est pris pour des abrutis[20] à la télévision».

La volonté croissante[21] des Français de prendre en charge leur propre destin s'est déjà manifestée par des changements de comportement notables. Aujourd'hui, 12% des couples ont choisi de vivre en union libre. La proportion de naissances non désirées est trois fois moins élevée qu'en 1965 (l'usage de la pilule s'est généralisé et on compte un avortement[22] pour cinq naissances). Les valeurs des jeunes sont centrées sur la sphère personnelle. Chacun s'efforce donc de gérer[23] sa vie, qu'il s'agisse de son travail, de son argent ou de ses vacances.

La génération-transition

Nés après 1968, les moins de 20 ans forment une génération particulière. Ni bof-génération,[24] ni boss-génération,[25] ils constituent en fait une **génération-transition.**

Transition entre une société industrielle qui s'essouffle[26] et une société post-industrielle qui n'a pas encore trouvé ses marques.[27] Un peu plus de vingt ans après, la révolution culturelle de Mai 68 paraît largement inachevée.

Transition entre deux appartenances géographiques: nés Français, les jeunes vivront leur vie d'adulte en tant qu'Européens.

---

[17]leurs... *their kind*   [18]*ineffective*   [19]*distant*   [20]*idiots*   [21]volonté... *increasing desire*   [22]*abortion*   [23]*to manage*   [24]Ni... *Neither generation X*   [25]ni... *nor baby boomers*   [26]*is losing its steam*   [27]*bearings*

Transition entre deux siècles et, expérience rare, entre deux millénaires. A ceux qui auront la chance de le connaître, le troisième millénaire apparaît chargé d'incertitudes et de menaces.

Transition, surtout, entre deux systèmes de valeurs; la vision collective de la vie s'efface au profit d'une vision individuelle.[28] L'«égologie» se combine à l'écologie pour exprimer son inquiétude non seulement quant à la préservation de l'environnement, mais aussi en ce qui concerne la survie[29] de l'espèce humaine.

Transition enfin entre deux civilisations: celle de la consommation et des loisirs a remplacé celle du travail. Une mutation à la fois quantitative et qualitative dont on est loin d'avoir mesuré tous les effets.[30]

VI. La diagonale du flou[31]

Le temps des certitudes confortables est révolu;[32] nous sommes entrés dans l'ère du flou.[33] Partout, on assiste à[34] la fin des découpages «binaires».[35] Ainsi, les différences traditionnelles entre homme et femme s'estompent[36] ou disparaissent, qu'il s'agisse de[37] la vie professionnelle, de la pratique des sports ou du bricolage,[38] de la consommation de tabac ou de la répartition des tâches au sein du[39] couple. On observe aussi une moindre[40] différenciation entre adulte et enfant, entre garçon et fille, entre père et mère. Le travail n'est plus le contraire du loisir (et réciproquement), le bien du mal, l'homme de l'animal. En politique, la gauche et la droite ne sont plus opposées dans l'esprit des citoyens. Dans le domaine de l'habillement, la séparation entre tenues[41] de ville et tenues de loisirs est de moins en moins nette (le «sportswear chic» peut être porté en presque toute occasion), de même que celle qui existait dans les achats entre les boutiques spécialisées et les grandes surfaces.[42]

Aujourd'hui, les Français veulent marier le socialisme avec le libéralisme,[43] le devoir avec le plaisir, le jean avec la veste habillée,[44] le cerveau droit avec le gauche, le *yin* avec le *yang*. Ce phénomène traduit[45] la recherche, inconsciente et désespérée, d'une «autre» conception du monde et de la vie. Une sorte d'union sacrée entre masculin et féminin, individu et collectivité, d'où pourrait émerger un avenir meilleur. 🌿

abrégé de *Francoscopie: 1993*

[28]la... *a sense of community is giving way to the supremacy of the individual* [29]*survival* [30]dont... *all of whose effects we are far from understanding* [31]diagonale... *spectrum of gray areas* [32]*over* [33]l'ère... *the era of the unclear* [34]on... *we are witnessing* [35]découpages... *binary oppositions* [36]*are becoming blurred* [37]s'agisse... *is a question of* [38]*puttering around* [39]répartition... *dividing up the tasks of the* [40]une... *less of a* [41]*vêtements* [42]grandes... *malls* [43]*free market* [44]veste... *sports jacket* [45]*reveals*

A. Tendances. Associez les tendances de la société française de la première colonne aux exemples de la deuxième colonne.

1. _____ L'humaniste
2. _____ La vie virtuelle
3. _____ L'égologie
4. _____ La diagonale du flou

a. L'individu est plus important que le groupe; on dénonce le matérialisme.

b. L'audiovisuel sert de cocon protecteur contre les agressions de la réalité.

c. Celui qui s'occupe du bien-être des autres êtres humains.

d. Le temps des certitudes est fini.

B. Analyse. Répondez brièvement aux questions suivantes.

1. Quels sont les «produits de distanciation»? A quoi servent ces équipements? Quels appareils sont utilisés le plus souvent dans votre pays et pour quelles raisons?
2. Quels loisirs est-ce que les Français pratiquent pour échapper à la réalité?
3. Quels sont les principes du mouvement égologique? Qu'est-ce qu'il dénonce? Quels sont les nouveaux héros des Français?
4. Décrivez les cinq transitions auxquelles doivent faire face les jeunes Français nés après 1968.
5. Dans quels domaines de la vie quotidienne française est-ce que les différences entre homme et femme disparaissent?
6. Quelles dichotomies professionnelles, politiques et vestimentaires n'existent plus en France? Qu'est-ce qui remplace ces divisions binaires traditionnelles?
7. Lesquelles des six tendances décrites dans *Francoscopie* existent dans votre société? Donnez des exemples précis.

A DISCUTER

A. Le troisième millénaire. Décidez quels objets symbolisent les tendances sociales au début du troisième millénaire dans votre pays. Mettez-vous par groupes de quatre et choisissez dans chacune des catégories suivantes un objet représentatif. Donnez un détail supplémentaire pour chaque objet (une marque, un nom, un style, etc.) puis écrivez tous ces renseignements au tableau en justifiant oralement vos choix. Quels objets semblent être les plus représentatifs des tendances actuelles? Pour quelles catégories avez-vous le plus hésité? Pourquoi?

1. **Vêtement(s):** un jean? des baskets? un tee-shirt avec un slogan? (lequel?) un chapeau? etc.
2. **Article dans la maison:** une télécommande? un produit alimentaire allégé? un four à micro-ondes? un ordinateur? etc.
3. **Article en dehors de la maison:** le téléphone cellulaire? les distributeurs automatiques (*ATMs*)? les paquets envoyés par Federal Express? etc.
4. **Loisirs:** un film? (lequel?) une émission ou une chaîne à la télévision? de la musique? une vidéocassette d'aérobic? etc.

B. Héroïque ou célèbre? Chaque génération a ses héros. Qu'est-ce qui rend une personne héroïque selon vous? Son courage? ses exploits sportifs? autre chose? Et quelle est la différence entre un héros et une célébrité? Est-ce que toutes les personnes héroïques sont célèbres? Mettez-vous en groupes et décidez si les personnages suivants sont des héros ou des célébrités. Pensez-vous qu'on a parfois tendance à confondre héroïsme et célébrité? Justifiez votre réponse.

le film d'aventures, guérir les malades, lutter pour, la première dame, réussir un home run, sauver son pays, voyager dans la navette spatiale, voler seul, _____ ?

1. Jeanne d'Arc
2. Napoléon
3. Babe Ruth
4. Charles Lindbergh
5. les soldats morts le 6 juin 1944 en Normandie
6. Christa McAuliffe
7. Jacqueline Kennedy Onassis
8. Arnold Schwarzenegger
9. Mère Teresa
10. Jean-Paul II

Quel(le)s sont les héro(ïne)s mort(e)s ou vivant(e)s de votre pays? Expliquez. Quels sont les héro(ïne)s de votre génération? Pourquoi?

Echos

A. Qu'en pensez-vous? Traitez de l'un des sujets suivants par oral ou par écrit.

1. **L'ère du flou.** Beaucoup de choses sont floues aujourd'hui en ce qui concerne les rôles des gens, les professions, les rapports familiaux et amicaux, etc. Y a-t-il des domaines dans lesquels ce flou vous semble avoir des avantages? Dans le domaine professionnel? dans le milieu familial? dans vos relations personnelles? Expliquez. Quels aspects de la vie étaient plus clairs pour vos parents et grands-parents? Le choix d'une carrière? d'un époux/épouse? d'un passe-temps? Pourquoi? Est-ce que cette imprécision est bonne ou mauvaise pour l'individu? pour la société? Expliquez.

2. **L'individu et la société.** Décrivez un(e) habitant(e) typique de votre pays: son physique, son caractère, son lieu de naissance, son milieu familial, son éducation, etc. Quels traits admirez-vous chez cette personne? Quelles valeurs sociales ces traits représentent-ils? un certain matérialisme? le respect de la famille? l'esprit de compétition? Quels sont les gros défauts de cette personne?

B. Etes-vous d'accord? Dites si vous êtes d'accord avec les phrases suivantes et justifiez vos réponses.

1. Tout le monde peut devenir célèbre.
2. Tout le monde veut devenir célèbre.
3. Les valeurs de ma génération sont la tolérance, la recherche de la qualité de la vie et la liberté individuelle.
4. Les valeurs de ma génération sont la recherche du plaisir immédiat et la conviction que la vie doit être une fête.
5. L'argent ne fait pas le bonheur.
6. Le progrès (technologique, scientifique, etc.) est toujours une bonne chose.

CHAPITRE 5

—Bon appétit!
—Merci, vous aussi!

À TABLE

La réputation de la cuisine française est universelle. Pour la majorité des Français, la cuisine est un art et le repas suit un rythme qui, aux grandes occasions, le fait ressembler à une symphonie. Dans la vie quotidienne, les habitudes ont un peu changé: les repas sont aujourd'hui plus rapides et moins copieux qu'autrefois, et pourtant, manger reste un des plus grands plaisirs des Français. Et vous, aimez-vous manger? Qu'est-ce qui vous plaît particulièrement? Le goût des aliments? l'apparence des plats? l'occasion de se retrouver en famille ou entre amis autour de la table? Quels repas préférez-vous? Les grands repas de fête? les petits dîners entre amis? les repas rapides devant la télévision?

Les deux passages de ce chapitre vont faire allusion à ces rituels, à leur raison d'être et aux changements qui se sont opérés dans ce domaine. Le premier extrait traite des habitudes alimentaires des Français (consommation, préparation, horaires, etc.) et le second passage vous transporte dans l'univers des petits cafés français. Ce sujet vous ouvre-t-il l'appétit?

 Alimentation

Mise en route

Skimming for the gist. Studies show that successful readers generally do not read in a linear fashion, moving from line to line down the page and trying to understand everything. Reading in a back-and-forth motion is more effective for most people.

Before you read through a text in its entirety, look at the title and skim the introduction. Look at all photos, charts, and graphs. Then read any lines that are printed differently (in bold letters, for instance) and the photo captions. With the general information you have gleaned, you can go back and read the article from beginning to end, and the details will make more sense to you.

Idées principales. Avant de lire «Alimentation», regardez tous les supports visuels (les titres, les sous-titres, les images, etc.); puis soulignez parmi les thèmes suivants ceux qui, selon vous, **ne vont pas** être traités dans l'article.

1. l'heure des repas
2. les traditions culinaires
3. les produits étrangers que mangent les Français

4. l'exercice physique
5. la consommation de boissons alcoolisées
6. les loisirs en France
7. l'éducation des enfants
8. l'agriculture en France
9. le coût de la vie
10. le temps consacré à manger

Mots et expressions

l'aliment (*m.*) item of food
l'appareil (*m.*) (**ménager**) (household) appliance
le goût taste
gras(se) fatty; greasy
le grignotage snacking

le plat dish (of food)
le produit product
sain(e) healthy
salé(e) salty
sucré(e) sweet
surgelé(e) frozen

APPLICATIONS **A. Antonymes.** Trouvez le contraire des expressions suivantes.

1. mauvais(e) pour la santé
2. frais; décongelé
3. amer/amère
4. insipide; sans sel

B. Synonymes. Trouvez l'équivalent des expressions suivantes.

1. un objet manufacturé; une chose à consommer
2. formé de graisse, comme le beurre
3. objet ou machine qui facilite l'entretien de l'intérieur domestique
4. substance servant à se nourrir
5. une saveur
6. chacun des éléments d'un menu; un mets d'un repas
7. l'action de manger en dehors des repas

Alimentation

50 000 repas dans une vie

Qu'il soit fin gastronome[1] ou indifférent aux choses de l'assiette,[2] chaque Français se met à table environ 50 000 fois au cours de sa vie. A raison[3] de deux heures par jour en moyenne, cela représente près de 12 années, soit[4] plus du

[1]Qu'... *Whether a gourmet* [2]aux... *to culinary matters* [3]A... *On the basis* [4]*which is*

Les plats cuisinés accélèrent la préparation du repas.

cher que s'ils étaient réalisés à domicile à partir d'ingrédients de base, ce qui contribue au léger accroissement des dépenses alimentaires en volume.

Cependant, l'intérêt pour des produits plus pratiques et plus faciles d'emploi ne signifie pas une transformation complète des habitudes alimentaires. L'attachement à une certaine tradition reste apparent chez les femmes (voir encadré ci-après).

Femmes: modernisme et tradition

• 37% des Françaises estiment que la préparation des repas doit prendre aussi peu de temps que possible; 54% ne sont pas d'accord avec cette affirmation.

• 20% aimeraient commander par téléphone et se faire livrer à domicile (74% non).

• 82% considèrent que les plats cuisinés tout prêts,[13] c'est seulement pour dépanner[14] (12% non). Mais 46% pensent qu'ils permettent de consommer à la maison des plats que l'on ne pourrait préparer soi-même (47% non).

• 86% estiment qu'il est important, pour être en forme, d'utiliser des produits sains et naturels (7% non).

• 85% sont prêtes à payer un peu plus cher la viande, les légumes, le poisson, pour être sûres d'avoir de la qualité (11% non).

• 85% tiennent à continuer, aussi souvent que possible, à faire de la cuisine comme on la fait depuis toujours (10% non).

• 86% estiment que le repas est un moment privilégié de rencontre[15] (8% non).

• 56% estiment qu'on parle trop en ce moment de ce qui est bon ou mauvais en matière d'alimentation (39% non).

• 83% considèrent que les repas doivent être pris à heure fixe (11% non).

---

cinquième[5] du temps éveillé.[6] Il consomme plus de 50 tonnes de nourriture (boissons comprises). C'est dire toute l'importance de l'alimentation dans une vie.

On observe depuis quelques années de nouveaux comportements alimentaires.

La volonté[7] de réduire le temps consacré aux repas et surtout à leur préparation a amené les Français à s'équiper d'appareils tels que le congélateur[8] (59% des ménages en étaient pourvus[9] début 1992) ou le four à micro-ondes (30%). L'utilisation[10] de ces équipements a provoqué l'achat de produits surgelés. L'offre[11] dans ce domaine s'est progressivement élargie; les produits à forte valeur ajoutée[12] (légumes préparés, plats cuisinés traditionnels, plats exotiques, etc.) sont de plus en plus nombreux. Ils coûtent plus

---

[5]*one-fifth* [6]*temps... waking hours* [7]*désir* [8]*freezer (compartment)* [9]*en... had one* [10]*(increased) use* [11]*supply (of these products)*
[12]*à... fancy* [13]*cuisinés... pre-cooked, ready to eat* [14]*pour... for emergencies* [15]*moment... special time to get together and talk*

On mange moins à chaque repas mais plus souvent dans la journée.

Les repas quotidiens, surtout le déjeuner, sont moins formels tant dans leur forme que dans leur contenu.[16] Ils tendent à se limiter à un plat principal, éventuellement complété d'un fromage ou d'un dessert. Cette tendance à manger moins à chaque repas fait qu'on mange plus souvent au cours de la journée. Le «grignotage» se développe, au bureau, en regardant la télévision, en voiture ou en marchant.

Les horaires variables, fréquents au travail, s'étendent[17] peu à peu à l'alimentation. Mais, si 25% des Français n'ont pas d'heure pour se mettre à table le soir, 68% dînent pratiquement à heure fixe, 4% se préparent un plateau[18] qu'ils mangent au lit ou dans un fauteuil, 3% grignotent quand ils ont faim, sans vraiment s'installer.[19]

Consommation Alimentaire

En vingt ans, les Français ont largement modifié leurs habitudes alimentaires.

Ils ont délaissé[20] les produits de base (pain, pomme de terre, sucre, corps gras) et ceux qui demandaient une longue préparation au profit des protéines animales et des produits élaborés. La part des produits laitiers a augmenté,[21] du fait de la[22] consommation des produits frais (en particulier les yaourts), des fromages et des laits liquides. Les Français achètent aussi moins de viande de boucherie, mais plus de charcuterie,[23] de conserves de[24] viande et de volaille découpée. Les légumes frais tendent à être remplacés par des plats cuisinés prêts à l'emploi,[25] les fruits frais par d'autres types de desserts: produits laitiers ou crèmes glacées.

On constate[26] un déplacement très net des achats vers[27] des produits de qualité croissante.[28] Les Français sont de plus en plus nombreux à préférer des pâtes «aux œufs frais», des poulets «de ferme»[29], des œufs «extra-frais», du riz «non collant»,[30] des vins «d'appellation contrôlée», etc.

Les Français boivent de moins en moins de vin.

D'après l'enquête réalisée[31] en 1990 par l'Office national interprofessionnel des vins, la majorité des Français (50,7%) ne boivent jamais de vin, contre 38,7% en 1980 et 45,1% en 1985. Les consommateurs réguliers (tous les jours) sont aussi en régression: 18,5% contre 32,5% en 1980 et 25,9% en 1985. Seules 10,9% des femmes boivent du vin tous les jours, contre 28,1% des hommes. La désaffection pour le[32] vin concerne toutes les classes d'âge. Elle est cependant moins sensible[33] chez les moins de 20 ans. La principale raison évoquée est l'absence d'attrait[34] pour le vin (73% des cas), loin devant les préoccupations de santé (25%) ou le prix (1,5%).

La consommation a diminué d'un quart en vingt ans. Le vin ordinaire dit «de table» est de plus en plus délaissé;[35] sa consommation a presque diminué de moitié depuis 1970. Dans le même temps, celle des vins fins a presque triplé; elle a augmenté de 67% entre 1980 et 1990.

Malgré la forte baisse enregistrée,[36] les Français restent parmi les plus gros consommateurs de vin du monde, mais ils sont dépassés par le Portugal et l'Italie.

La cuisine est aussi un loisir.

Les Français ressentent[37] de plus en plus le besoin de faire la fête, pause appréciée dans le tourbillon de la vie.[38] Le bon repas partagé avec

---

[16]tant... *as much in style as in content* [17]*are spreading* [18]*tray* [19]*sitting down at the table* [20]abandonné [21]*increased* [22]du... *due to the* [23]*deli meats* [24]conserves... *canned* [25]prêts... *ready to serve* [26]voit [27]un... une tendance marquée à acheter [28]*better* [29]de... *farm-raised* [30]riz... *non-sticking rice* [31]D'après... *According to the survey conducted* [32]La... La baisse de la consommation de [33]*apparent* [34]*fascination* [35]abandonné [36]baisse... *decrease noted* [37]*feel* [38]tourbillon... *hustle and bustle of life*

les proches en est l'une des formes les plus recherchées.[39] La cuisine de fête revêt[40] aujourd'hui des aspects plus variés que par le passé. Du plat unique, dont la recette est empruntée aux traditions régionales les plus anciennes[41] (pot-au-feu, cassoulet, choucroute, etc.) à la cuisine la plus exotique (chinoise, africaine, mexicaine, antillaise...) en passant (de plus en plus rarement) par[42] la nouvelle cuisine.

Opposée par définition à la cuisine-devoir,[43] la cuisine de fête, ou cuisine-loisir, en est aussi le contraire dans sa pratique.[44] Le temps ne compte plus, tant dans la préparation que dans la consommation. Si le menu est profondément différent, la façon de le consommer ne l'est pas moins: le couvert passe[45] de la cuisine à la salle à manger; la composante diététique,[46] souvent intégrée dans le quotidien, en est généralement absente. Enfin, les accessoires prennent une plus grande importance: bougies, décoration de la table et des plats, etc.

La cuisine-loisir est également marquée par la recherche du «polysensualisme»: le goût, l'odorat, l'œil, le toucher y sont de plus en plus sollicités;[47] c'est le cas aussi de l'ouïe, car la musique est souvent présente dans les salles à manger.

La cuisine n'est pas, on le devine,[48] une activité comme une autre. C'est tout l'être profond qui s'exprime face au premier besoin de l'individu, celui de manger.[49] Rien n'est donc gratuit[50] dans les rites qui président à sa célébration. ❧

abrégé de Francoscopie: 1993

[39]en... *is one of their favorite ways to celebrate* [40]*enjoys* [41]Du... *Food served at parties today ranges from a traditional main course* [42]en... *and may also include (though less and less frequently)* [43]Opposée... *By definition the opposite of everyday food* [44]dans... *in the way it is prepared and eaten* [45]couvert... *place settings are moved* [46]la... *nutritional focus* [47]*appealed to* [48]on... *as you may have guessed* [49]C'est... *It's the expression of one's entire being, created in response to the individual's first need, to eat.* [50]*gratuitous*

A. A vous de choisir. Choisissez la/les réponse(s) qui complète(nt) le mieux les phrases suivantes.

1. Selon cet article, l'alimentation est une partie importante de la vie parce que _____.

   a. tout le monde passe beaucoup de temps à manger
   b. la cuisine est très bonne en France
   c. tous les Français savent faire la cuisine

2. La majorité des Françaises considère le repas comme _____.

   a. un moment de détente
   b. une occasion spéciale pour se retrouver en famille ou avec des amis
   c. un devoir à faire le plus vite possible

3. Les Français ont commencé récemment à grignoter parce qu'ils _____.

   a. mangent moins à chaque repas qu'avant
   b. regardent plus la télévision qu'avant
   c. adorent les frites

4. 68% des Français dînent _____.

   a. quand ils ont faim   b. à une heure bien précise   c. devant la télé

5. Actuellement, les Français achètent moins _____.

   a. de pain, de légumes et de fruits frais
   b. de produits laitiers
   c. de charcuterie et de conserves de viande

6. Pour être sûrs d'avoir de la qualité, les Français préfèrent acheter des produits comme _____.

   a. des poulets «de ferme»   c. du vin «de table»
   b. des œufs «extra-frais»

7. Les plus gros consommateurs de vin du monde sont _____.

   a. les Français, les Italiens et les Espagnols
   b. les Français, les Allemands et les Américains
   c. les Portugais, les Italiens et les Français

8. D'après cet article, le premier besoin de l'individu est _____.

   a. de s'amuser   b. de manger   c. de faire ses devoirs

B. Analyse. Répondez brièvement aux questions suivantes.

1. Nommez trois changements concernant l'alimentation des Français depuis vingt ans.
2. La plupart des Françaises ne veulent pas abandonner toutes les traditions culinaires de leur pays. Donnez des exemples de détails qu'elles considèrent importants.

3. Dans quelles circonstances est-ce que les Français grignotent?

4. Donnez deux des caractéristiques qui distinguent la cuisine-devoir de la cuisine-loisir.

5. Quels sens sont éveillés par la cuisine-loisir?

A DISCUTER

A. Vos traditions et préférences culinaires. Qu'est-ce que vous aimez manger? Vous avez sans doute toutes sortes d'opinions en ce qui concerne la cuisine. Mettez-vous à deux et dites à tour de rôle si vous mangez les choses suivantes. Utilisez les expressions ci-dessous pour justifier vos réponses.

VOCABULAIRE UTILE

Je l'aime énormément parce que...
J'en ai horreur parce que...
Je les apprécie beaucoup et j'en mange souvent au restaurant...
J'en prends aussi souvent que possible parce que...
Je le/la trouve délicieux/délicieuse.

MODELES: **les fruits de mer** →

Je n'**en** mange pas et j'**en** ai un peu peur. Je ne **les** aime pas beaucoup. Je vais peut-être avoir un jour le courage d'**en** goûter.

le fromage →

J'**en** mangeais souvent quand j'étais petit(e), et j'**en** mange toujours. Je **le** trouve délicieux.

1. la pizza
2. le café
3. les céréales (*f.*)
4. le roquefort
5. le lait
6. le chocolat
7. le jus de fruits
8. l'ail (*m.*)
9. le gâteau
10. le vin rouge
11. la viande rouge
12. les sardines (*f.*)

Qu'est-ce qui détermine vos choix alimentaires? Le prix des aliments? les préoccupations de santé? les traditions familiales ou culturelles? Expliquez.

B. Une casse-tête gastronomique. Devinez à qui ou à quoi les pronoms font allusion. (Plus d'une réponse est parfois possible.) Comparez ensuite vos réponses avec celles d'un(e) partenaire.

MODELES: Les Français **en** mettent dans leur café. →
Ils mettent **du sucre** dans leur café.
ou Ils mettent **de la crème** dans leur café.

On **y** achète de la viande. →
On achète de la viande **à la boucherie.**

1. On **y** va pour boire quelque chose ou pour discuter. _____

2. Beaucoup de Français **en** prennent au petit déjeuner. _____

ou _____

3. On **en** achète à la boulangerie. _____ *ou* _____

4. On **lui** parle au restaurant. _____ *ou* _____

5. Les Français **les** apprécient en hors-d'œuvre.

   _____ *ou* _____

6. On **leur** sert un repas au restaurant. _____

7. On **y** prend le dîner. _____ *ou* _____

8. On **en** boit tous les jours. _____ *ou* _____

Au café en France

Mise en route

Anticipating content. Educated guessing plays an important role in reading. If you try consistently to anticipate what direction a text will take, you will understand more of what is presented... and find reading more satisfying and pleasurable.

A. Premières impressions. Lisez rapidement le titre, l'introduction et les premières phrases du texte, puis complétez les phrases suivantes. Plus d'une réponse est parfois possible.

1. Le texte va traiter du café en tant que lieu _____.

   a. de rencontre
   b. où l'on va boire et manger

2. L'auteur va parler _____.

   a. des cafés parisiens à la mode
   b. de la clientèle des cafés en France
   c. des activités des clients dans les cafés

3. Le ton de ce passage va être _____.

   a. humoristique   **b.** sérieux   **c.** satirique

B. Avant de lire le passage en entier, écrivez une question à laquelle le passage va peut-être répondre. Comparez votre question avec celle d'un(e) partenaire.

_____

_____

_____

Mots et expressions

les affaires (*f. pl.*) business
s'asseoir to sit down
autour de around, near
le comptoir counter
le courrier mail
s'installer to get settled

le lieu place
mélanger to mix together
n'importe quoi anything at all
pas grand-chose (*fam.*) not much
le patron / la patronne boss,
   manager

A. Synonymes. Trouvez l'équivalent des expressions suivantes.

1. se mettre à table; prendre une place assise
2. une table longue et étroite sur laquelle on sert les consommations
3. l'endroit
4. mettre ensemble
5. le commerce
6. ensemble des lettres, paquets, etc. que l'on reçoit ou que l'on envoie par la poste

B. Antonymes. Trouvez le contraire des expressions suivantes.

1. beaucoup
2. loin de
3. s'en aller
4. l'employé(e)
5. une chose précise

Au café en France

Dans son livre Evidences invisibles, *l'ethnologue Raymonde Carroll discute plusieurs différences sociales entre les Français et les Américains. Dans l'extrait suivant, elle décrit le café français, lieu de rencontre de divers groupes sociaux.*

J e peux y aller retrouver des amis, auquel cas[1] nous nous asseyons à une table, ou le premier arrivé s'installe à la table que nous allons occuper. Nous parlons entre nous. Je peux aussi y aller seul et prendre une table si je veux qu'«on me laisse la paix»,[2] et je peux même y lire, écrire un roman ou faire mon courrier, sans parler à personne d'autre que le garçon (et encore, seulement pour commander une boisson). Si, cependant,[3] je ne fais rien d'autre que boire ma consommation et regarder autour de moi (ou quelqu'un en particulier) avec insistance, je donne l'impression aux autres que je suis là pour «draguer[4]» (source

[1]auquel... *in which case* [2]qu'... *people to leave me alone* [3]*however* [4]*(fam.) to try to pick someone up*

continuelle de problèmes pour les Américaines non averties[5]). Si j'ai envie de conversation, c'est au comptoir que je vais m'installer, et c'est seulement avec le patron ou la patronne derrière le comptoir que je peux bavarder. Je peux aussi entamer[6] une conversation avec quelqu'un d'autre au comptoir, mais seulement par l'intermédiaire du[7] patron, et seulement si je suis déjà un habitué,[8] sinon mon approche paraîtra louche.[9] Aussi le patron doit-il savoir «discuter» avec toutes sortes de gens. Dans un petit café de La Rochelle (où j'ai fait de nombreuses interviews) se côtoient[10] tous les jours de nombreux étudiants, ouvriers, agents de police et employés. Le patron m'a décrit ainsi la situation: « ...Faut pas être sorti d'Saint-Cyr[11] pour être patron, pour discuter avec les gens... de tout... même si on n'y connaît pas grand-chose, on arrive à discuter... Le café, c'est un lieu où les gens se rencontrent... On discute... des affaires, de sport, du travail, d'la maladie de la mémère[12]... de n'importe quoi... Ils ont leurs petites habitudes, on les connaît, on sympathise plus ou moins avec certains... Tout ça, ça s'mélange très bien... étudiants, flics,[13] on arrive à s'accorder[14]... » Puis, soulignant[15] le rôle essentiel du patron dans ces échanges inattendus[16] (étudiants-flics, par exemple), il continue: « ...ça joue beaucoup sur[17] la personne qui est derrière le bar... Les gens viennent pour l'ambiance du bar, mais aussi pour celui qui est derrière le bar... C'est c'qui fait d'ailleurs la clientèle... »

tiré d'*Evidences invisibles*

[5]non... *not warned, inexperienced*   [6]commencer   [7]par... *through the*   [8]*regular*   [9]*suspect*   [10]se... *rub shoulders*
[11]sorti... *a rocket scientist (graduate of military academy)*   [12](*pop.*) grand-mère ou femme   [13](*pop.*) agents de police   [14]se mettre d'accord   [15]*emphasizing*   [16]*unexpected*   [17]joue... dépend beaucoup de

A. **Vrai ou faux?** Si la phrase est fausse, corrigez-la.

1. En général, on ne va pas seul au café en France.
2. Pour être poli, il faut avoir une conversation avec le serveur ou la serveuse.
3. Si on a envie de discuter, on s'adresse directement aux autres clients.
4. Les clients sont généralement des étudiants ou de jeunes employés.
5. On parle de tout au café.
6. Le patron ou la patronne influence beaucoup la clientèle du café.

B. **Analyse.** Répondez brièvement.

1. Pourquoi va-t-on au café en France?
2. Pour quelle(s) raison(s) parle-t-on au serveur dans un café?
3. Quel problème peut se présenter au café si l'on regarde les autres clients avec intérêt?
4. Quand les clients s'installent-ils au comptoir?
5. Pour quelles raisons choisit-on d'aller dans un café spécifique?

A. **Priorités.** Vous allez au café ou au restaurant dans votre ville à trois occasions différentes. Avec un(e) partenaire, considérez les caractéristiques de la liste ci-dessous afin de choisir le lieu le plus approprié à la circonstance. 1. Choisissez les quatre qualités les plus importantes pour chaque événement, et écrivez-les. 2. Ensuite écrivez le nom d'un établissement dans votre ville pour chaque occasion. Comparez vos résultats avec ceux des autres groupes. Quels établissements ont le plus de succès? Pourquoi?

QUALITES

bien situé, une atmosphère de luxe, un grand parking, des prix intéressants, un service rapide, une cuisine légère, des serveurs attentifs, une belle vue, etc.

L'anniversaire de votre père ou de votre mère _____

_____

La réunion du cercle français _____

_____

Un premier rendez-vous avec quelqu'un _____

_____

B. Les cafés disparaissent. En 1910 il y avait plus de 500 000 cafés en France. Aujourd'hui il y en a seulement 70 000. On attribue ce changement à plusieurs causes: un grand nombre de gens ont quitté les centres-villes pour se réfugier dans les banlieues; la vie coûte trop cher pour se permettre cette dépense; les jeunes préfèrent aller dans un fast-food pour prendre un hamburger. Selon vous, est-ce que les cafés ont un rôle à jouer aujourd'hui? Cochez votre réponse puis discutez les questions suivantes avec un(e) collègue.

1. Quels établissements fréquentez-vous?

   □ des cafés?   □ des restaurants?   □ des clubs de sports?   □ autre?

2. Qu'est-ce qui rend un établissement agréable?

   □ l'ambiance?   □ le décor?   □ les gens qui y travaillent?
   □ le fait que vous y êtes connu(e)?   □ autre chose?

3. En général, où préférez-vous manger?

   □ à l'intérieur d'un restaurant?   □ à l'extérieur d'un restaurant?

4. Est-ce que les cafés jouent un rôle important dans votre quartier ou dans votre ville?

   □ oui   □ non

   Qui y va?

   □ des étudiants?   □ des gens qui travaillent?   □ d'autres gens?

5. Où se rencontrent les gens qui ne fréquentent pas les cafés?

   □ au gymnase   □ au travail   □ autre part

Echos

A. Qu'en pensez-vous? Traitez de l'un des sujets suivants par oral ou par écrit.

1. **Le goût.** Guy de Maupassant a écrit au 19e siècle: «Manquer de goût, c'est être privé (*deprived*) d'une faculté exquise, de la faculté de discerner les qualités des aliments, comme on peut être privé de discerner les qualités d'un livre ou d'une œuvre d'art... C'est avoir la bouche bête, en un mot... »

   Etes-vous d'accord avec Maupassant? Est-ce que l'on est bête si on ne sait pas apprécier la bonne cuisine? Expliquez. Comment savez-vous si un livre est bon? Et un film? Faut-il éduquer les sens pour mener une vie de qualité? Pourquoi (pas)? Quels goûts voudriez-vous développer un jour? Culinaires? musicaux? etc. Expliquez.

2. **Le plaisir.** En ce qui concerne la cuisine traditionnelle, les Français n'aiment ni les surprises ni les mélanges insolites (*unusual combinations*).

A ces nouveautés, ils préfèrent un plat bien connu qui est cuisiné et servi impeccablement. Qu'est-ce qui vous fait plaisir en matières culinaires? Essayer un nouveau plat? cuisiner quelque chose de spécial pour des invités? manger n'importe quoi dans une ambiance agréable? Commentez. Selon vous, est-ce que l'apparence d'un plat est aussi importante que son goût? Pourquoi? Quel est votre meilleur souvenir culinaire? Expliquez.

B. Etes-vous d'accord? Décidez avec un(e) partenaire si les remarques suivantes sont vraies et justifiez vos réponses.

1. On parle trop en ce moment de ce qui est bon ou mauvais pour la santé.
2. Les Français sont civilisés parce qu'ils savent apprécier les plaisirs de la table.
3. La cuisine de mon pays est bonne pour la santé.
4. Les Français donnent trop d'importance à la cuisine.
5. Quand on voyage, il est tout à fait normal de bavarder avec les habitués d'un café.
6. Il faut interdire aux gens de fumer dans les cafés et les restaurants, mais pas dans tous les lieux publics.

CHAPITRE

6

Montréal, sa place et ses jardins

VOYAGES

oyager, ça nous invite à explorer un monde inconnu, dont la découverte peut susciter des sentiments d'aventure aussi bien que d'inquiétude. Alors pour se renseigner et se rassurer avant un voyage, on consulte souvent un guide: on essaie de se familiariser avec ce qui nous attend. Et pourtant, on a souvent des surprises en arrivant!

Et vous, aimez-vous les voyages? Avez-vous déjà eu des surprises en voyageant? De quel ordre? Pratique? culturel? linguistique? Ces surprises étaient-elles bonnes ou mauvaises? Les textes de ce chapitre vont vous faire voyager dans la belle province canadienne de Québec. Vous découvrirez quelques caractéristiques actuelles et historiques du Québec dans le premier extrait et voyagerez avec un écrivain français dans le second passage. Vous êtes prêts pour le départ? Allons-y!

Le Québec

Mise en route

Activating background knowledge. Whenever you read, you draw upon what you already know and your past experiences to make sense of the words on the page. The more you bring to a text, the more you take away from it. You will have a chance to try out this active approach with the following reading about Quebec.

Connaissances. Que savez-vous sur le Québec? Rappelez-vous ce que vous avez déjà appris sur cette province du Canada et complétez le tableau suivant. Si vous n'êtes pas sûrs des réponses, essayez de deviner. Ensuite comparez vos réponses avec celles d'un(e) partenaire.

Le Québec

1. Où est-ce? _____
2. Langue(s) officielle(s)? _____
3. Climat? _____
4. Villes principales? _____
5. Histoire: endroits, personnages importants?

   _____

   _____

   _____

Mots et expressions

la beauté beauty
la chaleur heat, warmth
au cours de during, in the course of
découvrir to discover
se donner rendez-vous to meet; to make an appointment to meet

l'espace (*m.*) space
l'étranger/l'étrangère foreigner; stranger
francophone French-speaking
séduisant(e) alluring

APPLICATIONS **A. Antonymes.** Trouvez le contraire des expressions suivantes.

1. le/la compatriote; l'ami(e)
2. la laideur
3. ignorer

4. le froid
5. avant ou après

B. Synonymes. Trouvez l'équivalent des expressions suivantes.

1. se rencontrer; se voir à un moment fixé
2. qui parle français; une personne dont la langue maternelle est le français
3. un lieu où peut se situer une chose; la distance entre deux points ou deux objets
4. charmant(e), captivant(e)

Le Québec

Le Québec c'est l'Amérique, version française. Sur l'immense territoire des nations autochtones,[1] les cultures française et anglaise se sont donné rendez-vous: ainsi naquit une civilisation originale,[2] qui fait du Québec un lieu unique en Amérique du Nord.

Si le quotidien emprunte à l'américanité, la parole a l'accent français, souvent assaisonné[3] de sonorités[4] qui témoignent[5] d'origines lointaines. Habitant pour la plupart des villes modernes et animées, les Québécois ont néanmoins su préserver leur riche patrimoine[6] architectural et culturel. Coureurs des bois[7] dans l'âme,[8] ils sont voisins d'espaces immenses, où la nature offre des reliefs saisissants,[9] des plaines tranquilles, des forêts touffues,[10] d'innombrables cours d'eau[11] et les plus vieilles montagnes du monde. Le Québec c'est autant de décors contrastants, transformés au fil des jours[12] par la magie des couleurs que déploient quatre saisons bien marquées.

---

[1]*indigenous* [2]*ainsi... thus a new civilization was born* [3]*seasoned* [4]*resonances* [5]*witness* [6]*legacy* [7]*Coureurs... Trappers* [8]*dans... at heart* [9]*striking* [10]*thick* [11]*cours... streams* [12]*au... as time goes by*

La diversité de son territoire, la richesse de son héritage et la chaleur de ses habitants font du Québec une destination touristique de choix. Que l'on soit Québécois ou étranger, on est séduit par sa beauté et ses multiples attraits.[13] Venez-y voir... Découvrir le Québec, c'est enivrant[14]!

Un peu d'histoire
L'occupation du territoire québécois par ses premiers habitants, les Amérindiens au sud et les Inuit au nord, date de plusieurs milliers d'années.

En 1534, Jacques Cartier débarque dans la baie de Gaspé et prend possession du territoire au nom de François 1er, roi de France. Puis, en 1608, Samuel de Champlain accoste[15] sur la rive[16] Nord du fleuve Saint-Laurent, en un endroit que les Indiens appellent Kébec. En 1642, Paul Chomedey de Maisonneuve fonde une petite bourgade[17] qu'il baptise Ville-Marie et qui deviendra Montréal à la fin du XVIIIe siècle.

L'expansion de la Nouvelle-France s'accélère entre 1660 et 1713, à mesure que la France établit des colonies en Acadie et le long des rives du Saint-Laurent.

Au cours de la guerre franco-anglaise, les armées de Wolfe assiègent Québec. La

Dans les rues passantes du vieux Québec

La colonisation par Jacques Cartier du Canada alors peuplé par les Indiens

[13]*charms* [14]*intoxicating* [15]*moors his boat* [16]*bank* [17]*village*

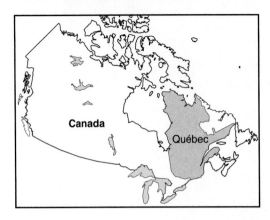

Canada

Québec

anglophone, et le Bas-Canada (Québec), à majorité franco-phone.

De 1837 à 1838, la Rébel-lion des Patriotes du Bas-Canada se solde[19] par une cui-sante[20] défaite face à l'armée anglaise. En 1867, la signature de l'Acte de l'Amérique du Nord britannique consacre la Fédération des provinces du Canada, qui compte alors le Québec, province bilingue, l'Ontario, le Nouveau-Brunswick et la Nouvelle-Ecosse, provinces anglaises. 🌿

bataille des Plaines d'Abraham marque la défaite des troupes de Montcalm, le 13 septembre 1759. Quatre ans plus tard, par le traité de Paris, le roi de France cède à «Sa Majesté bri-tannique, en toute propriété, le Canada avec toutes ses dépendances». Cette cession entraîne[18] vers le Nouveau Monde une importante immi-gration d'Anglais, d'Irlandais et d'Ecossais.

En 1791, le pays est divisé en deux provinces: le Haut-Canada (Ontario), à majorité

tiré d'une brochure du Ministère du Tourisme, Québec

[18] *brings about*   [19] termine   [20] *searing*

> **L**'*univers est une espèce de livre dont on n'a lu que la première page quand on n'a vu que son pays.*

AVEZ-VOUS COMPRIS?

A. Vrai ou faux? Si la phrase est fausse, corrigez-la.

1. La population québécoise se compose de descendants des colons français et anglo-saxons et d'autochtones.
2. La langue maternelle de la plupart des Québécois est l'anglais.
3. Le paysage québécois n'est pas très varié.
4. Les premiers habitants du Québec sont arrivés il y a deux cent ans.
5. Au 16e siècle un explorateur anglais a pris possession du territoire québé-cois pour le roi d'Angleterre.
6. Le Canada est devenu une possession anglaise après la guerre franco-anglaise au 18e siècle.
7. En 1867, un nouveau pays est né: la Fédération des provinces du Canada.

B. Un peu d'histoire. Faites correspondre les dates et les événements importants de l'histoire du Canada.

1. _____ Trois provinces anglaises et une province bilingue (française et anglaise) forment la Féderation des provinces du Canada.

2. _____ Des armées anglaises font le siège de la ville de Québec.

3. _____ Les territoires français passent aux mains des Anglais.

4. _____ Jacques Cartier, explorateur français, prend possession du territoire de Québec.

5. _____ Ville-Marie est fondée sur l'île de Montréal.

6. _____ L'ancienne colonie française est divisée en deux provinces.

7. _____ Champlain arrive dans un endroit appelé Kébec.

a. 1534
b. 1608
c. 1642
d. 1759
e. 1763
f. 1791
g. 1867

A. Guide du Québec. Ecrivez un petit commentaire à propos de ces vues du Québec pour inciter les touristes à venir découvrir cette province canadienne francophone.

A DISCUTER

VOCABULAIRE UTILE

VERBES: admirer, apprécier, assister à, faire l'expérience de, faire la connaissance de, faire la découverte de, faire rêver, se familiariser avec, ne pas manquer de, profiter de, se promener, trouver, voir, ...

DIVERS: des activités mettant l'accent sur (*emphasizing*), des attractions peu ordinaires, un autre aspect de, la beauté de, en calèche (*horse-drawn carriage*), des découvertes variées, les festivals de musique, les merveilles des temps anciens, la richesse de la culture, des spécialités culinaires exquises, des villages pittoresques, ...

MODELE:

Vous trouverez toujours ici une table à prix raisonnable et une ambiance chaleureuse. Bon appétit!

1.

2.

3.

4.

5.

Comparez vos légendes avec celles des autres étudiants. Lesquelles sont les plus convaincantes? Pourquoi? Si vous pouviez visiter le Québec, que feriez-vous pour le découvrir?

B. Publicité. Créez un guide touristique de votre région ou de votre campus à l'aide de photos que vous avez prises, d'images tirées de magazines, etc. Ecrivez de brefs commentaires sur les dates et les endroits importants. Exposez ensuite les guides dans la salle de classe et décidez lesquels sont les meilleurs.

Journal de voyage au Canada

Mise en route

Informal writing. In informal writing, the style is often telegraphic: sentences are incomplete, and readers must infer the relationships among ideas because transition words are omitted. You will find this style of writing in sources such as popular magazines, personal notes, and diaries. The following reading, excerpted from a personal travel journal, is a good example of the informal telegraphic style.

Thèmes. Parcourez les trois premiers paragraphes du texte qui suit et écrivez ci-dessous le thème de chaque paragraphe (il y a parfois plus d'une possibilité). Discutez de vos conclusions avec un(e) partenaire.

Paragraphe 1 _____

Paragraphe 2 _____

Paragraphe 3 _____

Concentrez-vous maintenant sur le premier paragraphe et écrivez sur une feuille séparée les mots et les passages qui illustrent le thème principal.

Mots et expressions

anglophone English-speaking
le ciel sky
la couchette bunk on a train
court(e) short, brief
le décalage (time) difference
le déménagement moving (*of a household*)

enregistrer to record
la foule crowd
le niveau level
la voix voice

A. Antonymes. Trouvez le contraire des expressions suivantes.

APPLICATIONS

1. peu de gens
2. long(ue)
3. une place assise pour voyager de jour
4. la terre

B. Synonymes. Trouvez l'équivalent des expressions suivantes.

1. un changement de résidence
2. qui parle anglais; une personne dont la langue maternelle est l'anglais
3. l'ensemble des sons qui sortent de la bouche d'une personne
4. le degré d'élévation; la situation sociale, intellectuelle ou morale par rapport à un point de référence
5. une séparation dans le temps ou dans l'espace
6. noter par écrit; prononcer (un discours, une chanson, etc.) devant un micro et fixer sur disque, sur cassette ou sur film

Journal de voyage au Canada

Michel Tournier, célèbre écrivain français, visite le Canada pour la première fois. Il enregistre ses impressions et ses réactions dans son journal intime.

Mardi, 5 septembre 1972

On s'en va. Boubat[1] et moi. Découvrir le Canada. Le Nouveau Monde. 9 976 000 kilomètres carrés.[2] Presque 18 fois la France. D'abord sept heures de 747. Moi qui déteste l'avion... Le train, il n'y a que ça de vrai. Les balades[3] dans les couloirs.[4] Le wagon-restaurant. La rigolade des W.-C. trépidants[5] avec la tinette[6] qui débouche[7] directement sur les traverses de la voie.[8] Et la nuit. La symphonie assourdissante[9] dans les soufflets.[10] Les fusées[11] lumineuses qui flamboient[12] aux fenêtres. C'est fini. Pas de train pour le Canada.

Ruptures. De liaisons, d'amitiés. Je m'avise[13] que pour autant que j'ai perdu au cours de mon existence des amis et des amies très chers, jamais, jamais, jamais je n'ai su, quand je les voyais en fait pour la dernière fois, que c'était la dernière fois que je les voyais. La scène de rupture, la scène des adieux-pour-toujours, connais pas. Cette amie, cet ami, tu ne les reverras plus. Deviens donc pour un moment, sur ce point particulier, inconscient, stupide, obtus. Il sera toujours temps plus tard, beaucoup plus tard, de t'apercevoir[14] que ce jour-là tu as perdu quelqu'un.

Comme tous les enfants d'autrefois, je n'avais pas besoin de la révolution écologique pour aimer passionnément le Canada. Plus encore que l'arbre, le lac, la neige et une faune[15] admirable, c'était pour moi la terre d'un certain commencement, ou recommencement. Paradis terrestre, oui, mais non par ses fleurs et ses fruits, non par un climat mol[16] et délicieux. Paradis terrestre parce que **première**

---

[1]un ami de l'auteur [2]*square* [3]*promenades* [4]*corridors* [5]La... *The fun one has in the bathrooms that vibrate back and forth* [6]*bowl* [7]*empties* [8]traverses... *tracks* [9]*deafening* [10]*vestibules between cars* [11]*signals* [12]*flash* [13]m'... me rends compte [14]t'...découvrir [15]ensemble des animaux d'une région [16]*gentle*

terre habitée par le **premier** homme. Le trappeur dans sa cabane de rondins[17] avec son fusil,[18] ses pièges[19] et sa poêle à frire,[20] subvenant seul à[21] tous ses besoins, durement, dangereusement. A quoi s'ajoutait qu'on ne naît[22] pas trappeur—les trappeurs naissent[23] à Londres, à Paris, à Saint-Pétersbourg—mais qu'on le devient sur un coup de tête libérateur,[24] en envoyant promener la civilisation, ses flics et ses curés,[25] et en prenant le premier bateau pour... Montréal.

Vendredi, 8 septembre

OTTAWA. Nous parlons avec Jean-Luc Mercié de la société canadienne. Elle paraît dominée notamment par l'influence des immenses espaces qui l'entourent.[26] Extraordinaire mobilité des gens, jusqu'à une date récente à tout le moins. Fréquence des déménagements. Certaines familles ne restent jamais plus d'un an au même endroit. Bougeotte[27] chronique qui affecte aussi les professions. On change constamment d'entreprise et même carrément de[28] profession. L'ingénieur devient éleveur,[29] puis professeur, puis commerçant, etc. Est-ce bien une plaie[30] de la société canadienne? N'est-ce pas tout autant un signe de force, de souplesse, de richesse? Quel beau mépris[31] de la stabilité et de la sécurité en comparaison de la société française frileusement repliée sur[32] ses positions, accrochée[33] à ses médiocres privilèges, bloquée par la peur.

Ici, au Canada, on est sensible au fait qu'une population d'un niveau de civilisation technique supérieur consacre une bonne part de ses ressources à maîtriser[34] les espaces qui lui sont offerts. Encore les Canadiens se sont-ils massés sur un cinquième de leur territoire, laissant aux loups,[35] aux castors[36] et aux élans[37] les immensités septentrionales[38] de leur pays.

On a l'impression très nette que l'ignorance du français chez les anglophones et de l'anglais chez les francophones est beaucoup moins le fait de la paresse[39] naturelle de l'être humain que d'un parti pris[40] qui n'est pas éloigné[41] de l'hostilité. Un francophone nous a dit: «Si nous apprenons l'anglais, nous sommes perdus!» Dans ces conditions, il n'y a de salut[42] pour les francophones que dans des relations aussi étroites[43] que possible avec la France. Les anglophones profitent, eux, largement, de la proximité des puissants et rayonnants[44] USA.

Vendredi, 22 septembre

6 h 45, VANCOUVER. Nous y voilà donc dans ce Far West, dans cette capitale de l'ouest tant vantée[45] et si peu connue, car depuis trois semaines chaque fois que nous exprimons notre intention d'aller à Vancouver tout le monde s'écrie:

—Vancouver! Comme vous avez raison! Une ville merveilleuse.

—Vous y êtes allé?

—Non.

[17]cabane... *log cabin* [18]*gun* [19]*traps* [20]poêle... *frying pan* [21]subvenant... *alone, meeting* [22]*is born* [23]*are born* [24]sur... *on an impulse that sets you free* [25]en... *by saying good-bye to civilization, with its cops, its priests* [26]*surround it* [27]*A need to move* [28]carrément... *one's whole* [29]*animal breeder* [30]*affliction* [31]*contempt* [32]repliée... *hugging* [33]*clinging* [34]*to manage* [35]*wolves* [36]*beavers* [37]*elk* [38]*northern* [39]*laziness* [40]parti... *taking sides* [41]*far* [42]*hope* [43]*close* [44]*radiant* [45]tant... *so highly praised*

Découvrez Vancouver!

Lundi, 25 septembre

VANCOUVER. Hier soir, promenade nocturne dans la ville. Or donc, ce dimanche
à 22 h, les laveries automatiques et les épiceries[46] étaient ouvertes. Ce matin,
beau temps frais et ensoleillé. Promenade d'abord au *Capilano Canyon* avec son
suspension bridge, une fragile passerelle[47] suspendue au-dessus d'un gouffre[48]
comme un pont de lianes.[49] Site superbe mais ravalé au niveau de la promenade
dominicale[50] avec les Indiens en céramique dans les fourrés[51] et baraques[52] à *ice
cream* à chaque tournant. C'est le lion transformé en descente de lit.[53]

Mercredi, 27 septembre

DANS LE TRAIN. Tout compte fait, il faudrait être bien ingrat pour n'être pas comblé[54] par cette traversée des montagnes Rocheuses. Certes le train n'a ni le
charme, ni la vitesse des grands express européens, et c'est sans doute au Transsibérien soviétique qu'il faudrait plutôt le comparer, mais ma couchette est au
niveau de la fenêtre et, toute la nuit bercé[55] par le rythme du convoi et les hulu-
lements[56] de la sirène de la locomotive diesel, je vois, je devine, je sens[57] glisser[58]
contre mon flanc,[59] contre ma joue,[60] un grand pays endormi et sauvage, profond et mystérieux avec ses hautes silhouettes noires, ses échappées de clarté,[61] ses
points rouges, verts, orange, et soudain, pour longtemps, une obscurité totale,
insondable,[62] abyssale, la nuit absolue.

---

[46]*grocery stores* [47]*foot bridge* [48]*chasm* [49]*tropical vines* [50]ravalé... *reduced to a Sunday stroll* [51]dans...
behind every bush [52]*vendors* [53]transformé... *made into a throw rug* [54]*overwhelmed* [55]*rocked* [56]*hooting
noises* [57]*feel* [58]*gliding* [59]*side* [60]*cheek* [61]échappées... *glimpses of light* [62]*fathomless*

Mais dès 6 heures du matin, c'est un enchantement. Nous rampons[63]—avec des pointes de 80 à l'heure!—dans les gorges rocheuses. Le ciel est bleu, la neige est blanche, le train est rouge, nous sommes prisonniers d'une photo en technicolor du *National Geographic Magazine*.

Sur les traces d'une rivière en Colombie-Britannique

Dimanche, 1er octobre

17 heures. Nous décollons d'Ottawa.

20 heures. Nous transitons à grand-peine à travers l'aérogare de Montréal[64] parce qu'une foule hurlante[65] s'y entasse[66] pour accueillir en triomphe l'équipe canadienne de hockey sur glace qui vient de battre les Soviétiques d'extrême justesse,[67] mais enfin sur leur propre terrain. Comme chaque fois que j'ai à surmonter une complication ou un contretemps en voyage, je pense à Phileas Fogg.[68] Eh bien oui, ce n'est pas saint Christophe, le héros phorique par excellence de l'imagerie chrétienne que j'évoque à mon secours, il faut en convenir,[69] c'est le riche Anglais, rompu à toutes les malignités du sort, armé d'une patience et d'un courage exemplaires pour surmonter toutes les faiblesses du train, toutes les trahisons de la diligence,[70] toutes les défaillances[71] du steamer. C'est vraiment lui le grand patron des voyageurs d'aujourd'hui, lui qui possède à un point suprême cette science si particulière et si délicate, cette vertu si rare et si longue à acquérir: savoir voyager.

ORLY. Amputée des sept heures de décalage qui séparent Montréal de Paris, la nuit a été terriblement courte et à peine avions-nous sommeillé[72] quelques minutes après le film qu'on ouvrait les hublots[73] sur le soleil levant—un soleil jaillissant[74] de l'horizon à une vitesse de fin du monde[75]—et qu'on servait le petit déjeuner.

L'atterrissage[76] de l'énorme 747 se fait si bien, si majestueusement à Orly que les 360 passagers éclatent[77] en applaudissements. C'est la première fois depuis que je voyage en avion que j'assiste à ce genre de manifestation. Peut-être fallait-il la foule du 747 pour qu'elle se produisît,[78] peut-être ces applaudissements saluent-ils simplement la réussite de notre découverte du Canada. ◼

tiré du *Journal de voyage au Canada*

---

[63]*are crawling* [64]Nous... *It is very difficult for us to pass through the Montreal airport* [65]*screaming*
[66]s'y... *piles up* [67]d'extrême... *just barely* [68]le héros d'*Autour du Monde en 80 jours* [69]en... *l'admettre*
[70]*stage-coach* [71]*failings* [72]à... *we had hardly fallen asleep* [73]*shades* [74]*springing* [75]à... *at breakneck
speed* [76]*landing* [77]*burst* [78]pour... *to get such a demonstration*

AVEZ-VOUS COMPRIS?

A. Réactions. Complétez le tableau pour résumer l'attitude de l'auteur face aux choses suivantes.

	POSITIVE	NEGATIVE	NEUTRE
1. l'avion	☐	☐	☐
2. dire adieu à un(e) ami(e)	☐	☐	☐
3. la police et le clergé	☐	☐	☐
4. la mobilité des Canadiens	☐	☐	☐
5. la francophonie au Canada	☐	☐	☐
6. les voyages en train	☐	☐	☐
7. la traversée des montagnes Rocheuses	☐	☐	☐
8. l'équipe de hockey canadienne	☐	☐	☐
9. l'art de voyager	☐	☐	☐
10. le Canada	☐	☐	☐

B. Analyse. Répondez aux questions suivantes.

1. Quand Michel Tournier était enfant, qu'est-ce que le Canada représentait pour lui?
2. Quel rapport voit-il entre les grands espaces au Canada et la mobilité des gens?
3. Qu'est-ce qu'il reproche à la société française?
4. Est-ce que tout le territoire canadien est habité? Par qui?
5. Au Canada, les anglophones n'apprennent pas toujours le français, et les francophones pas toujours l'anglais. Pourquoi, selon Tournier?
6. Qu'est-ce que Tournier trouve intéressant dans la réaction des gens quand il parle de son intention de visiter Vancouver?
7. Décrivez Capilano Canyon. Quelles sont les critiques de l'auteur?
8. Apprécie-t-il la traversée des montagnes Rocheuses en train? Quelles sont ses réactions?
9. Selon l'auteur, qui est le patron des voyageurs d'aujourd'hui? Pourquoi?

A DISCUTER

A. Associations. A quoi pensez-vous quand on mentionne le mot «vacances»? Avec un(e) partenaire, notez rapidement les premières expressions qui vous viennent à l'esprit quand vous réfléchissez aux sujets suivants. La moitié de la classe va se consacrer aux «voyages dans ce pays» et l'autre moitié aux «voyages à l'étranger». Les deux groupes compareront ensuite leurs réponses.

Les voyages dans ce pays	Les voyages à l'étranger

1. un endroit qu'il faut absolument visiter et un endroit à voir si l'on a le temps:

   a. _____   a. _____

   b. _____   b. _____

2. pourquoi visiter les deux endroits mentionnés au numéro un:

   a. _____   a. _____

   b. _____   b. _____

3. les compagnons de voyage idéaux:

   a. _____   a. _____

   b. _____   b. _____

4. moyens de transport:

   a. _____   a. _____

   b. _____   b. _____

5. des difficultés éventuelles au cours de ces deux voyages:

   a. _____   a. _____

   b. _____   b. _____

Décrivez le voyage dont vous gardez le meilleur souvenir. Qu'est-ce que vous avez découvert en voyageant? Quels problèmes (matériels, personnels, etc.) se sont présentés? Selon vous, pour quelles raisons voyage-t-on?

> **L**es yeux de l'étranger voient plus clair.
>
> Proverbe anglais

B. Un voyage imaginaire. Si vous vous transformiez soudain en voyageur intrépide, prêt à faire le voyage de votre vie, quel(s) pays visiteriez-vous et que feriez-vous là-bas? Donnez plusieurs détails sur votre voyage. Suivez le modèle.

MODELE: **Si je pouvais** aller n'importe où, **j'irais** en Suisse.
Si j'allais en Suisse, **je me promènerais** dans les Alpes.
Si je me promenais dans les Alpes, **je rencontrerais** d'autres touristes francophones.

6. Un voyage professionnel. Etes-vous libre cet été? On cherche des étudiants (même sans expérience) pour faire certaines tâches bénévoles (*volunteer*) en France. Lisez les annonces suivantes avec un(e) partenaire et énumérez les qualités qui seraient nécessaires dans chaque situation. Faites ensuite une liste des avantages de chaque travail. Si vous pouviez aller en France cet été, quelle offre vous intéresserait le plus et pourquoi?

Liste des offres à Paris ou dans la région parisienne:

Lecteur/Lectrice / On recherche des lecteurs pour enregistrer des histoires sur cassettes pour des enfants aveugles.

Enseignants / On recherche de jeunes personnes dynamiques pour donner des cours (math, français, anglais, histoire, danse, etc.) en milieu carcéral (*prison*).

Bénévole protection des animaux / On cherche de jeunes bénévoles pour aider les animaux mal traités.

ECHOS

A. Qu'en pensez-vous? Traitez par oral ou par écrit de l'un des sujets suivants.

1. **Deux voyages différents.** Beaucoup de Français profitent des voyages pour se reposer et se changer les idées. D'autres préfèrent faire des voyages plus actifs pour enrichir leur expérience culturelle. Que recherchent les gens que vous connaissez (parents, amis, professeurs, etc.), le repos ou la découverte? Ou est-ce que ces deux motivations coexistent? Expliquez. Si vous deviez choisir entre deux semaines ensoleillées sur les plages françaises ou deux semaines culturelles dans les monuments parisiens les plus célèbres, que feriez-vous et pourquoi? Croyez-vous que vous prendriez la même décision dans dix ans? Pourquoi (pas)?

2. **Le Canada.** Quand vous pensez au Canada, quels sont les premiers noms qui vous viennent à l'esprit dans les catégories suivantes: ville francophone? ville anglophone? université? personnage ou parti politique? endroit à visiter? sport à pratiquer? Commentez vos réponses. Qu'est-ce qui vous séduit au Canada? son multiculturalisme? ses villes? ses grands espaces inhabités? sa police montée? autre chose? En général, est-ce que la coexistence de deux langues enrichit ou complique la vie d'une région ou d'un pays? Pourquoi?

B. Etes-vous d'accord? Discutez le pour et le contre des phrases ci-dessous avec un(e) partenaire.

1. Pour vraiment voir un pays, il faut voyager en train.
2. Tout le monde devrait visiter un pays étranger.
3. Une société mobile où les gens déménagent régulièrement et changent souvent de travail est une société forte.
4. Si on n'apprend pas une langue étrangère, c'est parce qu'on est paresseux.
5. Aujourd'hui, on peut connaître une autre culture sans voyager.

C. La vie en images. Comparez les villes ci-dessous avec un(e) camarade de classe et décidez laquelle est la ville la plus intéressante à visiter et laquelle est la meilleure ville où vivre. Justifiez vos choix au reste de la classe.

Paris, rue François Iᵉʳ

Conques, France

Le kiosque à journaux

LES MEDIAS

es médias occupent une place importante dans la vie des Français:
l'adulte moyen consacre chaque jour 37 minutes à la presse écrite,
1 h 59 à la radio et 3 h 19 à la télévision. Mais l'importance des médias comporte des risques, autant pour le journaliste que pour le public.
Ainsi, dans ce chapitre, le premier thème fait allusion à l'expérience d'un
journaliste pris en otage. Le second thème fait la distinction entre la part
faite à l'information et celle faite au divertissement dans l'actualité.

Etes-vous prêts à découvrir les différentes facettes de la profession
de journaliste? Alors, gardez les yeux grands ouverts et commencez dès
maintenant votre investigation.

Mes sept ans d'oubliettes

Mise en route

Recognizing near cognates. As you know, many words in French and
English have similar spellings and meanings, although they are pro-
nounced differently: for example, **risque, démocratie, philanthrope.**
Such words are called *cognates.* If you learn to recognize the patterns of
change between the two languages, it becomes easy to guess the meaning
of unfamiliar cognates in French.

Here are a few examples of French and English cognates.

l'h**ô**te (*m.*) → *host*	la f**ê**te → *feast*
souffr**ant** → *suffer**ing***	mena**ç**ant → *menac**ing***
cancér**eux** → *cancer**ous***	relig**ieux** → *relig**ious***
symbol**ique** → *symbol**ic***	bénéf**ique** → *bene**fic**ial*
embell**ir** → *to embell**ish***	jaun**ir** → *to **turn (become)** yellow*
hant**é** → *haunt**ed***	fond**é** → *found**ed***
l'ambigu**ïté** (*f.*) → *ambigu**ity***	la qualit**é** → *qual**ity***
le collaborat**eur** → *collaborat**or***	l'honn**eur** (*m.*) → *hon**or***
l'**é**tudiant(e) → *student*	l'**est**omac (*m.*) → *st**omac**h*
la **ch**evalerie → *chivalry*	le **ch**arpentier → *carpenter*

Equivalents. Ecrivez le mot anglais qui correspond à l'expression française. Pas de dictionnaire, s'il vous plaît!

1. encourageant _____
2. l'ambassadeur _____
3. rougir _____
4. le député _____
5. classique _____
6. la bête _____
7. infesté _____
8. château _____
9. désastreux _____
10. l'étable _____

Mots et expressions

le cauchemar nightmare
le droit right
échapper to escape
l'enfer (*m.*) hell
l'enlèvement (*m.*) kidnapping
s'évader to escape, run away

interdit(e) forbidden
prendre un otage to take a hostage
privé(e) de deprived of
supporter to endure, tolerate, bear
surpasser to overcome, transcend
témoigner to witness

APPLICATIONS

A. Analogies. Complétez les paires de façon logique.

1. regarder: un match sportif; _____: un accident
2. le ciel: les anges; _____: le diable
3. le vol (*robbery*): une chose; _____: une personne
4. donné: un cadeau; _____: une privation (*deprivation*)
5. un prisonnier: un gardien de prison; _____: un terroriste
6. le cauchemar: le beau rêve; _____: permis

B. Correspondances. Trouvez dans la colonne de droite l'équivalent des expressions de la colonne de gauche.

1. _____ supporter
2. _____ les droits
3. _____ le cauchemar
4. _____ se surpasser
5. _____ s'évader
6. _____ être privé de

a. s'échapper
b. manquer ce que l'on désire
c. tolérer, accepter
d. un rêve pénible, angoissant
e. ce qui est permis dans une société humaine
f. faire mieux qu'à l'ordinaire

Mes sept ans d'oubliettes

Terry Anderson, otage des «fous d'Allah» pendant 2 454 jours, interviewé par Roger Auque, otage pendant 350 jours.

De 1985 à 1991, le journaliste américain Terry Anderson a vécu sept années d'isolement et de torture dans les prisons du parti extrémiste pro-iranien. Accusé d'être un espion, placé sous surveillance armée, les jambes enchaînées, parfois privé de nourriture et d'eau deux jours de suite, interdit de la moindre communication avec les siens,[1] Terry Anderson a souffert un enfer qu'il raconte dans son livre «La fosse aux lions[2]» (éd. J.-C. Lattès). Il s'entretient ici avec un autre otage, notre collaborateur Roger Auque, qui fut prisonnier du Hezbollah pendant un an au Liban.

Roger Auque. Le 4 décembre 1991, le jour de votre libération à Beyrouth, Terry Anderson, je me trouvais à une cinquantaine de kilomètres à peine de vous. J'étais en reportage en Israël. Et sincèrement, au moment où j'ai appris votre libération, je me suis senti libéré une seconde fois. Je pensais à vous et j'imaginais votre joie. Trois ans plus tôt, quasi-

ment au même endroit, j'avais été relâché en compagnie de Jean-Louis Normandin, sur ce bord de mer de la capitale libanaise. Je me souvenais, comme si c'était hier de notre euphorie, de notre ivresse[3] à tous les deux en retrouvant la vie et la liberté.

Terry Anderson. Mon premier geste a été de me débarrasser[4] de mon bandeau, ce bandeau que nous devions, nous les otages, porter sur les yeux quand un gardien entrait dans la cellule. Je l'ai jeté sur le chemin, avant que l'on ne me fasse monter à bord d'un véhicule de l'armée syrienne, qui devait m'emmener à Damas.

R.A. Durant ces sept années, ces 2 454 jours de détention, vous avez dû souvent repenser à ce 16 mars 1985, jour de votre propre enlèvement. Pour ma part, le 13 janvier 1987—le matin où je fus kidnappé—m'a souvent hanté, car je me suis demandé parfois si j'aurais pu échapper aux ravisseurs,[5] s'ils auraient tiré ou non avec le pistolet qu'ils me braquaient[6] sur la tête, dans l'hypothèse où je les aurais bousculés[7] pour prendre la fuite.

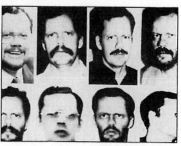

Terry Anderson : en huit images, l'évolution d'un même visage à travers sept ans de captivité. De 1984 à 1991. Ci-dessous, dans la liberté retrouvée avec Roger Auque.

T.A. Oui, le jour de mon enlèvement m'a marqué à jamais. J'avais quitté ma femme, Madeleine, endormie dans le lit et enceinte de six mois de notre fille. Avec mon ami Don, je revenais d'une partie de tennis quand une Mercedes occupée par quatre hommes barbus nous a bloqués

---

[1]sa famille   [2]fosse... *lions' den*   [3]exhilaration   [4]me... *get rid*   [5]kidnappers   [6]were aiming   [7]jostled

Des fous de Dieu en 1983, lors d'une interview d'Anderson

dans une petite rue. Ce qui est incroyable, c'est que la veille,[8] cette même voiture, avec ces mêmes hommes armés, avait tenté de me coincer sur la route, alors que je me trouvais seul au volant.[9] J'étais parvenu à m'échapper et avais presque aussitôt oublié l'incident. Il se passait tant de choses à Beyrouth! Tous les jours, nous risquions notre peau[10] et, en réalité, nous aimions cela, c'était un peu comme une drogue, nous étions accros[11]!

R.A. Il est vrai que nous prenions beaucoup de risques, nous autres journalistes, pendant cette guerre du Liban. Je jouais au cow-boy et portais un pistolet à la ceinture. En fait, on limitait les risques, mais on ne les éliminait pas.

T.A. Avant d'être enlevé, j'aurais pu difficilement imaginer les terribles conditions de captivité, à quel point c'était l'enfer. C'est sans aucun doute le premier lieu de détention

qui m'a le plus marqué, là où j'ai passé la première nuit. Il s'agissait d'une cellule située au troisième sous-sol[12] d'un immeuble. Il est plus juste de dire que c'était un cachot[13] de 1,70 mètre sur 1,70 mètre où il était impossible de se tenir debout.

R.A. J'ai passé aussi un peu plus d'un mois dans cet endroit humide infesté par les cafards[14] et les souris.[15] Mais, même si c'était très dur, j'ai l'impression, en lisant «La fosse aux lions», que les conditions de captivité étaient encore plus terribles pour les otages américains que pour nous, les Français. Paradoxalement, les Libanais, même intégristes islamistes, ont toujours à la fois admiré et haï[16] l'Amérique.

T.A. Il est exact que les gardiens me donnaient des coups sans raison, par cruauté ou par plaisir. Accusés d'avoir désobéi, par exemple d'avoir tenté de regarder les gardiens en dépit

du bandeau ou encore d'avoir essayé de s'évader, certains otages étaient battus presque à mort. Déjà, il était difficile de supporter d'être enchaîné comme une bête féroce.

R.A. Dans le christianisme, un des principes de base est de ne pas douter, c'est-à-dire, pour nous, dans la pratique, d'être convaincus que Dieu nous ferait libérer, qu'il nous aiderait à survivre et à ne pas perdre espoir. Ne pas douter, garder la foi,[17] n'était-ce pas difficile parfois, pour vous?

T.A. Le plus difficile pour moi, durant ces sept longues années, ne fut pas de combattre le doute, mais plutôt d'apprendre l'humilité. A considérer, donc, que ce qui m'arrivait était peut-être nécessaire ou du moins devait m'enseigner quelque chose. Je devais sans nul doute avoir fauté[18] à un certain moment de ma vie. Ainsi, j'en étais arrivé au point où, lorsque je priais, je ne demandais pas au Seigneur d'être libéré. Je lui demandais uniquement de m'aider à être fort et à accepter, quoi qu'il puisse m'arriver. Je pense que je n'avais que le droit de demander cela. Accepter la situation dans laquelle on se trouve est une manière de montrer à Dieu sa confiance.

---

[8]*day before* [9]*seul... alone in the car* [10]*skin* [11]*hooked* [12]*basement* [13]*prison* [14]*cockroaches* [15]*mice* [16]*détesté* [17]*(religious) faith*
[18]*taken a wrong turn*

R.A. Etait-il préférable d'être détenu seul ou bien avec d'autres otages, deux ou trois, comme c'était votre cas?

T.A. Je suis resté seul pendant de longues périodes, parfois des semaines, au cours de ces sept années de détention. Seul, je voyageais beaucoup par l'imagination. Seul, il fallait, je crois, avoir une plus grand discipline et une certaine force mentale. Grâce à mon imagination et à ma mémoire, je replongeais dans mon enfance.

R.A. C'est très impressionnant, en effet, le nombre de portes que l'on ouvre dans le domaine spirituel quand on est seul pendant des jours et des jours entre quatre murs. Je crois que nous avons vécu une véritable expérience spirituelle, religieuse et même philosophique. C'est une expérience impossible à vivre dans la vie normale de tous les jours. Je suppose que les naufragés[19] en plein océan ou les alpinistes perdus au sommet d'une montagne connaissent la même chose. Pensez-vous avoir beaucoup changé? Dans mon cas, le plus grand bouleversement[20] est la découverte de la foi.

T.A. Sûr que j'ai changé! J'ai toujours en moi des bonnes et des mauvaises choses, mais la différence, c'est qu'aujourd'hui j'essaie de changer ces mauvaises choses. J'ai envie d'avoir des tas d'activités. Je fais du ski, de la plongée sous-marine. Je vais bientôt me lancer dans le parachutisme et l'aviation.

R.A. En parlant de plongée sous-marine, sport que j'ai pratiqué plus jeune, je me souviens que lorsque les gardiens me bâillonnaient et me ligotaient[21] avec du ruban adhésif, je contrôlais ma respiration et gardais mon sang-froid en m'imaginant être en train de descendre en plongée trente ou quarante mètres sous la mer.

T.A. J'aurais dû[22] commencer la plongée sous-marine avant d'être enlevé. Cela m'aurait été utile aussi. J'ai aujourd'hui 47 ans. J'ai eu sept ans pour réfléchir sur ma vie, sur ce que j'avais envie de faire. J'ai plusieurs projets: d'abord écrire encore, peut-être des livres sur le Moyen-Orient ou sur d'autres sujets. Je me suis lancé dans la politique. Je trouve la politique formidable. C'est un grand jeu. Avec des amis, j'ai fondé le mouvement New York Renaissance. Nous essayons de contrôler les actions de nos élus[23] et d'améliorer le système scolaire américain, qui est très mauvais. Et puis, je donne beaucoup de conférences à New York et à travers les Etats-Unis. Ces conférences pour lesquelles je suis payé me permettent de vivre confortablement. J'ai aussi le projet de construire une école au Viêt-nam. Une manière de me racheter envers ce pays où j'ai combattu en tant que Marine.

R.A. C'est très américain d'inviter un ex-otage pour donner des conférences dans les universités et les entreprises. Aux Etats-Unis, on estime qu'un homme qui a surmonté une épreuve[24] difficile et qui a fait preuve de courage et d'intelligence est apte à donner son avis sur toutes sortes de sujets.

Avec sa fille Sulome, après sept ans de séparation

---

[19]*shipwrecked* [20]changement [21]me bâillonnaient... *were gagging me and tying me up* [22]J'... *I should have* [23]*elected representatives*
[24]*test (of character)*

Cet homme est écouté. Ce n'est pas du tout le cas en France, où les ex-otages sont considérés davantage comme des victimes. Les partis politiques ou les patrons de presse ne leur font pas de propositions. Seules les «petites gens» se montrent solidaires et curieux. Quel regard portez-vous sur ces sept années de cauchemar?

T.A. Je m'efforce d'oublier les mauvais moments. Je crois que tous ceux qui sont passés par là savent désormais ce qu'est l'essentiel de la vie et en rejettent tout ce qui est superficiel, artificiel. Qu'est-ce que

l'essentiel? Les enfants, la femme que l'on aime, le soleil, la mer, la nature.

R.A. Après toute cette souffrance, ne pensez-vous pas avoir reçu de Dieu la mission d'enseigner quelque chose sur terre? Moi, je pense que nous avons au minimum le devoir de témoigner que l'homme peut se surpasser, avec l'aide de Dieu, et, bien sûr, que Dieu existe.

T.A. «Mission» n'est pas pour moi le mot juste. Auparavant,[25] je pensais que mon métier de journaliste pouvait, à lui seul, aider à changer ce qui n'allait pas dans le monde.

Mais le journaliste n'est qu'un témoin. J'ai aujourd'hui besoin d'être un acteur. C'est pour cela que je me suis lancé dans la politique. Je crois bien que nous, les ex-otages, avons plus gagné que les ravisseurs. Ces derniers ont reçu quelque argent de leur commanditaire iranien, mais ils sont aujourd'hui recherchés par les services secrets occidentaux. Nous avons appris à nous connaître. Nous savons quels sont nos défauts et nos qualités, je pense que nous sommes devenus meilleurs.

INTERVIEW ROGER AUQUE
abrégé de *Paris Match*

[25]Avant cette expérience

AVEZ-VOUS COMPRIS?

A. Identifications. Qui a exprimé ces opinions: Terry Anderson, Roger Auque ou les deux?

1. Le jour de mon enlèvement m'a souvent hanté. Je me suis demandé parfois si j'aurais pu échapper aux ravisseurs, s'ils auraient tiré ou non avec le pistolet contre ma tête.
2. Tous les jours à Beyrouth les journalistes risquaient beaucoup.
3. La captivité était plus dure pour les otages américains que pour les otages français.
4. Le plus difficile pour moi a été d'apprendre l'humilité.
5. Je me rappelais mon enfance pour supporter les longues périodes de solitude.
6. Comment est-ce que cette expérience m'a changé? J'ai trouvé Dieu.
7. Après ce cauchemar, je sais ce qui compte le plus dans ma vie.
8. Je crois que nous avons vécu une véritable expérience spirituelle, religieuse et même philosophique.

B. Analyse. Répondez brièvement aux questions suivantes.

1. Qui est Roger Auque? Qu'est-ce qu'il a en commun avec Terry Anderson?
2. Qui a emprisonné Anderson? Pourquoi?

3. Décrivez l'enlèvement de Terry Anderson. Avant l'enlèvement, quelle était son attitude envers les risques qu'il courait?
4. Où a-t-il passé sa première nuit comme otage?
5. Qu'est-ce qui a été le plus difficile pour lui pendant ses sept ans de captivité? Etes-vous surpris(e) par cette réponse? Expliquez.
6. Pourquoi est-ce qu'il ne demandait pas à Dieu d'être libéré?
7. Selon Roger Auque, qui a vécu une expérience similaire à celle des otages? De quelle sorte d'expérience s'agit-il?
8. Comment Terry Anderson a-t-il changé après cette expérience? Comment est-ce qu'il gagne sa vie actuellement?
9. Quelle est l'attitude des Américains vis-à-vis d'un ex-otage? et celle des Français?
10. Pourquoi est-ce que le métier de journaliste n'est pas aussi satisfaisant qu'avant pour Terry Anderson?

A DISCUTER

A. Métier de journaliste. Quelles sont les caractéristiques d'un(e) bon(ne) journaliste? Qu'est-ce qui détermine la qualité d'un reportage? Travaillez avec un(e) partenaire, et posez-vous des questions à propos de ce métier, puis comparez vos réponses avec celles des autres groupes.

VOCABULAIRE UTILE

avoir: du courage / de l'énergie / peur...
écrire: bien / pour des gens sérieux...
être: honnête / célibataire / idéaliste / membre actif d'un parti ou d'un mouvement...
pouvoir: rester objectif/objective / s'adapter à tout / accepter certains risques...
savoir: parler deux langues / distinguer entre les nouvelles d'intérêt général et les affaires sans importance...
vouloir: devenir célèbre / couvrir des histoires sensationnelles / influencer le public...

MODELE: E1: Est-il nécessaire que les journalistes sachent parler deux langues?
          E2: Pour les journalistes qui veulent travailler à l'étranger, il est important de parler une deuxième langue.

          E2: Est-il normal que les journalistes veuillent être célèbres?
          E1: ...

B. La justice

1. En travaillant seul(e) ou avec un(e) partenaire, décrivez par écrit une injustice. (Inspirez-vous de votre vie personnelle, de votre société, ou d'un événement dans un autre pays.)
2. Maintenant, trouvez avec un(e) (autre) partenaire des moyens de remédier à cette injustice.

Faut-il croire les journalistes?

Mise en route

Recognizing false cognates. You will occasionally encounter French words that look like cognates with English, but seem to have a different meaning from their English counterparts. For example, **assister à une conférence** means *to attend a lecture;* **attendre** means not *to attend,* but *to wait for.* These French words are false cognates (**faux amis**). If the context makes you suspect a false cognate, check its meaning in a dictionary.

Faux amis. Cochez la meilleure réponse pour compléter chaque phrase. Attention: les mots en caractères gras sont des faux amis.

1. Chaque **conducteur** de véhicule en France a besoin d'un _____.

   a. chef d'orchestre   **c.** permis de conduire
   b. chef de train   **d.** chef de cuisine

2. Paul **crie** quand il _____.

   a. est en colère   **b.** est triste   **c.** a sommeil   **d.** est content

3. Le médecin de Patrick pense qu'il est trop **sensible** et qu'il a besoin de calmants. **Sensible** est synonyme de/d' _____.

   a. raisonnable   **b.** sage   **c.** intelligent   **d.** émotif

4. Dans ce bistrot, c'est le **patron** qui fait la cuisine. **Patron** est synonyme de _____.

   a. client   **b.** propriétaire   **c.** prêtre   **d.** chauffeur

5. Comme **entrée**, les Français prennent souvent une salade de tomates. L'**entrée** est _____.

   a. le plat principal
   b. un dessert
   c. un petit plat qui précède le plat principal
   d. un plat végétarien

6. Les élèves **ont passé** l'examen écrit et ils pensent que l'oral sera beaucoup plus difficile. Ces élèves _____.

   a. ont réussi à l'écrit
   b. ont fini l'écrit mais ne savent pas encore les résultats
   c. ont oublié l'écrit
   d. ont commencé l'écrit mais ne l'ont pas terminé

Mots et expressions

les actualités (*f. pl.*) news
l'animateur / l'animatrice talk
   show host
la chaîne channel
la concurrence competition
le consommateur / la consomma-
   trice consumer
couvrir un événement to cover
   an event
déformer les faits to distort the
   facts

le grand titre headline
le pouvoir power
le présentateur / la présentatrice
   du journal télévisé TV news
   anchor
le quotidien daily newspaper
la une front page (*of newspaper*)
la vérité truth

A. Associations. Avec quels termes de **Mots et expressions** associez-vous les
idées suivantes?

1. la télévision
2. la radio
3. la presse écrite

4. la politique
5. la publicité

B. Définitions. Donnez une brève définition des termes suivants ou illustrez-les
à l'aide d'un exemple.

1. le quotidien
2. les actualités
3. le consommateur

4. la vérité
5. l'animateur / l'animatrice

Faut-il croire les journalistes?

Jamais ils ne vous ont autant informé. Jamais ils n'ont été aussi mal vus.

Le discrédit qui pèse[1] sur la presse—écrite et
surtout audiovisuelle—est-il justifié? Si oui,
qui est coupable[2]? Le marketing, la publicité, la
concurrence, l'Audimat[3]? Ou les journalistes
eux-mêmes? Cette situation est-elle si alarmante?
Comment rendre à ce métier, si décrié[4] mais qui

continue à faire rêver, son statut, son crédit et,
n'ayons pas peur des mots, son honneur?

Les choses vont-elles si mal? Prenons un peu
de recul.[5] Rappelons d'abord le plus important,
le plus évident: les immenses progrès accomplis
par les médias depuis vingt-cinq ans. En un

---

[1]*weighs*   [2]*guilty*   [3]*ratings*   [4]attaqué   [5]Prenons... *Let's get a little perspective*

La guerre du Golfe: Souriez, s'il vous plaît!

quart de siècle, l'information des Français s'est améliorée[6] comme jamais. Jamais dans leur histoire les Français n'ont disposé d'un nombre aussi important de journaux télévisés riches, complets et correctement confectionnés.[7] Jamais ils n'ont connu un nombre aussi important de bulletins radio, jamais leurs quotidiens n'ont eu autant de pages, autant de journalistes, autant de moyens de les informer. Jamais les magazines n'ont été aussi fournis,[8] aussi précis, aussi bien illustrés. Jamais l'opinion n'a eu autant de moyens de savoir et de juger.

Le progrès donc. Dans l'univers des médias triomphants, le journaliste devient roi. Et pourtant le roi est nu.[9] Voilà le vrai paradoxe: alors qu'il devrait tenir le haut du pavé,[10] le journaliste, doté d'[11] un pouvoir inédit,[12] d'une liberté sans précédent, se retrouve dans le ruisseau.[13] Le 12 février 1975 (numéro 536), «le Nouvel Observateur» demande à un «échantillon[14] représen-

tatif» ce qu'il pense des hommes de presse. C'est un plébiscite:[15] les journalistes sont courageux, fiables,[16] compétents, respectés. En 1990, le même hebdo[17] demande à un autre échantillon de classer par ordre décroissant[18] les professions auxquelles il convient de faire confiance.[19] Les pompiers[20] arrivent en tête. Les journalistes sont avant-derniers,[21] entre les prostituées et les députés.[22] Que s'est-il passé?

Les médias disposent[23] aujourd'hui d'un réseau[24] mondial de collecte instantanée des images et de l'information auquel rien n'échappe.[25] Ils savent aussi, bien mieux qu'avant, comprendre, anticiper, traduire les attentes[26] du public, lui donner la parole, l'aider dans sa vie quotidienne, le faire venir à la télévision. Et c'est ainsi que, selon l'expression de Régis Debray, nous sommes entrés dans la «*médiasphère*».

L'ennui, c'est que les lois de la communication et celles de l'information ne sont pas les

---

[6]*s'est... has improved* [7]préparés [8]*riches* [9]*sans vêtements* [10]*devrait... should be revered* [11]*doté... granted* [12]*unheard of* [13]*gutter* [14]*sample* [15]*vote of confidence* [16]*trustworthy* [17]hebdomadaire *(weekly magazine)* [18]*par... in decreasing order* [19]*auxquelles... in which it is reasonable to have confidence* [20]*firefighters* [21]*avant le dernier* [22]*elected representatives* [23]*have at their disposal* [24]*network* [25]*auquel... which nothing escapes* [26]*expectations*

mêmes. Tout est là. Non pas que la communication soit diabolique ou illégitime. Au contraire, ces métiers vedettes[27] des années 80, la publicité, les relations publiques, le conseil en communication,[28] ont leur noblesse, leur intelligence, leur créativité. C'est le mélange qui est dangereux. Les grandes bavures[29] des dernières années, ces erreurs qu'on reproche tant aux journalistes, procèdent toutes des dérapages[30] de la communication, de l'oubli de l'information. Communiquer, dans la médiasphère, c'est amuser, intéresser, émouvoir[31] et influencer. Informer, c'est raisonner, expliquer, convaincre. La communication vise[32] les consommateurs. L'information s'occupe[33] des citoyens.

Patrick Poivre d'Arvor enregistre après coup[34] les questions à Fidel Castro pour diffuser un dialogue qui, en fait,[35] n'a pas eu lieu, en tout cas pas sous cette forme.[36] Il n'informe pas, il communique. L'émission «52 sur la Une» paie des figurants[37] pour animer une enquête[38] sur les catacombes. Elle n'informe pas, elle communique.

Christophe Dechavanne, Jean-Pierre Foucault ou Patrick Sabatier[39] se lancent dans des activités journalistiques: ambition somme toute[40] très noble. Malheureusement, alors que leur compétence d'animateur est grande, leur connaissance des dossiers, leur habitude des interviews politiques laissent un peu à désirer. Ils n'informent pas, ils communiquent.

Le paroxysme[41] de l'influence a été atteint[42] pendant la guerre du Golfe. Considérant que la communication était un front aussi important que les abords de Koweït-Ville hérissés[43] de canons, l'administration américaine a joué de main de maître[44] le jeu de la transparence opaque. Abreuvant[45] les télévisions d'images in-

Le Président-Directeur Général des chaînes publiques françaises, France 2 et France 3: Jean-Pierre Elkabbach

nombrables, soigneusement canalisées, triées et aseptisées, dosant parfaitement les communiqués de victoire et les confidences inquiètes,[46] le gouvernement Bush a diabolisé Saddam. Puis le Pentagone a exagéré la force de l'armée irakienne avant l'attaque aérienne,[47] annoncé sa quasi-défaite[48] après la première vague de bombardements, pour la ressusciter[49] quelques jours plus tard afin de justifier une longue campagne de bombardements aériens. Fascinés par le direct,[50] les journalistes sont tombés à pieds joints[51] dans le piège,[52] s'effaçant[53] devant l'image brute,[54] abdiquant[55] souvent leur capacité critique, s'abstenant,[56] alors que[57] c'est leur raison d'être, de livrer[58] au téléspectateur un produit informatif fini, c'est-à-dire pesé,[59] examiné, critiqué et mis en perspective. Toujours la communication...

Alors que faire? Tout journaliste cherche la meilleure anecdote, la meilleure attaque, le meil-

[27]*fashionable* [28]le conseil... *public relations consultant* [29]fautes [30]*veering off course* [31]*toucher* [32]concerne [33]s'applique à [34]après... après (une conférence de presse) [35]pour... *in order to present a one-on-one conversation with Castro, which, in fact,* [36]sous... *in that format* [37]*walk-on actors* [38]animer... *enliven an investigation* [39]Christophe... animateurs d'émissions télévisées [40]somme... *on the whole* [41]*culminating point* [42]*reached* [43]abords... *outskirts of Kuwait City bristling* [44]a... *played masterfully* [45]*Saturating* [46]soigneusement... *which were carefully channeled, sorted, and sterilized, using just the right proportion of pronouncements of victory and alarming disclosures* [47]*air* [48]*near defeat (of the Iraqi army)* [49]pour... *in order to pronounce it healthy* [50]*live images* [51]à... *head first* [52]*trap* [53]*staying in the background* [54]*unedited* [55]*renouncing* [56]*refraining (from analysis)* [57]alors... *when* [58]*deliver* [59]*thought-out*

Jeffrey Zaun, otage américain en Irak pendant la guerre du Golfe

leur titre qui fera lire son papier. Publier, c'est choisir; écrire, c'est embellir. Le journaliste met en forme:[60] il n'est jamais loin de mettre en scène.[61] Quand on oppose communication et information, on définit deux pôles opposés. A l'équateur, les deux mondes se touchent. Sous peine de mettre en danger[62] son journal, sa radio ou sa chaîne, qui doit, pour survivre, équilibrer ses comptes,[63] le journaliste ne peut pas ignorer l'efficacité[64] de la communication. Lui aussi, il doit séduire.[65] De cette ambiguïté croissante,[66] de ce mélange de plus en plus intime, sont nées les grandes fautes des médias.

Heureusement, cette médiasphère n'a pas les pouvoirs naguère[67] conférés par Orwell à Big Brother. Dans les sociétés ouvertes, le public n'est pas obligé de tout croire, de tout aimer, de tout avaler.[68] Révélant une évolution néfaste, exposant les excès de la société de communication, les fautes dont nous parlons ont répandu la méfiance.[69] Les optimistes n'ont pas toujours tort: dans tout consommateur, il y a un citoyen

qui sommeille. Il s'est réveillé au moment de la guerre du Golfe. Depuis, les médias sont soupçonnés,[70] les journalistes mis en cause[71] et la communication ébranlée.[72] Voilà donc le premier antidote: la réaction du public.

Cela ne suffit pas. Les journalistes ne peuvent rester indifférents à leur propre métier. Or ils savent bien qu'au-delà[73] des contraintes innombrables de leur situation économique, au-delà des intérêts bien légitimes des entreprises qui les emploient, ils participent à la vie démocratique. Autrement dit, que leurs devoirs ne se limitent pas à servir leur journal ou leur chaîne de télévision. Qu'ils le veuillent ou non, les journalistes sont investis—pour partie[74]—d'une mission de service public: ils sont les médiateurs du forum[75] démocratique. Il en va dans la presse comme dans beaucoup de secteurs: bénéfique,[76] libératrice et démocratique, l'économie de marché[77] devient vite haïssable[78] si elle n'est pas contenue, limitée, corrigée[79] par la volonté collective.[80] Cette volonté, dans le cas qui nous occupe, c'est celle d'une profession qui a été instituée par les pères fondateurs, garante de la liberté de savoir. A la poussée de la communication, le journalisme ne peut donc opposer que la solidité abstraite de ses propres principes.

Nous touchons ainsi à un problème de politique générale. On sait que la société française s'est ralliée,[81] et les médias avec elle, à la liberté économique.[82] Il ne s'ensuit[83] pas que les Français se soient dédiés[84] tout uniment[85] à la toute-puissance de l'argent.[86] Comme toutes les libertés, la liberté économique doit s'organiser. Sans contre-pouvoirs, elle finit par opprimer.[87] Parmi ces contrepouvoirs, la presse figure au premier rang.[88] 🌿

LAURENT JOFFRIN
abrégé du *Nouvel Observateur*

[60]met... *shapes*   [61]mettre... *staging events*   [62]Sous... *At the risk of endangering*   [63]équilibrer... *balance its books*   [64]*effectiveness*
[65]captiver, charmer   [66]*increasing*   [67]*not long ago*   [68]*swallow*   [69]*suspicion*   [70]*suspected*   [71]mis... *examinés et jugés*   [72]*troubled*
[73]*beyond*   [74]pour... *as a profession*   [75]*arena*   [76]*beneficial*   [77]l'économie... *free-market economy*   [78]*détestable*   [79]*rectifiée*
[80]volonté... *common will*   [81]*won over*   [82]liberté... *free-market economy*   [83]*follow*   [84]*dedicated*   [85]tout... *simply*   [86]la... *the almighty dollar*   [87]*oppressing*   [88]premier... *front line*

A. Mots clés. Indiquez à quelles idées de la colonne de droite s'appliquent les termes de la colonne de gauche.

1. _____ le but de l'information	**a.**	droit des citoyens aux informations non-déformées
2. _____ le but de la communication		
3. _____ la médiasphère	**b.**	service public et affaire commerciale
4. _____ le journalisme		
5. _____ les images en direct	**c.**	raisonner, expliquer, convaincre
6. _____ la liberté de savoir	**d.**	de l'information «inédite, pas altérée»
	e.	divertir, toucher, influencer
	f.	l'âge de collecte instantanée de l'information et des images

B. Vrai ou faux? Corrigez les phrases fausses, en vous basant sur l'article.

1. Les Français en 1990 respectent beaucoup les journalistes.
2. Aujourd'hui les médias savent ce que veut le public.
3. Les journalistes savent très bien informer le public, mais ils ne savent ni le divertir, ni rendre les événements intéressants.
4. De nos jours, les animateurs d'émissions télévisées sont des journalistes sérieux et compétents.
5. Les journalistes sont obligés d'examiner, de critiquer et de mettre en perspective l'information qu'ils présentent.
6. Les gouvernements mondiaux et les grandes entreprises manipulent les journalistes en contrôlant les images auxquelles ils ont accès.
7. Le journalisme dans la médiasphère ressemble plus au marketing qu'à la recherche de la vérité.
8. Un bon journaliste n'a aucune obligation commerciale.
9. Depuis 1980, le public français semble accepter la vision du monde présentée à la télévision.
10. La liberté économique correspond obligatoirement à la suppression de la vérité.

C. Analyse. Répondez brièvement aux questions suivantes.

1. Les Français ne font pas confiance aux journalistes actuellement. Quelles sont les causes de cette méfiance?
2. Quelle est la différence principale entre les animateurs d'émissions télévisées et les journalistes?
3. D'après ce texte, quels journalistes communiquent au lieu d'informer le public?
4. Dans les pays où la presse est libre, quelle est l'attitude du public envers les médias? Qu'est-ce que les Français pensent des médias depuis la guerre du Golfe?

A. Les nouvelles. Décrivez le journal télévisé idéal. Quels événements doit-il couvrir? Imaginez que votre classe est chargée d'écrire les nouvelles qui seront diffusées ce soir. Formez six équipes. Chacune sera responsable d'un aspect du journal. Inspirez-vous de la liste suivante.

1. les nouvelles locales
2. les nouvelles nationales
3. les nouvelles internationales
4. la météorologie
5. les sports
6. les spectacles, les arts
7. les annonces publicitaires
8. ?

Les nouvelles durent 30 minutes. Décidez la longeur de chaque segment, puis écrivez le texte et présentez vos nouvelles. En conclusion, indiquez si vous avez informé ou communiqué pendant votre présentation et dites ce qui selon vous est l'objectif des actualités.

B. Influence. Quelle est la profession la plus puissante sur le plan national dans votre pays? Quelle profession devrait avoir le plus d'influence sur les citoyens? Indiquez l'importance du rôle de ces professions dans le monde réel et celle que vous voudriez qu'elles aient dans un monde idéal en les classant de 1 (la moins puissante) à 10 (la plus puissante), puis discutez vos réponses avec un(e) partenaire.

Alain **Duhamel** analyse la vie politique chaque matin.

7h25

EUR⊕PE1

	INFLUENCE REELLE	INFLUENCE IDEALE
1. les chefs d'entreprise	_____	_____
2. les hommes et femmes politiques	_____	_____
3. les membres du clergé	_____	_____
4. les journalistes	_____	_____
5. les animateurs d'émissions de télévision et de radio	_____	_____
6. les médecins	_____	_____
7. les enseignants	_____	_____
8. les acteurs	_____	_____
9. les athlètes	_____	_____
10. ?	_____	_____

Echos

A. Qu'en pensez-vous? Traitez par oral ou par écrit de l'un des sujets suivants.

1. **Les journaux.** Quels journaux connaissez-vous? Lesquels préférez-vous? Pourquoi? Quelle rubrique du journal dénote son orientation politique? Quelle rubrique vous informe? vous amuse? (les articles? les éditoriaux? la page des sports? les photos? autre chose?) Combien de temps passez-vous à lire le journal d'habitude? Pensez-vous qu'il soit important de vous tenir au courant des actualités régionales? nationales? mondiales? Expliquez. Que reprochez-vous aux journaux en ce qui concerne le reportage d'événements dans votre pays et à l'étranger?

2. **Les chaînes.** Quelle est la fonction des chaînes commerciales? Informer? communiquer? Quelle est la fonction des chaînes publiques? Quelles émissions de radio/télévision publique aimez-vous? Lesquelles ne vous intéressent pas? Pourquoi? Contrastez les chaînes publiques et les chaînes commerciales en ce qui concerne le choix d'actualités et les points de vue présentés. Qu'est-ce qui est similaire? différent? Est-ce que la télévision et la radio vous offrent assez d'informations? Expliquez.

B. Etes-vous d'accord? Dites si vous êtes d'accord avec les phrases suivantes. Discutez-en avec un(e) partenaire en justifiant vos réponses.

1. Les leçons de la vie les plus importantes sont aussi les plus difficiles à apprendre.
2. Pour mener une vie intéressante, il faut courir des risques.
3. La première responsabilité de la presse est de défendre la liberté d'expression.
4. Les journalistes recourent parfois à des moyens malhonnêtes pour obtenir ou présenter des informations.
5. Les journalistes peuvent changer le cours de l'histoire.

Trois générations réunies dans le salon

CHAPITRE 8

Les jeux du Cirque du soleil

SPECTACLES

La musique et le cinéma sont à la fois des industries, des divertissements et des moyens d'expression artistique. De nombreux Français ont tendance à choisir des loisirs qui leur permettent d'échapper à la réalité, au quotidien. Mais il y a aussi en France une longue tradition de films et de chansons qui font réfléchir, qui traitent de convictions philosophiques ou de causes sociales. L'artiste engagé, qui exprime ses idées politiques, est très respecté en France.

Et vous, que recherchez-vous dans la musique et le cinéma: des moyens de détente ou des sources de réflexion? Ce chapitre va vous donner l'occasion d'explorer ces thèmes en vous faisant rencontrer quatre musiciens et un réalisateur de cinéma. Continuez à lire; le spectacle va commencer!

Quatre stars et la musique

Mise en route

Word families. Sometimes you can figure out the meaning of an unfamiliar word by recognizing its relationship to another word from the same family. In the following sentence, assume that you do not know the meaning of **débute.**

Le discours débute par une citation de John Kennedy.

What clues do you have to the meaning of **débute**? It is obviously a verb, but the context doesn't make its meaning clear. Try guessing freely to trigger all the word associations you can. You know the English expression *to make a debut,* so you guess that **débuter** means *to begin.* **Début, débutant,** and **débuter** belong to the same family and have related meanings.

Can you guess the meanings of the words indicated below? What other words belonging to the same families do you know?

1. Votre enfant **embellit** tous les jours.
2. Je ne sais pas où est la **laverie** automatique du centre-ville.

Familles de mots. Les mots de gauche se trouvent dans la première lecture du chapitre. Découvrez les mots de la même famille qui leur correspondent dans la colonne de droite, puis essayez de traduire les mots de gauche.

1. _____ en cachette	a. l'apparence, apparaître
2. _____ les sucreries	b. le fanatisme, fanatiquement
3. _____ le violoncelle	c. le progrès, la progression
4. _____ l'enregistrement	d. cacher, le cache-cache
5. _____ la naissance	e. le violon, le/la violoncelliste
6. _____ apparemment	f. le sucre, sucré(e), sucrer
7. _____ progresser	g. enregistrer, enregistrable
8. _____ fanatique	h. naître, né(e), renaissance

Mots et expressions

l'amateur (*m.*) fan (*of something*)
la chanson à succès hit song
le classement des ventes pop chart (*based on sales*)
l'enregistrement (*m.*) recording
être en tête des ventes to be at the top of the charts

le goût taste
l'œuvre (*f.*) work (*of art*)
rendre (quelqu'un) + [*adj.*] to make (someone) feel + [*adj.*]
la sortie outing, excursion; exit
toucher to touch, move

APPLICATIONS

A. Familles de mots. Trouvez l'expression qui appartient à la même famille que les mots suivants.

1. aimé	4. chanteur	7. touchant
2. classer	5. vendu	8. goûter
3. enregistrer	6. sortir	

B. Synonymes. Trouvez l'équivalent des expressions suivantes.

1. quelqu'un qui apprécie quelque chose
2. un objet produit par le travail d'un(e) artiste
3. un jugement, une opinion, une préférence
4. faire devenir

C. Définitions. Donnez une brève définition des expressions suivantes ou illustrez-les à l'aide d'un exemple.

1. une chanson à succès
2. le classement des ventes
3. être en tête des ventes

Quatre stars et la musique

Mirella Freni

Ce que j'aime dans la musique, c'est qu'elle représente quelque chose d'universel. Aussi, je crois sincèrement que toutes les formes musicales ont un intérêt. Bien sûr, quand je prépare un récital, comme celui que je viens de donner Salle[1] Gaveau, je me concentre uniquement sur le répertoire lyrique, de Mozart à Rossini, qui est le mien. Mais j'aime aussi, à d'autres moments, me relaxer avec toutes sortes de musiques modernes; avec les grands chanteurs de variété italiens, et Elton John. Hormis[2] le jazz, dont je ne suis guère fanatique, j'aime toute œuvre qui me donne une émotion. La règle est simple: si la musique demande trop de réflexion, je pense qu'elle n'est pas dans son rôle.

Nigel Kennedy

Des critiques suggèrent que je ne fais qu'utiliser la musique classique comme passeport pour une notoriété, ce qui, apparemment, ne sied pas bien à[3] ceux qui n'ont été immergés que dans la musique depuis leur naissance. Si ces critiques veulent voir comment la promotion personnelle et l'ambition peuvent éclipser les émotions véritables de la musique, qu'ils visitent[4] les écoles classiques américaines: il n'y a là qu'ambition pure, que des professionnels sans pitié qui ne cherchent qu'à se conformer à n'importe quelle musique, pourvu qu'elle ait des chances de réussir. Mes enregistrements d'Elgar, Vivaldi ou Brahms ne sont peut-être pas les meilleurs du point de vue technique, mais ils ont été joués avec un amour et une passion qui n'hésitent pas à se montrer—et bien plus d'un million de personnes dans différents pays ont dit «Oui, j'aime celui-là» et l'ont acheté.

[1]Théâtre   [2]*Except for*   [3]*ne… does not sit well with*   [4]*qu'… they need to visit*

années-là—moi, j'avais 10,12 ans—que le vrai phénomène musical moderne a eu lieu, avec les Beatles, les Stones, Led Zeppelin... Sincèrement, je ne crois pas être un produit de marketing. Quand les gens m'aiment, c'est pour ma musique, pour mes textes[6] aussi: ils me disent, ils m'écrivent qu'ils s'y retrouvent.

J'ai un public, et donc parfois un pouvoir, une importance que je suis le premier à trouver démesurée,[7] mais ça cessera dès que les politiques[8] retrouveront la confiance des gens. La vraie raison, la seule, pour laquelle je suis allé à «7 sur 7»,[9] c'était qu'en mars il y avait une élection et que le Front national[10] avait l'air de progresser. Savoir que, le lendemain de[11] l'emission, des milliers de jeunes sont allés s'inscrire[12] dans les bureaux de vote pour dire non, ça m'a rendu heureux.

Mstislav Rostropovitch
Le Nouvel Observateur.—*De Berlin à Moscou, vous avez été de toutes les fêtes de la liberté. A l'Est, quoi de nouveau?*

Mstislav Rostropovitch.—Quand je me suis rendu à Moscou, en août dernier, pendant le coup d'Etat, sans visa et sans même prévenir ma famille, je n'ai pas emmené d'instrument. Les chars[13] font beaucoup plus de bruit qu'un violoncelle. Autour de la Maison Blanche—le siège du parlement russe—j'ai rencontré une génération qui m'était inconnue. Ces jeunes gens tétaient encore[14] leur mère lorsque j'ai quitté la Russie! Je suis tombé amoureux d'eux. Vers 3 heures du matin, on s'est réunis autour du gyrophare[15] d'une ambulance pour discuter. Je n'oublierai jamais le regard de cette jeune femme coiffée d'un petit chapeau d'infirmière. Elle ressemblait à une de ces photos qui illustrent les livres de la Première Guerre mondiale, quand les

Patrick Bruel
En sortant de mes concerts, dans la voiture qui m'emmène à l'hôtel, il y a toujours un CD qui joue un peu trop fort. Ces derniers temps, c'était Schubert, ça pourrait être un autre musicien, mais c'est toujours de la musique classique. Cela vous étonne? Pas moi. J'ai toujours vécu dans la musique, dans *les* musiques... Comme les autres, j'ai appris la guitare et le piano. Le cadeau qui m'a fait le plus plaisir? La semaine dernière, un ami m'a offert un bloc de CD dont le seul titre fait rêver: l'Intégrale de Mozart!

Ma musique, celle de mes chansons, elle vient en droite ligne des[5] années 70. Tous ceux qui aiment le rock le savent: c'est dans ces

---

[5]en... *straight from the* [6]*paroles* [7]*excessive* [8]hommes et femmes du gouvernement [9]une émission comme *Sixty Minutes* [10]Front... *right-wing anti-immigrant party* [11]le... *the day after* [12]*to register* [13]*tanks* [14]tétaient... *were still being nursed by* [15]*flashing light*

filles de grand-duc s'enrôlaient pour soigner les blessés.[16] La même noblesse dans les yeux... Ma génération a été une génération de pleutres.[17] Ces jeunes gens n'ont peur de rien. Quelle merveille!

N.O. —*Est-ce que leur musique aussi vous était inconnue?*

M. Rostropovitch. —Non. Ils se jettent avec frénésie sur le rock et la sexualité. Chaque âge a ses appétits. Tenez, moi, il y a vingt ans, j'étais un goinfre.[18] J'adorais la viande et les sucreries.[19] Aujourd'hui, je n'en ai plus envie. Le rock, c'est quasi hormonal. Quand elles étaient plus jeunes, j'ai surpris mes filles un jour en train d'écouter du rock en cachette, sous une couverture. Je leur ai dit: *«Le rock, ça s'écoute très fort, jusqu'à ce que les oreilles vous fassent mal!»* Et j'ai monté le son à fond.[20] Très vite, elles sont passées à autre chose... L'aptitude à apprécier la musique dite sérieuse vient en son temps et à son heure. Si elle ne vient pas à tout le monde, ce n'est pas grave. Mais c'est tellement dommage! La musique, c'est la vitamine de la beauté: la nature, les sentiments, la vie même; tout semble plus beau à qui a le cœur musicien... ◼

tiré du *Nouvel Observateur*

---

[16]soigner... *to take care of the wounded*   [17]*cowards*   [18]*glutton*   [19]*sweets*   [20]à... *all the way*

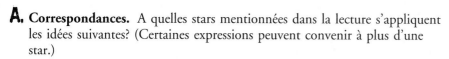

A. **Correspondances.** A quelles stars mentionnées dans la lecture s'appliquent les idées suivantes? (Certaines expressions peuvent convenir à plus d'une star.)

1. un répertoire classique
2. un lien entre la musique et la politique
3. l'enregistrement montre la passion de l'artiste
4. le marketing
5. aime la musique classique
6. a toujours un CD qui joue
7. certaines musiques sont faites pour être jouées fort
8. la musique doit toucher les émotions
9. la musique rend la vie plus belle

B. Analyse. Répondez brièvement, puis comparez vos réponses avec celles d'un(e) partenaire.

Mirella Freni

1. Pour quelles raisons écoute-t-elle de la musique?
2. Qu'est-ce qu'elle chante lors d'un récital?
3. Quelle sorte de musique aime-t-elle personnellement?
4. A son avis, quel est le rôle principal de la musique?

Nigel Kennedy

1. De quel instrument joue-t-il?
2. Qu'est-ce que les critiques lui reprochent?
3. Qu'est-ce qu'il n'aime pas dans les écoles de musique classique américaines?

Patrick Bruel

1. Quelle musique ce chanteur de musique populaire préfère-t-il écouter?
2. Quels groupes l'ont le plus inspiré?
3. Pourquoi est-ce que ses admirateurs aiment sa musique?
4. Qu'est-ce qui montre que Bruel a une certaine influence sur son public? Trouvez-vous une telle réaction à une star du rock raisonnable? Expliquez.

Mstislav Rostropovitch

1. Où ce violoncelliste est-il né? A quelle période historique est-il retourné dans son pays d'origine?
2. Qui a-t-il rencontré devant la Maison Blanche à Moscou? Comment a-t-il réagi?
3. Comment décrit-il l'infirmière qu'il a vue ce matin-là? A qui la compare-t-il? Qu'est-ce qu'il admire chez les jeunes Russes?
4. Comparez son attitude envers le rock et envers la musique dite sérieuse. Pour qui existent ces deux musiques?
5. Selon lui, quel effet est-ce que la musique exerce sur nous? Etes-vous d'accord avec lui? Commentez.

A DISCUTER

A. Descriptions. Sans lui parler, devinez les goûts musicaux de votre partenaire en devinant ses réponses aux questions suivantes. Ecrivez une brève description de votre partenaire. Ensuite lisez-lui votre description et donnez-lui l'occasion de corriger votre perception. Changez alors de rôles.

Est-ce que votre partenaire est une personne...

1. qui aime la musique classique?
2. qui a assisté à un concert cette année? Si oui, lequel?
3. qui joue d'un instrument? Si oui, lequel?
4. pour qui la musique est une chose essentielle?

5. dont la collection de CD ou de cassettes dénote des goûts musicaux très variés?

Est-ce que l'âge, le sexe, l'éducation ou la façon de s'habiller d'une personne révèle ses goûts musicaux? Justifiez votre réponse.

B. Associations. Formez un groupe de quatre personnes, dont trois participants et un chef d'équipe. Le chef lira l'une après l'autre les expressions de la liste ci-dessous. Les trois participants répondront avec la première idée qui leur vient à l'esprit, en suivant les modèles.

MODELES: le classement des ventes?
C'est une chose qui m'influence beaucoup.
C'est une chose que je trouve inutile.

Rostropovitch?
C'est un musicien dont j'ai entendu parler.
C'est une personne dont j'admire la candeur.

1. Michael Jackson
2. l'influence des stars sur leur public
3. la musique pop
4. le rap
5. la chaîne de rock MTV
6. la musique de film
7. Céline Dion
8. le prix d'un billet de concert
9. le jazz
10. le Grammy
11. la musique d'ascenseur
12. John Lennon
13. le country
14. le radio-réveil
15. la musique classique

Malcolm X en Afrique

Mise en route

Prefixes and suffixes. Another way to figure out the meaning of an unfamiliar word is to look for prefixes and suffixes, and separate them from the root of the word. A prefix or suffix helps you understand a general aspect of a word; the root provides the rest. In **octogone,** for example, **octo-** is the prefix that tells how many sides (eight) the polygon has. If you know that the suffix **-logue** means "one who studies," you can guess the meaning of **astrologue, psychologue,** and similar words. Common prefixes and suffixes appear in many dictionaries.

Le négatif. En français, certains préfixes expriment une négation: **anti-, dé-, dés, dis-, im-, in-, ir-, non.** Faites correspondre les définitions de gauche et les expressions de droite qui contiennent toutes un préfixe négatif.

1. _____ qui n'a pas d'espoir
2. _____ qui ne semble pas vrai
3. _____ incompatible, opposé
4. _____ qui ne cause pas de désir
5. _____ cessent d'être visible
6. _____ hostile au communisme
7. _____ détruire, se débarrasser de
8. _____ qui ne reçoit pas de punition
9. _____ tendance à condamner
10. _____ manque de respect

a. non désiré
b. irrévérence
c. intolérance
d. impuni
e. se défaire de
f. désespéré
g. invraisemblable
h. inconciliable
i. disparaissent
j. anticommuniste

Mots et expressions

d'actualité relevant (*today*)
ajouter to add
commun(e) common
le discours speech
l'écran (*m.*) screen
entendre parler de to hear
  (*something*) being talked about

le lien link, tie
le réalisateur / la réalisatrice
  filmmaker, director
la vedette star

A. Analogies. Complétez les paires de façon logique.

1. multiplier: diviser; _____: soustraire
2. compositeur: musique; _____: film
3. haut-parleur: radio; _____: télévision
4. premier ministre: gouvernement; _____: spectacle
5. démodé: hier; _____: aujourd'hui
6. attacher: détacher; _____: une barrière

B. Synonymes. Trouvez l'équivalent des expressions suivantes.

1. proclamation, conférence   2. entendre dire   3. partagé

Malcolm X en Afrique

Cinéma. Spike Lee sur tous les écrans du monde: son film est partout applaudi.

Le cinéma est un moyen d'expression de plus en plus international. Les meilleurs films passent d'habitude partout dans le monde, notamment en Amérique du Nord, en Europe, en Afrique et en Asie. Les dix films les plus populaires en France en 1991, par exemple, était tous américains. Les films européens, bien que moins nombreux, se voient dans beaucoup de grandes villes américaines et canadiennes. Le public français est très bien informé en ce qui concerne les nouveaux films venant d'autres pays ainsi que les acteurs et les réalisateurs étrangers les plus appréciés. L'interview suivante avec le réalisateur américain Spike Lee a paru dans la publication française Jeune Afrique *qui est lue dans les pays francophones d'Afrique et d'Europe.*

Avec *Malcolm X* (voir J.A. n° 1664), sorti en Afrique et en France le 24 février, Spike Lee, 36 ans, signe son sixième film, le plus élaboré, le plus long (3 heures 20 minutes), le plus controversé. C'est également sa première œuvre distribuée en Afrique.

De passage à Paris, le réalisateur répond aux questions de *Jeune Afrique*. Non sans avoir rappelé que le militant Africain-Américain avait été refoulé de[1] la capitale française, où il devait prendre la parole lors d'un meeting, le 9 février 1965, soit précisément douze jours avant son assassinat.

JEUNE AFRIQUE: Venir à Paris te pose-t-il des problèmes, disons, de conscience?
SPIKE LEE: Malcolm X n'était pas non plus accepté à New York. Cela ne m'empêche pas

Spike Lee, réalisateur

[1]avait... *had been refused entry into*

Malcolm X, un des leaders du mouvement des droits civiques aux Etats-Unis dans les années 60

Vingt-huit ans après sa mort, Malcolm X est devenu une véritable légende pour beaucoup d'Africains-Américains. Simple mode ou phénomène plus profond?

Ceux qui considèrent cette résurrection comme une mode ou un phénomène passager[6] se trompent. La majorité des Africains-Américains se reconnaissent dans son message et dans son action.

Venons-en à ton film! Tu n'y abordes[7] pas le procès des meurtriers de Malcolm X, ni les invraisemblances[8] qui émaillent[9] la version officielle de l'assassinat...

Mon ambition n'était pas de refaire toute l'enquête sur l'assassinat de Malcolm X ou d'essayer d'identifier son ou ses véritables meurtriers. Je me suis attaché à retracer les différentes étapes de sa vie. Dans le film, j'ai reconstitué son assassinat, exactement comme cela s'est passé dans la réalité.

Qui, selon toi, l'a assassiné?

Nation of Islam [secte musulmane dirigée par Elijah Mohamed, dont Malcolm X fut le porte-parole jusqu'en mars 1964, NDLR].

En es-tu sûr?

Il n'y a pas l'ombre d'un doute!

Et la thèse de la liquidation ourdie[10] par le FBI et la CIA?

---

d'y vivre. De toute façon, j'adore Paris...

Quand as-tu entendu parler pour la première fois de Malcolm X? Tu avais à peine 8 ans lorsqu'il a été assassiné le 21 février 1965 à Harlem...

J'ai entendu parler de lui au lycée. Par la suite, j'ai lu ses ouvrages, ainsi que ceux qui lui ont été consacrés.

Pourquoi un film sur Malcolm X, et pas sur Martin Luther King?

Malcolm X demeure,[2] à mes yeux, le plus grand, celui qui a le plus marqué toute une génération d'Africains-Américains. Il a plus influencé ma vie que Martin Luther King.

Avec le recul,[3] penses-tu que les deux hommes, par leur style et leurs idées, soient complémentaires ou inconciliables?

Malcolm X et Martin Luther King avaient, chacun en ce qui le concerne, beaucoup d'autorité au sein[4] de la communauté noire. Pour tout dire, ils se complétaient, d'autant plus que l'objectif final, libérer notre peuple, leur était commun.

Quel est, selon toi, le principal legs[5] de Malcolm X à sa communauté?

Son message sur la nécessité, pour les opprimés du monde entier, de se défaire de leurs chaînes demeure plus que jamais d'actualité.

---

[2]reste [3]Avec... *Now that we have some perspective* [4]cœur [5]héritage [6]temporaire [7]*tackle* [8]*improbabilities* [9]*punctuate* [10]*plotted*

Il a été assassiné par Nation of Islam.

Il y a quelques mois, Warner Brothers, le producteur, trouvait ton film trop long. Hollywood a-t-il changé d'avis depuis?

Il n'y a plus de problème entre nous... depuis qu'ils ont vu le film.

Combien y a-t-il eu d'entrées depuis la sortie du film aux Etats-Unis, le 18 novembre 1992?

Aux Etats-Unis, on ne raisonne pas en terme d'entrées, mais en chiffre d'affaires. Pour les deux premiers mois, on a fait 50 millions de dollars de recettes.

En deux mois d'exploitation, Warner Brothers a donc pratiquement récupéré son investissement?

Pas encore, mais je ne me fais pas de soucis pour eux. Ils récupéreront vite leurs sous[11] avec les *royalties* provenant de l'exploitation du film en salles, sur les réseaux câblés et avec la vente des cassettes vidéos.

Pour mener ton projet à terme, tu as lancé un SOS à plusieurs célébrités de la communauté noire. Qui, exactement, parmi les Africains-Américains, a répondu?

Bill Cosby, Oprah Winfrey, «Magic» Johnson, Michael Jordan, Prince, Tracy Chapman et Janet Jackson.

1957: une des neuf étudiants qui ont mis fin à la segrégation à Central High School dans la ville de Little Rock

Pas son frère, Michael Jackson?

Hélas, non.

Pourquoi?

...Ne m'ont aidé que ceux qui le désiraient.

Betty Shabbaz, la veuve de Malcolm X, a-t-elle aimé le film?

Elle l'a adoré. Elle a d'ailleurs collaboré à sa réalisation.

Connais-tu ce mec[12] (je lui montre l'interview de Kwame Touré publiée dans *Jeune Afrique* n° 1670)?

Bien sûr, c'est Kwame Touré...

Voici ce qu'il dit de toi: «Spike Lee est un petit-bourgeois[13] qui a fait le choix de vendre son peuple pour une poignée de dollars. Il ne peut filmer un révolutionnaire comme Malcolm X... »

A-t-il au moins vu mon film? Je suis persuadé que non. Je regrette qu'il profère des propos aussi sentencieux,[14] d'autant plus que je ne vois aucune relation entre le fait d'être un petit-bourgeois et celui de bien raconter la vie de Malcolm X.

Te considères-tu comme un révolutionnaire... ?

C'est facile de mettre des étiquettes. Je fais des films. Rien de plus.

---

[11](*fam.*) argent   [12](*pop.*) homme   [13]est... *comes from the middle class*   [14]dogmatiques

Un dernier adieu à Malcolm X, assassiné en février, 1965, à Harlem

Assumes-tu,[15] **malgré tout, le combat de Kwame Touré pour la libération des Africains-Américains?**
Bien sûr, mais il est devenu, depuis longtemps, un ancien combattant.[16]

Il est retourné à ses racines...
(Dubitatif) C'est vrai! Chacun a sa façon d'aider la mère patrie.

Tu connais l'Afrique?
J'y ai été à deux reprises. Une fois, au Sénégal, pour apporter ma collaboration à Youssou Ndour. Je l'avais entendu pour la première fois, il y a quelques années, au cours d'une tournée mondiale organisée par Amnesty International avec Peter Gabriel, Sting, Tracy Chapman. Je suis retourné en Afrique, en Egypte et en Afrique du Sud, l'année dernière, pour y tourner certaines séquences de *Malcolm X*.

A la fin du film, on voit Nelson Mandela en instituteur dans une école de Soweto. Pourquoi avoir ajouté cette séquence, alors que Malcolm X n'a jamais mis les pieds en Afrique du Sud?
C'est pour établir un lien entre Harlem et Soweto, entre les idées que défendait Malcolm X et le combat que mènent les Sud-Africains contre l'apartheid.

Il paraît que Mandela a refusé de lire un texte comme vous le lui demandiez...
Cela n'est pas tout à fait exact. Il a accepté de lire dans le film un texte tiré de *Malcolm Speeches,* les discours de Malcolm X, mais il y avait quatre mots qu'il n'a pas voulu prononcer: *By any means necessary* (par tous les moyens nécessaires). Vu le contexte de son pays, il avait peur que ce soit mal pris.

Y a-t-il, au sein de la communauté noire, un leader que tu admires plus que tout autre?
Ils sont nombreux, de Jesse Jackson à Louis Farrakhan, mais aucun d'eux n'a la stature de Malcolm X. ◼

extrait de *Jeune Afrique*

---

[15]Assumes... *Are you taking upon yourself*   [16]il... *it's a long time since he's been an active fighter*

AVEZ-VOUS COMPRIS?

A. Vrai ou faux? Si la phrase est fausse, corrigez-la. (A noter: Malcolm X = l'homme, *Malcolm X* = le film.)

1. Malcolm X a donné une conférence à Paris douze jours avant sa mort.
2. Selon Spike Lee, Malcolm X s'intéressait seulement à la libération des Africains-Américains.
3. Spike Lee a voyagé avec Malcolm X.
4. Martin Luther King, Jr. et Malcolm X avaient le même objectif global, d'après Spike Lee.
5. Selon Spike Lee, Malcolm X est un héros aux yeux de la plupart des Africains-Américains aujourd'hui.
6. Le but du film de Spike Lee était de nommer les assassins de Malcolm X.
7. *Malcolm X* a été bien reçu aux Etats-Unis.

B. Analyse. Répondez brièvement aux questions suivantes.

1. Qui est Spike Lee? En quoi est-ce que *Malcolm X* est différent de ses autres œuvres?
2. Selon Spike Lee, quel est le message de Malcolm X?
3. Selon Kwame Touré, pourquoi est-ce que Lee a tourné ce film? Qu'en dit Spike Lee?
4. Qui est Nelson Mandela? Pourquoi est-ce que Spike Lee lui a demandé de jouer un rôle dans son film?
5. Parmi toutes les réponses de Spike Lee, y en a-t-il qui vous surprennent? Pourquoi (pas)?
6. Si vous pouviez parler avec ce réalisateur, quelle(s) question(s) voudriez-vous lui poser?

A. Cinéma et politique. Mettez-vous à trois pour parler des leaders mentionnés dans l'interview avec Spike Lee. Trouvez dans la liste suivante cinq expressions que vous associez avec chacun de ces personnages et dites pourquoi.

l'apartheid (*m.*)	l'islam / le christianisme
l'autodétermination (*f.*)	la (non-)violence
changer le cours de l'histoire	le prix Nobel de la paix
le communisme	les qualités de chef
la déségrégation	le racisme
la désobéissance civile	le rêve
des discours inspirants	la révolution
les droits civils	le succès
l'égalité (*f.*)	?

B. Un film à thèse. Vous faites des préparatifs pour tourner un film sur des personnages ou des événements politiques. Faites un résumé de l'intrigue en mentionnant quels acteurs ou actrices vous imaginez dans les rôles principaux, puis lisez-le au reste de la classe sans dévoiler le nom des personnages concernés. Vos partenaires vont essayer de deviner le thème de votre film.

A votre avis, quel est le meilleur préambule pour une discussion sur la politique? Un film? un roman? un reportage à la télévision? Justifiez votre réponse.

6. Sondage. Le sondage suivant révèle les opinions des Français en ce qui concerne les films américains et français. Lisez les résultats, puis répondez aux questions suivantes.

Cinéma français: réflexion, rire, émotion

86% des Français estiment que le cinéma français réussit mieux dans la réflexion que le cinéma américain (9% de l'avis contraire).

74% estiment qu'il réussit mieux dans le rire (23% de l'avis contraire), 68% dans l'émotion (28% de l'avis contraire).

85% pensent que le cinéma américain réussit mieux dans l'action que le cinéma français (14% de l'avis contraire), 85% dans le suspense (18% de l'avis contraire).

Enfin, les avis sont partagés en ce qui concerne la séduction (50% pour le cinéma français, 45% pour le cinéma américain) et le rêve (46% contre 48%).

1. Selon le sondage, dans quel(s) domaine(s) est-ce que le cinéma français réussit le mieux? et le cinéma américain?
2. Pour quelles sortes de film le cinéma américain et le cinéma français ont-ils approximativement le même succès?
3. Ecrivez les noms de trois ou quatre bons films que vous avez vus récemment. Puis comparez vos choix avec ceux de trois autres étudiants. Aimez-vous les mêmes genres de film? Expliquez.
4. Pourquoi allez-vous au cinéma? Quand choisissez-vous des films qui vous font réfléchir? qui vous divertissent? Comparez vos réponses avec celles de vos partenaires.

Echos

A. Qu'en pensez-vous? Traitez par oral ou par écrit de l'un des sujets suivants.

1. **Influences.** Connaissez-vous l'orientation politique des célébrités ou des artistes que vous admirez? Pourquoi (pas)? Quelles vedettes de votre pays apportent leur soutien à un parti ou à une cause? Nommez-en deux ou trois. Est-ce que vos valeurs, vos choix politiques ou votre mode de vie pourraient être influencés par une célébrité? Expliquez.
2. **Le cinéma et vous.** Selon les Français, la personne la plus importante d'un film est le réalisateur ou la réalisatrice. Sa vision du monde ou de

son pays dans le film compte beaucoup plus que le talent de l'acteur principal. Qu'est-ce qui vous intéresse le plus au cinéma? Les vedettes? l'intrigue? les rôles féminins? la technologie? les réalisateurs? Expliquez. Quel est l'aspect le plus négatif de l'industrie du cinéma? La violence? les salaires exagérés? la superficialité? Commentez.

B. Etes-vous d'accord? Discutez les opinions ci-dessous avec un(e) partenaire. Justifiez vos réponses.

1. On va au cinéma pour se détendre et non pour réfléchir.
2. En ce qui concerne les loisirs dans mon pays, le sport est plus apprécié que les sorties culturelles.
3. La plupart des films à grand succès sont faits pour les jeunes.
4. Il faut apprendre aux enfants à apprécier la musique dès l'école primaire.
5. La télévision doit diffuser des émissions culturelles accessibles aux enfants.
6. La plupart des films de Hollywood sont de qualité médiocre.
7. D'habitude, deux générations successives n'aiment pas la même musique.

La Promenade des
Anglais à Nice, aux
portes de l'Afrique

SPORTS ET SANTE

Une enquête indique que les Français, qui riaient dix-neuf minutes par jour en 1939, ne rient plus aujourd'hui que cinq minutes par jour. Anecdote ou symptôme révélateur? Les deux lectures du chapitre suggèrent que la vie est devenue plus sérieuse pour la majorité des Français. La première aborde la question du rôle du sport dans la société contemporaine. La seconde nous fait part des résultats d'un sondage sur l'état du bonheur en France. Et vous, êtes-vous heureux (heureuse)? Trouvez-vous que vous avez plus de chance que vos parents quand ils avaient votre âge? Pourquoi? Et lorsque vous vous sentez stressé(e), que faites-vous pour vous détendre? Selon vous, le sport est-il un moyen de détente ou est-ce une discipline qui doit être pratiquée de façon très rigoureuse? Si ces thèmes vous intriguent, poursuivez la lecture. A vos marques... Prêts... Partez!

Sport: l'homme sans limites

Mise en route

Using the dictionary. Sometimes you cannot figure out the meaning of a new word without going to the dictionary. As simple as it may seem, using a French-English dictionary can be tricky. It is common to find several English equivalents for the word you are looking up. Or the word may be part of an idiomatic or fixed expression. The following steps will make your search easier:

1. Figure out the part of speech (**partie du discours**) of your mystery word. If it is a verb, what is the infinitive? (The dictionary lists only infinitives.) If you're not sure, check the verb charts at the back of your grammar text. If the word is an adjective, figure out what noun it refers to.
2. Familiarize yourself with the symbols and abbreviations used in your dictionary. They are usually listed at the beginning. Pay particular attention to the abbreviations for the parts of speech (**adv. = adverbe; n.f. = nom féminin;** etc.)
3. Look carefully at the context in which your word appears. This will limit the possible meanings you find in the dictionary.
4. Look through all the translations given before settling on one. If you can't find the word as it is used in your context, check surrounding

words. Sometimes a word will be represented by another member of its word family (**un café refroidi** from **refroidir** [*to cool off*]).

Mots nouveaux. En vous aidant de l'extrait du dictionnaire à gauche, répondez aux questions avec un(e) partenaire.

MOULIN [mulɛ̃] n. m. (lat. *molinum; de mola,* meule). Machine à moudre le grain, à piler, à pulvériser certaines matières ou à en exprimer le suc, etc. : *moulin à huile.* ‖ Edifice où cette machine est installée : *moulin à vent.* ● *Moulin à café, à poivre,* petit moulin pour moudre le café, le poivre. ‖ *Moulin à paroles,* personne bavarde.
MOULINAGE n. m. Opération de consolidation de la soie grège, consistant à réunir et à tordre ensemble plusieurs fils.
MOULINER [muline] v. t. Faire subir le moulinage à la soie grège.
MOULINET [mulinɛ] n. m. Tourniquet que l'on place à l'entrée de certains chemins dont l'accès est réservé aux piétons. ‖ Appareil servant à mesurer la vitesse des cours d'eau. ‖ Sorte de bobine fixée au manche d'une canne à pêche, et sur laquelle s'enroule la ligne. ● *Faire le moulinet,* donner à un bâton, à une épée, etc., un mouvement de rotation rapide.
MOULINEUR, EUSE ou **MOULINIER, ÈRE** n. Ouvrier, ouvrière transformant en fil, par doublage et torsion, la matière textile.
MOULT [mult] adv. (lat. *multum*). Beaucoup, très (vx).
MOULU [muly], E adj. (de *moudre*). Rompu, brisé de fatigue : *avoir le corps moulu.* ● *Or moulu,* or réduit en poudre, employé au XVIIIᵉ s. pour la dorure des métaux.
MOULURE [mulyr] n. f. (de *mouler*). Saillie faisant partie d'une ornementation de serrurerie, d'architecture, d'ébénisterie, etc.
MOULURER v. t. Orner d'une moulure.
MOURANT, E adj. et n. Qui se meurt; qui va mourir. ‖ — Adj. *Fig.* Languissant : *regards mourants.* ● *Voix mourante,* voix langoureuse et traînante.
MOURIR [murir] v. i. (lat. *mori*) [conj. 19]. Cesser de vivre : *mourir de vieillesse.* ‖ *Par exagér.* Souffrir beaucoup de; être tourmenté par : *mourir de faim, de peur.* ‖ En parlant des choses, cesser d'être : *la gelée a fait mourir ces fleurs.* ‖ — *Fig.* Cesser d'exister, disparaître : *les empires naissent et meurent.* ‖ Finir peu à peu, s'affaiblir : *les vagues venaient mourir sur la grève.* ● *Mourir de sa belle mort,* mourir de mort naturelle et non de mort accidentelle ou violente. ‖ *Mourir de peur,* éprouver une peur extrême. ‖ *Mourir de rire,* rire aux éclats. ‖ — **Se mourir** v. pr. Etre près de mourir. ‖ S'éteindre, disparaître.

1. Mettez un cercle autour de tous les noms (substantifs) que vous voyez.

   Combien sont masculins? _____ féminins? _____

2. Combien de catégories de mots y a-t-il? Nommez-les.

   _____

3. Quelle est la définition des mots indiqués dans la phrase suivante? «**Je meurs** si je vous perds, mais **je meurs** si j'attends.» (Racine)

   a. Je cesse de vivre. **b.** Je souffre beaucoup. **c.** Je disparais.

4. Cochez parmi les définitions du mot *moulin* celle qui lui correspond dans le contexte suivant. «Ma cousine et son mari habitaient un vieux **moulin** quand ils étaient très jeunes.»

5. Sans consulter le dictionnaire, dites à quelle catégorie de mots appartient **moulinet** dans le contexte suivant: «Il faisait de grands **moulinets** avec sa canne pour éloigner son adversaire.»

   a. C'est un pronom. **b.** C'est un nom. **c.** C'est un adjectif.

   Que veut dire **moulinet** dans la phrase précédante?

   _____

Un jour de loisir, c'est un jour d'immortalité.

Proverbe

Mots et expressions

(s')améliorer to improve
battre to beat
le centre des sports et des loisirs recreation center
courir to run
le défi challenge
s'entraîner to train, to practice

s'entretenir to stay in shape
faire concurrence à quelqu'un to compete with someone
pratiquer un sport to engage in a sport
la pression pressure
la recherche research

A. Associations. Indiquez avec quels termes vous associez les personnes suivantes.

1. les champions olympiques
2. les sportifs moyens
3. vous
4. les entraîneurs
5. les scientifiques

B. Endroits. Où faut-il aller pour faire les activités suivantes? Précisez un lieu sur le campus ou dans votre ville.

1. pour courir
2. pour s'entretenir
3. pour faire du tennis
4. pour nager
5. pour voir une équipe sportive battre ses adversaires

Sport: l'homme sans limites

Toujours plus, toujours mieux! Pour gagner quelques secondes, quelques centimètres, les sportifs sont prêts à tout. Même à modifier leur physique et leur mental. Dans les labos, scientifiques et psychologues ont parfois tendance à se prendre pour des Dr Mabuse.[1] Jusqu'où iront-ils?

«Citius, altius, fortius».[2] Plus vite, plus haut, plus fort... Depuis la fin du XIXe siècle et la rénovation des Jeux olympiques par le baron Pierre de Coubertin, une loi régit le sport moderne: toujours plus, toujours mieux. Grignoter[3] des secondes, des centimètres. Le Moyen Age a inventé l'horloge[4] mécanique et ainsi discipliné le temps. Aujourd'hui, c'est le syndrome du record—il occupera encore tous les esprits pendant les 22e Jeux olympiques. Plus de 15 000 sportifs vont tenter de dépasser leurs limites. Quelques autres essaieront d'aller au-delà des «limites naturelles». Mais jusqu'où iront les champions? D'ailleurs, ces limites, existent-elles vraiment?

«Les limites humaines seront un jour dépassées grâce aux apports de la technologie.»

[1]un supercriminel fictif qui préparait scientifiquement ses mauvaises actions avant de les exécuter   [2][le slogan des Jeux olympiques]
[3]*To eat away*   [4]*clock*

Le stade, la piscine ou le gymnase sont devenus des centres de recherche. Les sportifs de haut niveau se gavent[5] à la haute technologie. Avec un masque à oxygène sur le visage ou un casque-caméra sur la tête. Et, sur le bord des pistes ou des bassins, on teste. On mesure. Tout. Toujours. Le potentiel métabolique. La consommation maximale d'oxygène. La vitesse d'impulsion. L'amplitude de la foulée.[6] Pour Eric Jousselin, responsable du service médical de l'Insep,[7] on peut aussi évaluer très précisément la vitesse d'une course d'entraînement sur un tapis roulant en mesurant directement le taux d'acide lactique dans le sang. Des escrimeurs[8] répètent leurs coups[9] favoris sur l'Arvimex, un panneau métallique hexagonal portant six petites cibles[10] circulaires munies d'une ampoule en leur centre: dès que l'une s'allume, l'athlète doit la toucher. Et un ordinateur calcule son temps de réaction...

L'évolution du matériel et de la technique est aussi directement liée à la haute technologie. Aujourd'hui, le moindre geste sportif est décortiqué, décomposé, analysé par les ordinateurs des scientifiques. Ainsi, lorsqu'un nouveau geste, une nouvelle technique apparaissent sur le stade, dans le gymnase ou la piscine, ils ne doivent rien au hasard. Mieux: les entraîneurs, pour la plupart, réclament[11] aujourd'hui cette aide des scientifiques. A preuve, les mots de Jacques Piasenta, l'entraîneur de Marie-José Pérec (championne du monde du 400 m): «Cette collaboration est indispensable. Les scientifiques repoussent sans cesse les limites de l'exploit en apportant un petit plus.»

Hier, on sautait avec une perche en bambou (record du monde en 1932: 4,31 m), puis en Duralumin; aujourd'hui, elle est en fibre de verre, et l'Ukrainien Serguéï Bubka passe 6,10 mètres... Catégorique, un chercheur au laboratoire d'anthropologie du CNRS[12] affirme: «Les limites humaines seront un jour dépassées grâce aux apports de la technologie.»

«Les performances vont continuer de s'améliorer, explique Christian Plaziat, champion d'Europe du décathlon. Parce que c'est dans la nature de l'homme de se dépasser.» Des éléments connus et maîtrisés expliquent, en partie, ces progrès constants: l'évolution naturelle du corps humain (en 1948, le Français mesurait en moyenne 1,68 m; aujourd'hui, il mesure 1,76 m, et il se hissera[13] dans les prochaines années à 1,85 m), de meilleures installations et conditions d'entraînement, un meilleur matériel, une meilleure hygiène de vie et même... un meilleur dopage! Le corps du champion, lui, n'a plus rien de commun avec celui de M. Tout-le-Monde. Dans les laboratoires toujours voisins des stades et des gymnases, on a mis au point les méthodes destinées à modifier la nature même de tout individu participant à une compétition sportive. De l'homme, on veut faire un surhomme. Qui ne connaisse aucune limite.

L'entraînement

Un bâtiment ordinaire en brique rouge à l'Insep, au cœur du bois de Vincennes. Des hommes et des femmes s'affairent[14] devant des ordinateurs. Ils sont biomécaniciens, physiciens, ingénieurs ou biologistes. Les scientifiques se sont mis au service du sport. Pour innover. Pour mettre l'athlète en situation de dépassement permanent de soi. «Dans un passé récent, explique l'un d'eux, le sportif s'entraînait de façon empirique au maximum deux heures par jour, et les compétences de son entraîneur n'étaient pas toujours évidentes. Aujourd'hui, au stade ou dans la piscine, il passe de sept à huit heures, six jours sur sept!»

---

[5]se... *stuff themselves full* [6]*stride* [7]Institut national des sports et de l'éducation physique [8]*fencers* [9]*thrusts* [10]*targets* [11]demandent [12]Centre national de la recherche scientifique [13]*will rise* [14]*are busy*

Le dopage

«Le sport-spectacle pousse les athlètes à recourir au dopage, confie le décathlonien Christian Plaziat. A présent, le dopage est partout. Pour l'éliminer, il faudrait que les pouvoirs publics et le milieu sportif aient le courage de prendre des mesures draconiennes. En rendant les contrôles obligatoires tout au long de l'année, par exemple.»

Au nom de la recherche et du progrès, des régimes politiques (telle l'ex-RDA[15]) ou des individus ne craignent pas d'utiliser le dopage, l'«arme fatale», pour mener l'homme au-delà de[16] ses limites. Pour quelques médailles de plus, on modèle, on façonne,[17] mais on casse aussi des corps humains—machines performantes, mais terriblement fragiles.

La psychologie

A la fin des années 70, un chercheur américain, le Dr Henry Ryder, explique que «la barrière à une amélioration des records est plus psychologique que physiologique». Parce que le geste sportif est sous l'étroite dépendance du cerveau.[18] Donc, très vite, les psychologues ont travaillé avec les sportifs. Leur idée fixe: attaquer l'angoisse, l'«ennemi juré de tout athlète». En 1989, à Montpellier, a été créé le Centre de psychologie sportive (CPS). Depuis son ouverture, 300 athlètes s'y sont confessés aux psychanalystes et aux psychiatres; ils leur racontent tout: sensations physiques, plaisir ou ennui ressenti à l'entraînement, vie amoureuse, liens avec l'entourage sportif et familial...

Mais, déjà, psychiatrie et psychanalyse sont dépassées.[19] En effet, pour amener le sportif à se transcender, deux nouvelles techniques: la première s'inspire de diverses méthodes de concentration et de relaxation, d'origine orientale—

«Plus vite, plus haut, plus fort...»

dont la «focalisation», qui conduit l'athlète à retourner vers lui son attention (adversaires et public n'existent plus); la seconde, en pointe aux Etats-Unis et depuis peu en Europe de l'Ouest, est appelée «programmation neurolinguistique» (PNL). L'objectif: permettre à l'athlète d'entretenir les meilleurs rapports possibles avec ses adversaires et son entourage. La méthode: apprendre à analyser leurs discours, leurs comportements et installer ainsi une meilleure communication. Parce que «remporter la victoire n'est pas toujours facile à assumer, explique Françoise Champiroux, psychothérapeute à la Clinique des sports, à Paris. Certains culpabilisent,[20] d'autres ne veulent pas devenir l'homme à abattre...[21]».

Les manipulations

«En 2054, un homme courra le 1 500 mètres en 3' 21"», annonce fièrement Jay T. Kierney, physiologiste et responsable de la commission médicale de l'Usoc, le Comité national olympique américain. Pourtant, il refuse de préciser quel type d'athlète battra ce record. Le sportif ressemblera-t-il encore à un humain? C'est la grande

[15]République Démocratique Allemande   [16]au-delà... *beyond*   [17]*shapes, molds*   [18]*brain*   [19]sont... *are becoming obsolete*   [20]*feel guilty*
[21]à... *to take down*

énigme du sport des prochaines années, du XXIᵉ siècle même. Jusqu'où l'homme peut-il aller? A-t-il des limites naturelles? Sont-elles physiques, psychiques? Des questions qui en amènent une autre: existe-t-il un représentant standard de l'espèce[22]? L'haltérophile[23] superlourd, le boxeur poids plume ou la basketteuse géante? Jusqu'alors, des scientifiques ont travaillé dans les laboratoires américains, allemands, britanniques ou français sur le dopage biochimique ou électrique et sur le conditionnement de l'athlète, pour mieux le mener vers les «limites humaines». Mais, dans le même temps et dans le plus grand secret, d'autres chercheurs tentent de répondre à LA question, la seule: faut-il et peut-on fabriquer des individus adaptés au sport, façon Aldous Huxley dans «Le Meilleur des mondes»[24]? La réponse tient en deux mots: multiplication cellulaire. Autrement dit, manipulation génétique. Là, on plonge dans l'anticipation. L'horreur de la science-fiction, prétendent d'autres, qui évoquent le frisson[25] du futur...

N'empêche! Depuis une quinzaine d'années, un homme travaille sur la question: Claude-Louis Gallien, chercheur et professeur de biologie du développement, après avoir été l'un des meilleurs lanceurs français de disque et de marteau[26] dans les années 60. La notion même de «limite naturelle», à vrai dire, n'existe pas: le Pr Gallien explique qu'on peut fabriquer un sportif de haut niveau «en s'attaquant au fœtus. La vie n'est pas encore maîtrisable, mais c'est théoriquement possible. A partir de ces notions de biologie, il n'existe plus, à proprement parler, de limites humaines... Nous savons faire aujourd'hui des interventions sur des fœtus à des fins thérapeutiques. Si l'on oublie toute notion morale, rien n'empêche d'intervenir sur l'embryon sain en vue de l'adapter à une future tâche bien spécifique»... Techniquement, on sait à présent modifier un embryon pour lui donner des propriétés particulières. Selon les chercheurs, rien de plus simple que de fabriquer des grenouilles[27] avec 8 pattes palmées[28] au lieu de 4! Ce serait formidable pour un futur nageur...

Pourra-t-on alors encore parler de sport? «Certainement pas, murmure Claude-Louis Gallien. Il sera devenu uniquement l'affaire de mutants programmés...»

SERGE BRESSAN
abrégé de *L'Express*

---

[22]*species* [23]*weightlifter* [24]*Brave New World* [25]*shiver* [26]*hammer* [27]*frogs* [28]*pattes... webbed feet*

AVEZ-VOUS COMPRIS?

A. Sport et science. Choisissez la réponse qui complète le mieux chaque question posée.

1. Le slogan des Jeux olympiques suggère que l'homme _____.
   a. doit connaître les limites du possible
   b. a déjà battu tous les records physiques
   c. est sans limites

2. Lequel des facteurs suivants a le plus changé l'entraînement des champions de nos jours?

   a. l'entraîneur   b. les records féminins   c. la technologie

3. Laquelle des méthodes suivantes recommandent les scientifiques mentionnés dans l'article?

   a. l'utilisation du dopage
   b. l'augmentation des heures d'entraînement
   c. la manipulation génétique des champions actuels

4. Selon le Dr Henry Ryder, le plus grand obstacle auquel doivent faire face les champions est d'ordre _____.

   a. physiologique   b. mental   c. financier

5. Selon le professeur Gallien, l'être humain peut dépasser ses limites _____.

   a. grâce à la psychanalyse
   b. par la modification des fœtus
   c. grâce aux conseils des moralistes

B. **Analyse.** Répondez brièvement aux questions suivantes.

1. Qui a relancé les Jeux olympiques à la fin du 19e siècle? Quel principe gouverne ces Jeux depuis ce moment-là? Quel est le nombre approximatif de participants?
2. Qu'est-ce qui explique l'amélioration constante des performances?
3. Qui participe à l'entraînement des champions de nos jours? Quel rôle jouent ces personnes? Comment? Quelle est l'attitude des entraîneurs à leur égard (*toward them*)? Pourquoi?
4. Comparez le record du saut à la perche en 1932 avec celui d'aujourd'hui. Pourquoi un tel changement? S'agit-il de progrès technique ou humain? Expliquez.
5. D'après cet article, qui utilise le dopage? Pour quelles raisons? Quels en sont les résultats?
6. Etes-vous d'accord avec le Dr Ryder sur l'importance de la psychologie? Donnez un exemple.
7. Est-ce que les performances sportives vont encore s'améliorer, selon l'article? Pourquoi (pas)? Faut-il chercher à développer des champions parfaits? Expliquez.

A. **Les limites.** *L'homme sans limites* suggère les méthodes suivantes pour permettre aux athlètes de dépasser leurs limites actuelles. Qu'en pensez-vous? Discutez les avantages et les inconvénients de chaque méthode.

1. Si un coureur de 100 mètres veut améliorer le record actuel, il faut qu'il ou elle se dope.
2. Si les marathoniens s'entraînent encore plus, ils pourront bientôt battre le record actuel.

3. Les athlètes peuvent maîtriser leur angoisse grâce à la méditation et à une amélioration des rapports avec leurs adversaires.
4. Pour réduire son temps de réaction, l'escrimeur a besoin de l'aide des scientifiques.
5. Pour pouvoir un jour créer l'athlète idéal, on devrait intervenir sur des embryons humains en vue de les adapter à de futures tâches bien spécifiques.

B. **Les hommes et les femmes.** Selon le tableau ci-dessous, les femmes rattrapent (*are catching up with*) les hommes dans deux disciplines prestigieuses. Lisez rapidement le texte puis répondez aux questions suivantes avec un(e) partenaire.

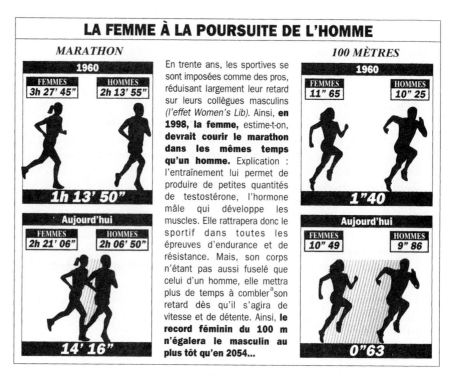

LA FEMME À LA POURSUITE DE L'HOMME

MARATHON

1960
FEMMES	HOMMES
3h 27' 45"	2h 13' 55"

1h 13' 50"

Aujourd'hui
FEMMES	HOMMES
2h 21' 06"	2h 06' 50"

14' 16"

En trente ans, les sportives se sont imposées comme des pros, réduisant largement leur retard sur leurs collègues masculins (*l'effet Women's Lib*). Ainsi, **en 1998, la femme,** estime-t-on, **devrait courir le marathon dans les mêmes temps qu'un homme.** Explication : l'entraînement lui permet de produire de petites quantités de testostérone, l'hormone mâle qui développe les muscles. Elle rattrapera donc le sportif dans toutes les épreuves d'endurance et de résistance. Mais, son corps n'étant pas aussi fuselé que celui d'un homme, elle mettra plus de temps à combler[a] son retard dès qu'il s'agira de vitesse et de détente. Ainsi, **le record féminin du 100 m n'égalera le masculin au plus tôt qu'en 2054...**

100 MÈTRES

1960
FEMMES	HOMMES
11" 65	10" 25

1"40

Aujourd'hui
FEMMES	HOMMES
10" 49	9" 86

0"63

[a] *to overcome*

1. Dans quelle discipline l'amélioration est-elle la plus spectaculaire? Pourquoi? Qu'est-ce qui explique ce progrès?
2. Selon ce texte, qu'est-ce qu'il faut pour courir un marathon? Est-ce le corps masculin ou féminin qui est le mieux adapté au marathon? et au 100 mètres? Expliquez.
3. Selon vous, est-il important qu'une femme puisse un jour faire un marathon dans les mêmes temps qu'un homme? Pourquoi (pas)?
4. Nommez un(e) ou deux athlètes que vous admirez et dites pourquoi. En général, est-ce que les champions sportifs sont aussi respectés qu'autrefois? Commentez.

Pourquoi 88% des Français se déclarent heureux

··

Mise en route

Using the dictionary (Continued from page 127). Here are some more suggestions for finding out the meaning of an unfamiliar word and getting more information about it.

5. If none of the listed meanings makes sense in context, perhaps you need to look up the entire expression rather than a single word; to do that, you must identify the key word to look up. Suppose you want to know the meaning of **la mise en scène.** If you look it up under **mise,** you may not find a meaning that makes sense in context. Under **scène,** you will find the meaning: *stagecraft, the production of a play or film.*

6. In addition to providing meanings and indicating parts of speech, a dictionary also gives etymologies and phonetic symbols (in brackets), a guide to the correct pronunciation of words.

Renseignements. Répondez aux questions en vous aidant de l'extrait du dictionnaire à droite, puis comparez vos réponses avec celles d'un(e) partenaire.

1. Trouvez un mot d'origine italienne et un mot d'origine arabe.

   _____ _____

2. Quel est le genre du nom **mousse**? _____

3. Nommez une chose qui mousse. _____

4. Que veut dire l'expression indiquée dans la phrase suivante?
   «Patrick **se fait mousser** auprès de ses supérieurs.»

   a. Il se coiffe avec de la mousse.
   b. Il demande à ses supérieurs de lui préparer une mousse au chocolat.
   c. Il exagère ses mérites devant ses supérieurs.

5. Soulignez la dernière lettre prononcée dans chacun des mots suivants:

   mousseline   moustique   mousser

MOUSSE [mus] n. m. (ital. *mozzo*). Jeune marin de quinze à seize ans.
MOUSSE n. f. (francique *mossa*). Plante formée d'un tapis de courtes tiges feuillues serrées l'une contre l'autre, vivant sur le sol, les arbres, les murs, les toits. (Les mousses appartiennent à l'embranchement des bryophytes.)
MOUSSE n. f. (du précédent). Ecume qui se forme à la surface de certains liquides. ‖ Crème fouettée parfumée au chocolat ou au café. ● *Mousse de platine*, platine spongieux, obtenu par la calcination de certains de ses sels.
MOUSSE adj. (du lat. *mutilus*, tronqué). Qui n'est pas aigu ou tranchant : *lame mousse.*
MOUSSEAU ou **MOUSSOT** [muso] adj. m. Se dit d'un pain fait avec de la farine de gruau.
MOUSSELINE [muslin] n. f. (ital. *mussolina*, tissu de Mossoul). Tissu peu serré, léger, souple et transparent : *mousseline de soie, de coton.* ‖ — Adj. inv. *Verre mousseline*, verre très fin. ‖ Se dit d'une sauce, d'une sorte de brioche légère.
MOUSSER [muse] v. i. Former, produire de la mousse : *le champagne mousse.* ● *Faire mousser quelqu'un* ou *quelque chose* (Fam.), faire valoir, vanter : *faire mousser ses amis.*
MOUSSERON [musrɔ̃] n. m. (bas lat. *mussirio*; d'orig. obscure). Champignon comestible délicat, poussant en cercle dans les prés, les clairières. (Famille des agaricacées, genre *tricholome*.)
MOUSSEUX, EUSE adj. Qui mousse : *bière mousseuse.*
MOUSSEUX n. m. Vin mousseux.
MOUSSOIR n. m. Cylindre de bois pour délayer une pâte, pour faire mousser le chocolat.
MOUSSON [musɔ̃] n. f. (arabe *mausim*, saison). Nom donné à des vents qui soufflent, surtout dans l'Asie du Sud-Est, alternativement vers la mer et vers la terre pendant plusieurs mois : *la mousson d'été est humide.*
MOUSSU, E adj. Couvert de mousse : *pierre moussue.*
MOUSTACHE [mustaʃ] n. f. (ital. *mostaccio*, empr. au gr.). Partie de la barbe qui pousse au-dessus de la lèvre. ‖ Poils longs et raides de la gueule de certains animaux : *les moustaches du chat.* (Syn. VIBRISSES.)
MOUSTACHU, E adj. et n. Qui porte une forte moustache : *soldat moustachu.* ‖ Qui a de la moustache : *une femme moustachue.*

Mots et expressions

le chômage unemployment
le comportement behavior
la crise economic recession
la croissance growth
gêner to bother

lier to tie, to link
manquer to be missing, lacking
le sida AIDS
le sondage poll, survey

APPLICATIONS **A.** **L'intrus.** Indiquez quel élément de chaque groupe ne va pas avec les autres et expliquez pourquoi.

1. le chômage, le sida, les guerres civiles, le ski
2. manquer, s'inquiéter, souffrir, s'amuser
3. le comportement, le sida, les musées, les risques
4. la croissance, le patin à glace, la consommation, l'argent
5. l'enquête, le sondage, l'amour, l'opinion publique

B. **Synonymes.** Trouvez l'équivalent des expressions suivantes.

1. troubler
2. une récession
3. mettre ensemble
4. le manque de travail
5. ne pas exister en quantité suffisante
6. l'augmentation, le développement

Pourquoi 88% des Français se déclarent heureux

Comment le bonheur de chacun peut-il résister? Crise et chômage au-dedans, guerre et fanatisme au-dehors: les nuages[1] sont noirs. Et pourtant, la joie de vivre n'a pas disparu. Nous l'avions testée en 1973, puis en 1983. Nous venons de refaire l'enquête.

Qui n'est pas inquiet? La crise[2] est là. La Bosnie agonise. Le sida sera la peste du troisième millénaire. La croissance ne crée plus d'emplois. La couche d'ozone est trouée.[3] La purification ethnique se poursuit. Les saisons elles-mêmes ne sont plus ce qu'elles étaient. Pourtant, réfléchissez. Ou plutôt ne réfléchissez pas. Fermez les yeux, posez-vous la question:

suis-je heureux? Comme neuf Français sur dix, vous répondrez oui: je ne suis pas au chômage, je n'ai pas le sida, je ne suis pas seul, merci mon Dieu!

Notre sondage aujourd'hui[4] remet pourtant tout en question. Certes, vous êtes encore 88% à vous dire heureux. La surprise est ailleurs, dans le brutal renversement[5] de tendance qui accom-

---

[1]*clouds* [2]*recession of the 90s, which lingered in Europe because of heavy government expenditures in unemployment and welfare*
[3]*est... has holes* [4]*en 1993* [5]*changement*

Un pêcheur à la ligne en Bourgogne: est-il heureux?

Mais les Français le sont moins qu'avant : 72 %

Diriez-vous que, dans l'ensemble, les Français sont plus heureux ou moins heureux qu'il y a dix ans ?

	SEPT. 1983	JUIN 1993
Plus heureux	30	15
Moins heureux	47	**72**
Ni plus ni moins heureux	21	10
Sans opinion	2	3

Le bonheur est lié à la santé : 49 % ; à l'argent : 8 %

Pour vous le bonheur est lié avant tout :

A la santé	**49**
Au fait d'avoir un emploi	32
A l'amour................................	32
A une vie dans une société juste et harmonieuse	26
A l'amitié	23
A l'argent	**8**
A la sécurité	7
Sans opinion	1

pagne la deuxième question: «Les Français sont-ils plus heureux qu'il y a dix ans?» Une énorme majorité (72%) répond non, alors qu'historiquement les Français vivent, et ils le savent, sur une pente de bien-être ascendante.[6] Après tout, le pouvoir d'achat a été multiplié par cinq en vingt ans, et le temps légal de travail, qui occupait un tiers de la vie de nos grands-pères, ne représente plus qu'un dixième de notre temps. Depuis que les sondages existent, les Français avaient toujours reconnu l'existence d'un progrès, au moins matériel, absolument indiscutable. Alors pourquoi aujourd'hui cette vision pessimiste... ?

Pour la première fois, les Français dans leur majorité ont honte d'être heureux. Ils le disent clairement. A la question: «Est-ce que le fait de savoir qu'il y a des gens beaucoup moins favori-

sés[7] que vous vous gêne?», ils sont 66% à répondre oui.

Alors, on joue profil bas.[8] Dans cette histoire du bonheur dessinée sur vingt ans, l'année 93 marque plus qu'un changement: une mutation. Les attitudes, les habitudes, les demandes, les comportements semblent avoir baissé d'un cran.[9] Les hiérarchies ne sont plus les mêmes. En 1973, 70% des personnes interrogées mettaient la santé en tête des éléments du bonheur. Elles ne sont plus que 49% à lui accorder la priorité

[6]pente... *slope of increasing well-being*   [7]beaucoup... *with considerably fewer advantages*   [8]*low*   [9]baissé... *slipped a notch*

en 1993. Le fait d'avoir un emploi, qui venait en cinquième position en 1973 et en 1983, arrive au deuxième rang en 1993. Ce qui ne peut étonner. Mais, curieusement, l'argent a perdu quelque peu son prestige. Ou son utilité. Comment interpréter le fait que le manque d'argent, qui était un réel obstacle au bonheur en 1973 (pour 31% des sondés), n'apparaisse plus en 1993 comme une gêne[10] que pour 20% des Français?

Peut-être faut-il voir là l'un des signes de cette mutation qui s'annonce. Toutes les études, tous les sondages et de multiples interviews le prouvent: le comportement des Français a changé face à l'argent et à son utilisation. De nouvelles règles modifient complètement la consommation. On achète moins. Même chose pour le rapport au temps, aux loisirs, aux vacances. Les quatre semaines de vacances retenues six mois à l'avance au Club Med avec femme et enfants sont découpées en petits sauts[11] de quatre à cinq jours, décidés la veille,[12] sur des impulsions. On part moins loin, moins cher, moins longtemps. Avec d'autres désirs.

Le culte de l'extrême s'efface devant les bonheurs simples. «Nos grands succès? Le golf, le vélo, le cerf-volant[13] pour les adultes et aussi... apprendre à conduire un orchestre», avoue Constance Nora, directrice des relations extérieures de Club Med. On cherche un bonheur «chargé de sens», peut-être, mais discret[14] avant tout.

Piano, piano[15]... La pub,[16] elle aussi, a mis un bémol.[17] «Gardons le goût des choses simples», annonce Herta sous la photo d'un gros œuf à la coque[18] au jaune dégoulinant.[19] «Le bonheur n'existe pas, il n'y a que des instants de bonheur, dit Daniel, 50 ans. Par exemple, je traverse la place Vendôme un bel après-midi et tout à coup je me dis: "Mais c'est bien... C'est

ça, être heureux."» «Je me contente de peu parce que je ne veux pas souffrir inutilement. Tout est tellement fugitif... », dit Béatrice.

C'est clair, être heureux aujourd'hui consiste à accumuler beaucoup de petits bonheurs portatifs, légers, accessibles. Peut-être parce que le grand, le vrai bonheur semble désormais[20] inaccessible? Le rêve subsiste pourtant. Quand on demande aux Français ce qui, personnellement, leur manque le plus pour être parfaitement heureux—le «parfaitement» a ici son importance—, ils donnent leur tiercé gagnant: le voyage, l'argent et le temps. Echapper à la grisaille[21] et à la sinistrose ambiante[22] est devenu le désir secret, le souhait qu'on n'ose[23] pas trop exprimer publiquement. En France, mais aussi en Grande-Bretagne, où, selon un récent sondage, 40% des Britanniques affirment qu'ils émigreraient s'ils en avaient la possibilité! Nous n'en sommes pas là[24] en France, où nous avons, Dieu soit loué, la ressource de retrouver nos beaux paysages déclinés dans les magazines en couleurs, où nous reste la possibilité réaffirmée de joindre au tourisme vert[25] les joies de la gastronomie bien de chez nous. «La chèvre doit brouter[26] où elle est attachée», disait ma grand-mère. Le grand voyage sera pour l'après-crise, si après-crise il y a.

Rien n'est moins sûr, et la recherche du bonheur quand même amène les Français à se poser d'importantes questions. Sur leur avenir, d'abord. Comme le dit René Maunoury, président du Sénat: «Pendant vingt ans, le bonheur a été assimilé[27] au travail, au rendement,[28] aux loisirs qu'il fallait mériter. Si on avait réfléchi un peu, on aurait constaté que la croissance n'était pas sans limites, qu'assimiler le bonheur au travail et à l'argent gagné nous conduirait dans le mur. Nous y sommes... Le bonheur ne sera possible que si on invente d'autres priorités que matérielles, d'autres comportements, une autre

---

[10]*inconvenience* [11]*jaunts* [12]*the day before* [13]*kite flying* [14]*unassuming, quiet* [15]Piano... Doucement, doucement [16]*publicité*
[17]*a... has been toned down* [18]*œuf... boiled egg* [19]*runny* [20]*from now on* [21]*depressing atmosphere* [22]sinistrose... *pervasive pessimism*
[23]*dare* [24]Nous... *We haven't yet reached that point* [25]*environmentally conscious* [26]*graze* [27]*tied* [28]*profit*

organisation de la société.» Le problème est posé, les solutions restent à trouver. Elles s'appellent peut-être partage[29] du travail, temps libre, troisième révolution industrielle.

Vous direz que nous sommes loin du bonheur. Pas du tout, puisque ce qui nous empêche[30] aujourd'hui d'être heureux, c'est précisément la crainte du chômage, avec tout le non-dit qui l'accompagne. Ecoutez Jacques Ozouf: «Les Français sont de plus en plus nombreux à penser que le bonheur, ce n'est pas seulement accroître[31] ses possessions; mais mener une vie moins absurdement dévorée par le travail; nouer[32] avec les autres des relations moins hâtives;[33] échapper à la compétition sociale; atténuer les nuisances[34] de la vie moderne; protéger l'environnement; réduire les inégalités sociales. Ces Français-là ont-ils pris conscience du conflit de leurs aspirations toutes neuves avec la vieille politique de croissance?»

C'était il y a vingt ans. Vingt ans, juste le temps qu'il faut pour que les problèmes mûrissent et[35] que les vraies questions soient enfin posées.

JOSETTE ALIA
(AVEC GWENAELLE AUBRY)
abrégé du *Nouvel Observateur*

Des écoliers au Palais de Justice de Rouen: une sortie culturelle

---

[29] *sharing* [30] *prevents* [31] *increasing the number of* [32] *establishing* [33] *hurried* [34] *harmful effects*
[35] mûrissent... se développent suffisamment pour

A. Vrai ou faux? Décidez si les phrases suivantes sont vraies ou fausses. Ensuite soulignez dans le texte les expressions ou les phrases qui confirment vos réponses.

1. La France doit faire face à plusieurs problèmes difficiles aujourd'hui.
2. Les Français sont plus heureux actuellement qu'il y a 20 ans.
3. L'argent est devenu moins important pour la plupart des Français.
4. Pour les Français, le chômage est un problème plus menaçant qu'en 1973.
5. La façon dont les Français passent leurs vacances n'a pas changé depuis cent ans.
6. Les Français veulent émigrer en Grande-Bretagne.
7. Les Français ne croient plus au bonheur.

B. Analyse. Répondez brièvement aux questions, qui suivent l'organisation du texte.

1. Quel pourcentage des Français se disent heureux de nos jours? Selon le sondage, est-ce que les Français sont plus heureux qu'il y a dix ans?
2. Les conditions de vie (heures de travail, pouvoir d'achat, etc.) sont-elles meilleures ou pires qu'il y a vingt ans?
3. Selon René Maunoury, qu'est-ce qui a rendu les Français heureux de 1973 à 1993? Est-ce que ce système marche toujours? Pourquoi? Qu'est-ce qui a changé? Qu'est-ce qui rendra le bonheur possible à l'avenir, selon Maunoury?
4. Qu'est-ce qui semble empêcher les Français d'être heureux actuellement?
5. Le bonheur, qu'est-ce que c'est pour les Français de nos jours? Et vous, qu'est-ce qui vous rend heureux/heureuse? Avez-vous les mêmes priorités que les Français? Expliquez.

A DISCUTER

Le bonheur. Basez-vous sur le tableau à droite pour répondre avec un(e) partenaire aux questions qui suivent. Comparez alors vos réponses avec celles des autres étudiants.

Ah, si nous pouvions voyager ! 37 %	
Vous personnellement, qu'est-ce qui vous manque le plus pour être parfaitement heureux ?	
La possibilité de voyager davantage	**37**
De l'argent	33
Du temps	26
Une vie de couple	14
Un travail qui vous intéresse	13
Un cadre de vie agréable	12
Un travail régulier	11
Des enfants	10
L'amour	10
Des amis	8
Un meilleur logement	7
La possibilité de faire du sport	6
Sans opinion	14

1. Si l'on vous avait posé la même question, auriez-vous répondu exactement comme les Français? Si oui, commentez votre réponse. Si non, auriez-vous changé les réponses ou leur ordre d'importance? Expliquez.
2. Selon l'article précédent, la notion de bonheur ne devrait plus dépendre du travail, du profit, du fait que les loisirs se méritent et du progrès matériel. Selon certains Français, c'est plutôt en diminuant les inégalités sociales, en donnant moins d'importance au travail et davantage aux rapports avec les autres qu'on connaîtrait le bonheur. Qu'en pensez-vous?

Quel est le secret du bonheur, selon vous? Qu'est-ce qui vous rend le plus heureux / la plus heureuse?

3. Qui n'est pas heureux dans votre pays? Qu'est-ce qui manque à ces personnes? Qu'est-ce qui améliorerait leur vie? Des emplois? des aides du gouvernement? une meilleure éducation? autre chose?

4. Quelles sont les trois premières priorités de votre société? La famille et les amis? le travail? les biens matériels? l'éducation? autre chose? Est-il temps de repenser ces priorités?

5. Est-ce que vous serez plus heureux/heureuse dans vingt ans? Justifiez votre réponse.

Echos

A. Qu'en pensez-vous? Traitez par oral ou par écrit de l'un des sujets suivants.

1. **La concurrence.** Dans quels domaines de la vie voyez-vous de la concurrence? Les notions de compétitivité et de concurrence vous semblent-elles plus considérables dans le domaine professionnel, personnel, politique ou scolaire? Expliquez. Quels sont les avantages de la concurrence selon vous? et ses inconvénients? S'il y avait moins de concurrence, est-ce que votre vie serait plus agréable? Pourquoi (pas)? Quels sont les prix (de littérature, cinéma, musique, sport, etc.) les plus prestigieux dans votre pays? Est-ce que c'est toujours le meilleur qui gagne? Justifiez votre réponse.

2. **Les loisirs.** Autrefois, il fallait mériter le repos. D'abord, on travaillait, on gagnait sa vie à la sueur de son front pour avoir droit plus tard au loisir. On devait en premier lieu s'occuper de sa famille, de son travail, de son pays, et enfin, de soi-même s'il restait du temps et de l'énergie. Cette idée de mérite vous semble-t-elle juste? Ou considérez-vous le loisir comme un droit fondamental? ou un privilège? Expliquez. Est-ce que ce sont vos obligations ou vos passions qui déterminent la façon dont vous vivez votre vie? Pourquoi?

B. Etes-vous d'accord? Dites si vous êtes d'accord ou non avec les idées suivantes. Justifiez vos réponses.

1. Un(e) champion(ne) doit faire d'énormes sacrifices pour réussir dans son sport.
2. Les champions ont autant de courage que les héros.
3. Pour mener une vie intéressante, il faut courir certains risques.
4. Un jour, les femmes feront tout ce que font les hommes dans le domaine de sport.
5. En général, les athlètes célèbres sont d'excellents modèles pour les jeunes.
6. Les hommes ont mieux à faire que d'être heureux.
7. L'argent peut procurer le bonheur.
8. Le bien-être individuel est incompatible avec le bien-être de la société.

Au Maroc: de délicieux
fruits et légumes

LE FRANCAIS
DANS LE MONDE

CHAPITRE 10

> **L**es yeux de l'étranger voient plus clair.
>
> Proverbe anglais

Au début de la Deuxième Guerre mondiale, la France était la seconde puissance coloniale dans le monde. Cet empire s'est effondré après la guerre, mais le français est encore parlé dans de nombreux pays. Les pays du Maghreb (le Maroc, l'Algérie, la Tunisie) en font partie. Comme la France continue d'occuper une place importante dans l'économie de ces pays et que de nombreux Maghrébins ont émigré en France, cette partie de l'Afrique reste une préoccupation de la France à différents niveaux. Les articles de ce chapitre traitent de deux pays du Maghreb. Le premier passage traite d'un petit film réalisé par un Marocain sur l'expérience d'un petit garçon marocain vivant en France. Le deuxième extrait est un compte rendu des journées d'une Algérienne pendant une période troublée par les différences qui opposent le gouvernement algérien aux extrémistes islamistes. Pour mieux comprendre, continuez à lire!

Fraîcheur et authenticité

Mise en route

Simplifying complex sentences. Here are steps to keep in mind when reading complex sentences.

1. Identify the main parts of the sentence. Look for verbs, then find the subject of each one.

2. One way to find the main parts of a sentence (subject, verb, object) is to eliminate the nonessential parts. Prepositional phrases and subordinate clauses are easy to recognize.

Prepositional phrases are always introduced by a preposition—such as **à côté de, dans, pour,** and so on—followed by a noun or pronoun, which is the object (**complément**) of the preposition.

à côté de moi
dans la classe de français
pour trois personnes

Subordinate clauses begin with markers such as **à laquelle, dont, duquel, où, quand, que, qui,** and so on. These clauses contain a subject and a verb, but are *subordinate* because they don't express the main idea(s) of the sentence.

l'hôtel dont tu m'as parlé
le monsieur qui habite en France

In the following sentence from the chapter reading, we have put the dependent clause (**proposition subordonnée**) in italics, and underlined the prepositional phrases. What is the main clause (**proposition principale**) in this sentence?

Au moment où, <u>en France,</u> *le débat* <u>autour de l'immigration</u> *prend une tournure déplaisante,* «L'exposé» dit la fierté d'être différent.

Propositions. Soulignez la proposition subordonnée des phrases suivantes et mettez un cercle autour de chaque préposition et son complément. Quelle est la proposition principale de chaque phrase? (Les phrases sont tirées de la lecture.)

1. Désespéré, [Réda] est au bord des larmes quand, déboulant dans la cuisine, il voit avec surprise sa mère préparer des cartons de gâteaux marocains...

2. Mieux que nul autre, [Ferroukhi] a su évoquer, avec la plus grande simplicité, cette réalité qu'il connaît bien.

Mots et expressions

le citoyen / la citoyenne citizen
le décalage difference, gap
désespéré(e) without hope
les données (*f.*) data
énerver quelqu'un to irritate someone
l'exigence (*f.*) demand, requirement

l'exposé (*m.*) oral report
la fierté pride
la formation instruction, training
la fraîcheur freshness
le manque lack
occupé(e) busy

APPLICATIONS **A. Synonymes.** Trouvez l'équivalent des expressions suivantes.

1. un bref discours sur un sujet précis
2. les études
3. la nouveauté, la pureté
4. absorbé(e) par ses activités
5. irriter
6. les faits, les renseignements
7. une demande, une nécessité

B. Antonymes. Trouvez le contraire des expressions suivantes.

1. la honte
2. confiant(e), optimiste
3. l'abondance, l'excès
4. un étranger / une etrangère qui vient d'un autre pays
5. la correspondance, la conformité

A PROPOS... des immigrés marocains en France

1914–18	Les premiers immigrés marocains arrivent en France (40 000 recrues).
1960–74	La grande vague des arrivées. L'expansion économique engendre un grand nombre de nouveaux emplois.
AUJOURD'HUI	Plus de 700 000 Marocains vivent en France en situation régulière.

La France a essayé d'aider les Maghrébins à s'intégrer et il y a aujourd'hui une forte proportion de cadres supérieurs d'origine marocaine, mais comme les étrangers sont souvent considérés indésirables en période de crise économique, les Maghrébins sont depuis les années 1980 présentés par l'extrême-droite comme menaçant «l'identité française».

Fraîcheur et authenticité

L'exposé, court métrage d'Ismaël Ferroukhi

Réda, neuf ans, fils d'immigrés marocains, doit faire un exposé sur le pays de ses parents. Lui qui ne rêve que du Canada n'est guère enthousiasmé.

D'autant plus que chez lui, personne ne peut l'aider, ni son frère aîné, vadrouilleur[1] incorrigible, ni son père, quasi-absent, et encore moins sa mère qui ne comprend rien aux exigences de l'institutrice de Réda: chiffres[2] et données humaines, géographiques... La mère de Réda

---

[1]une personne qui se promène sans raison [2]*numbers*

promet de l'aider, mais elle ne parle ni n'écrit le français. Le jour de l'exposé arrive, et Réda n'a toujours rien fait. Désespéré, il est au bord des larmes[3] quand, déboulant[4] dans la cuisine, il voit avec surprise sa mère préparer des cartons de gâteaux marocains avec l'attirail[5] nécessaire pour... le plus traditionnel des thés à la menthe.

Avec *L'exposé*, Ismaël Ferroukhi signe à trente ans son premier court métrage.[6] Originaire de Kénitra,[7] Ismaël est arrivé en France à l'âge de deux ans. Ses parents s'installent à Crest, dans la Drôme[8]—c'est d'ailleurs là qu'il a choisi de situer l'action de son film.

Ni école de cinéma, ni formation sur le tas,[9] cet autodidacte[10] (et rares sont, aujourd'hui, les autodidactes dans ce domaine) a plutôt bien réussi son coup d'essai.[11]

L'originalité, la fraîcheur, l'authenticité de son film ont séduit[12] plus d'un jury. Depuis février *L'exposé* a été sélectionné[13] dans six festivals en France, dont le prestigieux Festival international du film de Cannes, et a raflé[14] pas moins de huit prix, dont la Grenouille d'or[15] des Rencontres cinématographiques d'Argelès-sur-mer, organisées cette année autour du thème de «L'autre[16]».

Au moment où, en France, le débat autour de l'immigration prend une tournure déplaisante,[17] *L'exposé* dit la fierté d'être différent. *«Je ne voulais pas donner l'image d'une famille intégrée, parce que ça m'énerve. Pour moi, s'intégrer équivaut à se suicider»*, s'insurge Ismaël, qui ajoute: *«Je ne me sens ni intégré, ni non intégré. Je suis normal»*. D'aucuns[18] lui reprochent de souligner[19] justement cette différence, en particulier en ces temps-ci. Mais Ismaël a tenu à[20] montrer jusque dans les moindres détails cette réalité autre (la vieille bouilloire[21] à côté du cabinet de toilette) avec la tendresse, l'affection et la compréhension qui viennent du cœur. Mieux que nul autre, il a su évoquer, avec la plus grande simplicité, cette réalité qu'il connaît bien. *«Il y a des gens qui vivent simplement, qui ne se cassent pas la tête[22]... Et il y en a qui ont toujours besoin*

---

[3]au... *on the verge of tears*   [4]*bolting*   [5]l'équipement   [6]court... *short (film)*   [7]ville et port du Maroc, entre Rabat et Tanger   [8]département français entre les Alpes et le Rhône   [9]formation... *on-the-job training*   [10]*self-taught man*   [11]coup... *first attempt (at filmmaking)*   [12]charmé   [13]*chosen to be featured*   [14]*carried off*   [15]Grenouille... *Golden Frog*   [16]*"the Outsider"*   [17]désagréable   [18]Certains   [19]accentuer   [20]a... a voulu absolument   [21]*kettle*   [22]ne... ne se tourmentent pas pour trouver une solution

de repères,[23] *de classification, c'est ce qui fait le choc. Moi je trouve qu'il est plus intelligent d'être simple pour dire des choses graves: les décalages entre deux cultures, deux mentalités, deux modes de vie, le manque de communication et d'effort de compréhension de part et d'autre.*[24]»

Deux personnages-clé, la mère et l'institutrice. La première, toujours fourrée[25] dans sa cuisine, répète à Réda, chaque fois qu'il la sollicite: «*Tu vois bien que je suis occupée. Va-t-en, laisse-moi tranquille*». C'est elle qui pourtant sauvera[26] la situation et fera, à sa manière, l'exposé de son fils. Sans y avoir vraiment réfléchi, elle donnera une belle leçon de différence à l'institutrice. Celle-ci, derrière sa carapace[27] de Madame-je-sais-tout, est finalement capable de compréhension et de tolérance, pour peu qu'elle y mette de la bonne volonté[28] et daigne[29] descendre du haut de son estrade.[30] C'est d'une oreille attentive qu'elle écoute le petit Réda déclamer: «*Madame, le Maroc, ce n'est ni une capitale, ni des chiffres, ni des mètres carrés,*[31] *mais du soleil, des parfums et surtout une façon de vivre.*»

FATIMA BEKKAR
tiré de *Rivages: Le magazine des Marocains dans le monde*

«Le Maroc, c'est du soleil, des parfums, et surtout une façon de vivre.» —Reda

---

[23]*points of reference*   [24]*de... on both sides*   [25]*toujours... ever-present*   [26]*will save*   [27]*armor*   [28]*pour... even if she shows very little good will*   [29]*seldom deigns*   [30]*platform*   [31]*mètres... square meters*

A. Résumé. Complétez les phrases suivantes pour faire un résumé du film d'Ismaël Ferroukhi.

AVEZ-VOUS COMPRIS?

1. Dans le film *L'exposé,* le petit Réda a un problème: il est obligé de...
2. L'institutrice de Réda exige un devoir qui contient des...
3. La mère de Réda a du mal à aider son fils parce que...
4. A la dernière minute, la mère de Réda l'aide à faire son exposé; elle...
5. L'institutrice trouve l'exposé de Réda...

B. Identifications. Indiquez quel personnage du texte a fait chacune des remarques suivantes, en précisant le contexte et l'interlocuteur.

1. «Tu vois bien que je suis occupée. Va-t-en, laisse-moi tranquille.»

2. «Madame, le Maroc, ce n'est ni une capitale, ni des chiffres, ni des mètres carrés, mais du soleil, des parfums et surtout une façon de vivre.»

3. «Je ne voulais pas donner l'image d'une famille intégrée... Pour moi, s'intégrer équivaut à se suicider.»

6. Analyse. Répondez brièvement.

1. Décrivez le héros de *L'exposé:* son âge, ses origines, où il vit actuellement. Au début du film, est-ce un garçon typique ou exceptionnel? Expliquez.

2. Comment Ismaël Ferroukhi a-t-il appris le métier de réalisateur? D'habitude comment apprend-on ce métier?

3. Quelle est l'idée essentielle de *L'exposé*? Qu'est-ce qu'Ismaël Ferroukhi a voulu illustrer dans son film? D'après cet article, a-t-il atteint son but?

4. Décrivez la mère de Réda. Comment sont les rapports entre mère et fils? Pourquoi a-t-elle du mal à comprendre le devoir de son fils? Comment est-ce qu'elle finit par l'aider à faire son exposé?

5. Comment l'institutrice se comporte-t-elle en classe? Quel effet a l'exposé sur l'institutrice de Réda? Est-elle sympathique ou antipathique?

6. Quel personnage enseigne la leçon la plus importante du film? A qui? Comment? Qui admirez-vous le plus? Pourquoi?

A DISCUTER

A. Solutions. Dans beaucoup de films, comme dans *L'exposé*, l'intrigue tourne autour d'un conflit entre deux cultures, deux mentalités ou deux modes de vie différents. Décrivez en groupes de quatre un film traitant d'un type de discrimination. Précisez de quel genre de conflit il s'agit, en donnant des exemples (classe, race, secte, sexe, etc.). Puis discutez la solution suggérée dans le film. Est-ce une bonne solution? En avez-vous d'autres?

VOCABULAIRE UTILE

condamner; faire une manifestation; harceler (*harass*) quelqu'un; lutter contre le racisme; d'origine ethnique minoritaire (africain[e]), asiatique, hispanique, juif/juive, musulman[e]...); priver quelqu'un de ses droits (*rights*)

FILMS POSSIBLES

West Side Story
Hiroshima mon amour
The Color Purple
9 to 5
Jean de Florette / Manon des sources

Au revoir les enfants
Malcolm X
Schindler's List
Philadelphia
?

B. Votre exposé à vous. Comme Réda, faites un exposé de deux ou trois minutes sur le pays ou la région d'origine de vos parents ou de vos grands-parents. Expliquez à l'aide de supports visuels (tirés de magazines, de journaux, de photos de famille, etc.) ou audiovisuels ce que ce pays représente et ne représente pas pour vous.

Le journal de Fatiah

Mise en route

Connecting words. Understanding relationships between clauses is extremely important when you are reading in any language. Connecting words, or conjunctions, indicate how clauses are related. They also perform the same function between phrases, sentences, or paragraphs.

In the following sentence, the conjunction **alors que** (*even though*) indicates a contrast between the ideas in the two clauses.

Ce matin, le marchand de légumes s'est précipité pour me servir, **alors que** j'étais arrivée la dernière.

*This morning the vegetable vendor rushed over to help me **even though** I was last (in line).*

Connecting words fall into several general categories. A few of them are listed here. Pay special attention to connecting words as you read; if you misinterpret one, you may completely misunderstand the meaning of a sentence or paragraph.

1. Some introduce the *cause* of a situation or condition:

   à cause de *because of*
   grâce à *thanks to*

   parce que *because*
   puisque *since, because*

2. Some introduce the *effect* of a situation or condition:

   ainsi *thus*
   donc *therefore*

   par conséquent *as a result*
   pour que *so that*

3. Many introduce a *contrast:*

   au contraire *on the contrary*
   mais *but*
   néanmoins *nevertheless*
   par contre *in contrast*

   alors que
   bien que   } *although*
   quoique

4. Some indicate a *necessary condition* for a certain consequence:

   au cas où *in the event that*
   à condition que } *provided that*
   pourvu que

   à moins que *unless*
   si *if*

5. Some introduce a *similarity:*

   comme *like*
   comme si *as if, as though*

   de même *similarly*

Rapports d'idées. Lisez chaque phrase et décidez si la conjonction indiquée exprime un rapport de cause (C), d'effet (E), de contraste (CS), de condition nécessaire (CN) ou de similarité (S).

1. _____ Les Algériens continuent à vivre leur vie, **bien que** la violence augmente dans les rues.

2. _____ Fatiah se méfie de ses voisins **comme s'**ils étaient tous des extrémistes islamistes.

3. _____ Elle est menacée **parce qu'**elle ne porte pas de voile.

4. _____ Fatiah continuera à lutter (*struggle*) **pour que** la société algérienne devienne plus ouverte et plus démocratique.

5. _____ La République algérienne ne sera sauvée que **si** on conserve la liberté de la presse.

Mots et expressions

améliorer to improve
le défi challenge
effrayer to frighten
exiger to demand; to require
la journée (*whole*) day
la manifestation (*political*) demonstration

se méfier de to be suspicious of
se mettre à (+ *infinitif*) to begin (+ *infinitive*)
n'importe any, no matter which
opprimer to oppress
se plaindre to complain
voilé(e) veiled

APPLICATIONS **A.** **L'intrus.** Trouvez dans chaque groupe le mot qui n'a aucun rapport avec les deux autres.

1. voilé(e) dévoilé(e) faire de la voile
2. la journée la soirée l'idée
3. n'importe l'importance l'importation
4. améliorer l'âme meilleur(e)
5. planter plaintif se plaindre
6. mettre mètre mis(e)
7. le défilé le défi la défiance

B. **Synonymes.** Trouvez l'équivalent des expressions suivantes.

1. une démonstration publique d'une opinion collective
2. persécuter, tyranniser
3. demander, rendre obligatoire
4. changer en mieux
5. commencer à
6. exprimer son mécontentement, protester

7. alarmer, terrifier
8. manquer de confiance en

A PROPOS... de l'Algérie

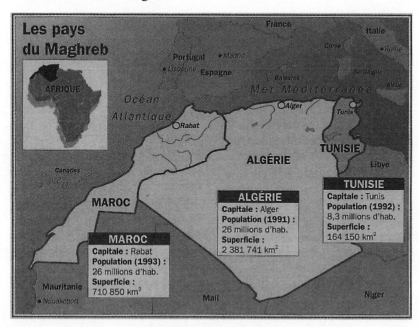

Les pays du Maghreb

MAROC
Capitale : Rabat
Population (1993) :
26 millions d'hab.
Superficie :
710 850 km²

ALGÉRIE
Capitale : Alger
Population (1991) :
26 millions d'hab.
Superficie :
2 381 741 km²

TUNISIE
Capitale : Tunis
Population (1992) :
8,3 millions d'hab.
Superficie :
164 150 km²

Les conséquences politiques de la décolonisation

1830–1954	Occupation française de l'Algérie
1954–1962	Guerre d'indépendance (200 000 morts)
1962–1982	Gouvernement démocratique, modernisation, mais stagnation économique. Coopération culturelle et technique avec la France. Les fondamentalistes islamiques exercent de plus en plus d'influence.
fin des années 80	Le Front islamique du salut (FIS) est légalisé. Manifestations sanglantes, actes de violence.
1992	La guerre civile éclate: intégristes (fondamentalistes islamiques) contre démocrates.
1995	La guerre civile continue: déjà plus de 10 000 morts. Magistrats, militaires, intellectuels et femmes occidentalisées (dévoilées) sont surtout menacés. Les Européens craignent une montée du terrorisme islamiste dans d'autres parties du monde.

Une femme voilée en Algérie monte la première dans le bus.

Le journal de Fatiah

ALGERIE. Comment viton aujourd'hui à Alger, quand on est une femme moderne et libre? Fatiah, enseignante fait partie de ces femmes courageuses qui affrontent chaque jour, à visage découvert, les menaces des Islamistes. Elle a écrit pour nous son journal, reflet d'une semaine ordinaire de sa vie, entre travail, enfants et maison, entre peur et rage, entre impuissance et espoir.

Fatiah est enseignante. Elle vit avec ses deux enfants dans les environs d'Alger. Quand nous avions rencontré la première fois, en août dernier, cette jeune femme souriante, combative—une de ces femmes libres qui restent un des derniers espoirs de l'Algérie—, elle nous avait confié ses appréhensions avec beaucoup de sincérité. On la sentait décidée, mais choquée, aussi, comme assommée[1] par cette vague[2]

déferlante de haine qui déchire[3] des familles, qui conduit des Algériens a égorger[4] d'autres Algériens. Elle essayait de comprendre. Ces événements tragiques ont cela d'utile qu'ils vous obligent à un retour en arrière,[5] personnel et collectif. Les «démocrates romantiques», parmi lesquelles elle veut bien se ranger,[6] n'ont pas vu venir la vague islamiste à la fin des années 80. De cet aveuglement, il faudra un jour

---

[1]*stunned* [2]*wave* [3]*is tearing apart* [4]*slaughter* [5]à... *to examine the past* [6]se... *to count herself*

parler. Mais sa sincérité, son franc-parler, la rendait éminemment sympathique.

Sans hésiter, mais en prenant un minimum de précautions pour ne pas révéler son identité, Fatiah a bien voulu prendre la plume et écrire son journal pour *Télérama*.

La peur, la mort, et un espoir ténu,[7] aussi, en filigrane,[8] sont présents à chaque ligne de son carnet. Fatiah n'a pas reçu de menaces de mort dans sa boîte aux lettres ou au travail. Mais il suffit d'être une femme moderne, de ne pas être voilée et de participer à quelques manifestations pour craindre le pire.

Fatiah ne voulait pas livrer[9] son analyse sur la situation—les journaux algériens et français regorgent,[10] chaque semaine, de ce genre d'articles—, elle préférait nous parler de la vie quotidienne. De celle de beaucoup de femmes en Algérie. Ce carnet écrit le mois dernier, cette semaine ordinaire dans la vie de Fatiah est le journal d'une femme moderne qui regarde *Nulle Part ailleurs*,[11] qui a aussi les mêmes rêves, les mêmes goûts et les mêmes aspirations que beaucoup de jeunes femmes françaises de sa génération.

—THIERRY LECLERE

Alger, jeudi. 7 heures du matin. Je viens de prendre mon café—un café noir bien sucré, comme je l'aime—, c'est l'unique moyen de me réveiller. Depuis quelques temps, on en trouve normalement dans les magasins. Depuis quelque temps aussi, je dors bien. Pourtant, je passe et repasse en revue les événements des jours passés. Le problème de la vie et de la mort me hante. Je me rends compte que j'aime d'autant plus la vie que je risque de la perdre à tout moment. Je savoure maintenant chaque instant, des petits riens prennent de l'importance. Comme cette tasse de café noir du matin.

Pourquoi le voisin m'a-t-il regardée tout à l'heure avec indifférence? J'ai beau[12] me dire qu'il pensait certainement à autre chose, rien n'y fait.[13] Est-ce qu'il me veut du mal? On se méfie de tout, de tout le monde. Je guette[14] les regards, les intonations de la voix, les mots. Systématiquement, je fais la liste de ceux qui m'ont souri, de ceux qui m'ont parlé de façon agressive... Ces derniers temps, comme pour nous sécuriser les uns les autres, les Algériens sont devenus très polis, presque obséquieux. Alors, si un *«bonjour madame»* manque, je m'effraie.

Hier, le boucher m'a regardée avec insistance. Pourquoi? Mon cœur s'est mis à battre. J'essaye de me trouver une explication valable pour me calmer. Peut-être a-t-il cru reconnaître en moi une de ces femmes qu'on a montrées à la télévision, lors de la marche contre le terrorisme, le 22 mars dernier? Je ne quitterai jamais ce pays que j'adore. Sauf si la mort, qui est probable, devient certitude. Chez moi, la peur a maintenant remplacé la terreur. Et c'est déjà un énorme progrès. Ça veut dire que je me maîtrise,[15] que je peux apprendre, réfléchir, écrire, organiser ma vie.

Vendredi. Je deviens imprudente, ce n'est pas le moment. Avant de me coucher, hier, j'ai oublié de fermer la porte blindée.[16] Je me suis réveillée en sursaut[17] à 3 heures du matin pour le faire. Le cœur battant, je suis allée voir mes deux enfants qui dormaient en paix dans leurs chambres.

— *Qui est-ce?*

Quelqu'un sonne à ma porte, cet après-midi. A travers l'œil-de-bœuf,[18] je ne vois personne.

— *Qui est-ce?*

On sonne plusieurs fois. Je n'en mène pas large.[19]

---

[7] *tenuous*   [8] *en... hidden between the lines*   [9] *donner*   [10] *are full*   [11] *satirical French TV show*   [12] *J'ai... I try in vain*   [13] *rien... it is no use*
[14] *Je... I'm on the lookout for*   [15] *me... am in control*   [16] *reinforced*   [17] *en... with a start*   [18] *peephole*   [19] *Je... My heart is in my throat.*

Entre sœurs, certaines se voilent, d'autres non. Mais ici, chacune respecte les croyances de l'autre.

— *Nous sommes des terroristes, ouvrez!*

En reconnaissant la voix de Saadia, je la traite de[20] tous les noms. Ça l'amuse de me faire crever de trouille[21]! Mon fils aussi joue de temps en temps à ce jeu-là. Une façon comme une autre d'exorciser sa peur.

Saadia est une amie de longue date. Professeur à l'université, elle est menacée, elle et son mari. On a passé tout l'après-midi à rire en se racontant nos propres frousses.[22] Saadia a piqué une belle frayeur[23] l'autre jour en voyant passer à ses côtés un homme en Golf noire (la voiture préférée des terroristes). Il roule lentement et la regarde avec insistance. Elle se met à courir… avant de réaliser qu'il ne s'agissait que d'un simple dragueur.[24] Il faudrait quand même que ces messieurs fassent un peu attention!

Samedi. Je reviens du marché, où les prix sont très élevés.[25] Les tomates, 60 dinars le kilo. Les cerises, 200 dinars (l'équivalent, à peu près, d'une journée de travail d'un smicard[26]).

Sur le marché, les gens sont détendus;[27] ils semblent même heureux, ce matin. On se sourie, on se congratule, on s'appelle *khowya* («frère») *oukhti* («sœur»), on fraternise comme si on revenait de loin, comme si on l'avait échappé belle.[28] Qu'importe le prix de la tomate ou du poivron,[29] pourvu qu'on soit vivants. Je fais quand même une remarque sur la cherté[30] des légumes. Un client qui attendait son tour me dit: «*Achète, ma fille, et en discute pas. Nous, pendant la guerre de libération, on mangeait des glands[31] et des figues sèches.*» C'est vrai, tout est relatif.

---

[20]la… *call her* [21]de… *to scare me to death* [22]peurs [23]a piqué… *had quite a fright* [24](*fam.*) un homme à la recherche de femmes [25]*high* [26]*worker earning minimum wage* [27]calmes [28]échappé… *had a narrow escape* [29](*green*) *pepper* [30]prix élevé [31]*acorns*

C'est quand je vais au marché que me revient en tête la terreur du mois de ramadan[32] (*NDRL: En février et mars derniers, la violence et la contre-violence terroriste ont redoublé d'intensité, faisant des dizaines de morts*). Nous avons failli réellement basculer dans la[33] guerre civile. Elle a été évitée de justesse.[34]

Les clients aussi bien que les marchands avaient les nerfs à vif.[35] La tristesse, la colère, la honte se lisaient dans leurs yeux hagards, leurs gestes fébriles.[36] J'allais le moins souvent possible au marché, j'achetais n'importe quoi, à n'importe quel prix, la tête bourdonnante,[37] le cœur battant la chamade,[38] je repartais aussi vite que j'étais arrivée. La mort pouvait surgir[39] à n'importe quel coin de rue. Les gens, se sentant livrés[40] à eux-mêmes, dirigeaient leur agressivité sur n'importe qui. Chacun devait se protéger et protéger les siens par ses propres moyens. Des recettes[41] d'auto-défense commençaient à circuler de bouche à oreille. On passait plus de temps à enterrer[42] qu'à travailler. On vivait avec les cadavres. Qui n'a pas aujourd'hui un ami, un collègue, un voisin, un parent tué de façon tragique?

Dimanche. Comme toujours à Alger, après quelques jours de pluie tristounette et désespérante, le printemps éclate,[43] sans prévenir.[44] Les filles envahissent[45] les rues, en robes fleuries, les cheveux en cascade, plus belles que jamais.

Ce matin, le marchand de légumes s'est précipité[46] pour me servir, alors que j'étais arrivée la dernière. Les clients s'écartent[47] et acquiescent. Comme si j'avais, en tant que femme, acquis une dignité nouvelle. A moins qu'on leur fasse tout simplement de la peine... J'en entends un qui murmure doucement à un autre, mais suffisamment haut pour qu'on l'entende: «*Que font-elles de mal ces femmes dévoilées? C'est peut-être une veuve, une divorcée, une fille de famille pauvre qui travaille pour élever ses enfants ou ses frères et sœurs?*» Il aura donc fallu traverser l'horreur pour être acceptées comme des êtres humains. Il aura fallu, comme des hommes, faire preuve de bravoure, de patriotisme, descendre dans la rue, pour être acceptée en tant que femme dévoilée, en tant que citoyenne algérienne.

Quand on déclarait, dans les dernières manifestations de femmes, qu'on préférait mourir debout plutôt que mourir à genoux,[48] cela s'adressait à tous les conservateurs algériens, tous partis confondus.[49] Je me rends compte que des siècles de décadence et d'obscurantisme[50] ne sont pas faciles à effacer. Mais aujourd'hui cela doit se faire absolument, avant qu'il ne soit trop tard.

On ne laissera pas l'expérience de 1962 se rééditer:[51] les Algériennes, qui avaient participé activement à la guerre de libération nationale, ont été renvoyées[52] à leurs fourneaux.[53] Plus envie d'entendre la sempiternelle réponse lorsque nous réclamions nos droits: «*Ça risque d'effaroucher[54] les conservateurs, ce n'est pas le moment...* » Ils ont engrangé[55] nos concessions comme des victoires, il ne sert à rien de céder sur quoi que ce soit,[56] ils n'ont aucune reconnaissance.[57]

Lundi. 19 heures. J'écoute les informations à la radio algérienne et je regarde en même temps, sans le son, le journal de France 2. Si je me rends compte que la télé parle de l'Algérie, je remets le son sur la télévision. Il faut dire que la presse française, aussi bien écrite qu'audiovisuelle, s'est, à mes yeux, beaucoup améliorée. Elle est moins alarmiste, plus objective. On n'entend pas,

---

[32]fête religieuse [33]Nous... *We were on the verge of* [34]Elle... *We avoided it by the skin of our teeth.* [35]nerfs... *nerves on edge* [36]nerveux [37]*buzzing* [38]battant... *beating wildly* [39]*appear* [40]*abandoned* [41]*tips* [42]à... *burying* [43]*bursts forth* [44]*warning* [45]*fill* [46]s'est... *rushed over* [47]*step aside* [48]à... *on one's knees* [49]tous... *all political parties combined* [50]opposition à l'instruction [51]se... *be rewritten* [52]*sent back* [53]*ovens* [54]choquer, troubler [55]*tallied up* [56]quoi... *anything at all* [57]ils... *they will never acknowledge it*

comme avant, une seule version des faits. L'information est plus fouillée,[58] plus précise, plus proche de la réalité. C'est pour nous une grande victoire.

Il faut dire que, moi aussi, je ne suis plus obsédée par les informations. Il fut un temps, pas très lointain, où je passais mon temps à guetter[59] des nouvelles sur l'Algérie. Euronews dans la journée, TV5 Europe à partir de 17h30, Arte, zapping sur France 2, TF1, la télévision algérienne à 20 heures et ainsi de suite, jusqu'à l'épuisement.[60] Déluge de malheurs égrenés[61] impitoyablement par chacun: «Ils veulent dialoguer» (NDRL: «ils», c'est-à-dire le pouvoir et les islamistes, bien sûr). «Ils dialoguent», «Ils refusent de dialoguer...» La bataille faisait rage dans les rues, mais aussi dans les familles, dans les couples, sur le front des mots... Un pouce[62] de terrain perdu par les uns est un pouce de terrain gagné par les autres.

Il fut un temps où la rumeur battait les pavés d'Alger avec férocité. Elle n'a presque plus de place. Sans la liberté de la presse, la rumeur et la désinformation auraient fait des ravages dans notre société malade. C'est la liberté de la presse, la résistance passive de la société civile, et en particulier des femmes, qui auront aussi sauvé[63] et consolidé la République algérienne. Qui lui auront donné la chance de devenir une société moderne, ouverte au monde.

C'est vrai que je dors mieux. Je me rends compte que je ne me réveille plus, plusieurs fois par nuit, pour vérifier que les trois verrous[64] de la porte blindée et les trois autres verrous de la porte en bois sont bien fermés. Comme si, par un effet magique, elles pouvaient s'ouvrir toutes seules! Mes cauchemars, qui me réveillaient, le visage en sueur,[65] ma main tâtant[66] mon cou,[67] diminuent. Les amies ont vidé[68] les bouteilles d'essence qu'elles avaient cachées pour pouvoir fabriquer des cocktails Molotov.

Mardi. Il est 20 heures. Mon fils n'est toujours pas rentré. Il commence lui aussi à être imprudent. Il est vrai que le couvre-feu[69] n'est qu'à 22 h 30. Mais quand même! Le couvre-feu m'ennuie mais je ne m'en plains pas vraiment. Si ça peut servir à assurer notre sécurité... De toute façon, les Algériens n'ont jamais été des noctambules. Les restaurants sont si chers que la majorité des clients—avant même nos problèmes—étaient des étrangers. On se rabat sur[70] la télévision, notre seule distraction.

J'ai aperçu mon garçon par la fenêtre. Adossé à[71] un mur sous un lampadaire, il doit palabrer avec ses copains, parler du match de football. Il faut qu'il rentre, il a un examen demain. Depuis quelques temps, il travaille mieux. L'avenir lui paraît un peu moins incertain, et le risque de perdre ses parents, un peu moins fort, aussi.

Il ne s'est jamais plaint. Peut-être pour ne pas nous faire de chagrin. J'ai peur pour lui, je ne serai tranquille que lorsqu'il sera rentré, mais je n'irai pas le chercher pour ne pas gâcher[72] cette joie nouvelle qu'il goûte à peine.[73] Ma fille mange mieux. Elle a retrouvé ses joues[74] roses et elle a repris du poids.[75] Je ne suis pas trop inquiète pour ses études, elle s'est toujours réfugiée dans son travail.

Alors, voilà, on s'organise, on fait des projets, on planifie.[76] Bref, la vie continue. Il y a des jours avec. Il y a des jours sans... Mais pourquoi faut-il donc que les Hommes placent toujours l'espoir au bout de leur fusil[77]? 🔻

abrégé de *Télérama*

---

[58]*researched* [59]*à... watching* [60]*exhaustion* [61]*spelled out one by one* [62]*inch* [63]*saved* [64]*bolts* [65]*en... perspiring* [66]*examining, checking* [67]*neck* [68]*emptied* [69]*curfew* [70]*se... fall back on* [71]*Adossé... With his back against* [72]*spoil* [73]*goûte... is just beginning to enjoy* [74]*cheeks* [75]*repris... regained some weight* [76]*make plans* [77]*rifle*

A. L'Algérie sous haute tension. Choisissez l'expression qui complète le mieux la phrase. Ensuite, discutez vos réponses avec un(e) partenaire.

1. Fatiah est *démocrate / islamiste*.
2. Les démocrates en Algérie veulent *un retour à la monarchie / une société tolérante et ouverte au monde*.
3. Les islamistes réclament *une société gouvernée par les principes du Coran / un gouvernement communiste*.
4. Depuis 1992, l'Algérie est en période *de paix / de guerre avec la France / de guerre civile*.
5. Au moment où écrit Fatiah, la violence dans les rues *a augmenté / a diminué* en Algérie.
6. Fatiah est menacée *parce qu'elle a des enfants / parce qu'elle travaille et ne porte pas de voile / parce qu'elle est anarchiste*.
7. A cause de la violence quotidienne depuis 1992, les Algériens *se méfient les uns des autres / ont plus de solidarité que jamais*.
8. Le sentiment qui domine la vie de Fatiah au moment où elle écrit est *la peur / la colère / l'espoir*.

B. Analyse. Répondez brièvement.

1. Décrivez Fatiah. Comment réagit-elle à la vague récente de violence en Algérie?
2. **Jeudi:** Qu'est-ce qui suggère que sa vie reprend son cours normal? Pourquoi Fatiah trouve-t-elle sa vie plus précieuse qu'avant?
3. **Jeudi:** Quand elle rencontre quelqu'un, à quel genre de comportement fait-elle très attention? Pourquoi?
4. **Vendredi:** Qu'est-ce que Saadia a dit à Fatiah pour rire? Quelle a été la réaction de Fatiah? Quel incident avait effrayé Saadia quelques jours avant cette visite chez Fatiah?
5. **Samedi:** Que s'est-il passé pendant le ramadan? Pourquoi Fatiah avait-elle si peur d'aller au marché?
6. **Dimanche:** Fatiah, pourquoi pense-t-elle que le marchand l'a servie avant son tour? Quelle remarque fait-on à propos des femmes dévoilées comme Fatiah? Que représente l'absence de voile en Algérie?
7. **Lundi:** Pourquoi Fatiah trouve-t-elle que la presse française s'est beaucoup améliorée? Qu'est-ce qui a sauvé l'Algérie selon elle?
8. **Mardi:** Comment Fatiah sait-elle que tout va mieux pour ses enfants? Pensez-vous que Fatiah mène une vie normale? Pourquoi (pas)?
9. Que pensez-vous de Fatiah? Qu'est-ce qui vous touche plus, son passé inquiétant ou son avenir incertain? Pourquoi?
10. Si elle le pouvait, est-ce que Fatiah quitterait l'Algérie? Expliquez.

A. **Une vie pas comme les autres.** Pour votre cours de cinéma, tournez un film qui raconte la vie de Fatiah. Avec un(e) partenaire, répondez aux questions suivantes, puis comparez vos réponses avec celles des autres étudiants.

1. Trouvez deux ou trois exemples qui illustrent de façon dramatique les angoisses de Fatiah.
2. Décrivez son appartement. Qu'est-ce qui indique qu'elle se sent menacée?
3. Quels moments révèlent que sa vie reprend peu à peu une évolution normale?
4. Selon Fatiah, «il suffit d'être une femme moderne, de ne pas être voilée et de participer à quelques manifestations pour craindre le pire» en Algérie. Selon vous, à quelle(s) autre(s) femme(s) est-ce que Fatiah ressemble? aux suffragettes qui manifestaient et se faisaient arrêter pour avoir le droit de vote? à Anne Frank, morte dans un camp de concentration? à Rosa Parks dans son bus à Birmingham? à Hester Prynne qui désobéissait au code sexuel très strict de sa communauté dans *The Scarlet Letter*? Commentez votre choix. Fatiah est-elle une femme héroïque? moyenne? Expliquez.
5. Le ton de votre film sera-t-il optimiste ou non? Quel en sera le thème? La peur? l'espoir? le courage? etc. Quel sera le titre du film?

B. **Associations.** Choisissez cinq des concepts suivants et indiquez deux ou trois idées avec lesquelles vous les associez. Ensuite comparez vos réponses avec celles d'un(e) partenaire et discutez le sens de chaque mot.

MODELE: la sécularisation →
une séparation entre la religion et l'état; les prières et les chansons de Noël sont interdites à l'école publique

1. la liberté
2. le biculturalisme
3. l'éducation bilingue
4. la démocratie
5. l'intégration
6. les droits des minorités
7. la tolérance des différences culturelles
8. le racisme
9. le pluralisme
10. le séparatisme

Echos

A. **Qu'en pensez-vous?** Traitez par oral ou par écrit de l'un des sujets suivants.

1. **Immigration.** D'où viennent les immigrés qui veulent s'installer dans votre pays? Qu'est-ce qui rend la coexistence de deux modes de vie diffi-

cile? d'autres coutumes? une autre religion? une langue différente? le chômage? la peur de perdre son identité en s'intégrant dans une autre société?
Selon les habitants de votre pays, est-ce que l'immigration présente plus
d'avantages ou d'inconvénients? Pourquoi?

2. **Solidarité.** Si vous étiez conscient(e) d'un problème de discrimination
(raciale, sexuelle ou autre) dans votre université, que feriez-vous pour marquer votre opposition? Accepteriez-vous de signer une pétition? de participer à une manifestation? d'écrire aux journaux? de devenir membre d'un
parti politique? de vous faire arrêter par la police? Seriez-vous prêt(e) à
prendre d'autres mesures? Expliquez. De quelles causes vous sentez-vous
le plus proche? A qui vous sentez-vous obligé(e) de porter assistance?
Pourquoi? Est-ce que l'on naît solidaire ou est-ce qu'on le devient?
Commentez.

B. Etes-vous d'accord? Dites si vous êtes d'accord avec les phrases suivantes.
Justifiez vos réponses.

1. Pour être citoyen(ne) d'un pays, il faut y être né(e).
2. Il ne faut pas mélanger la politique et la religion.
3. Le terrorisme international est un des problèmes actuels les plus
importants.
4. Le racisme naît de la peur et de l'ignorance.
5. En général, les gens préfèrent s'associer avec ceux qui partagent leur
langue et leur culture.
6. C'est notre devoir d'accepter les immigrés qui arrivent dans notre pays.
7. Les religions sont une source de conflit.

CHAPITRE 11

Cathédrale de Rouen en plein soleil: *tableau de Claude Monet*

LES BEAUX-ARTS

L'Etat, en France, a toujours joué le rôle de protecteur des arts. Aujourd'hui, la mission du ministère de la Culture est de conserver, diffuser et enrichir le patrimoine culturel national. Les musées de France voient de plus en plus de visiteurs: 19 000 entrées par jour au Grand Louvre, plus de 10 000 entrées au Musée d'Orsay.

L'art évolue constamment et provoque parfois de vives controverses. Les artistes mentionnés dans les deux passages de ce chapitre ont dû faire face à des polémiques virulentes. Par exemple, le talent du peintre impressionniste Alfred Sisley, dont nous allons faire connaissance dans le premier passage, n'a été reconnu qu'après sa mort, tandis que les idées de Ieoh Ming Pei, l'architecte responsable de la Pyramide du Louvre, ont reçu leur part de critiques.

Qu'est-ce qui selon vous détermine la qualité d'une œuvre d'art? Avez-vous tendance à apprécier davantage une esthétique classique ou admirez-vous avant tout la créativité? Pour en apprendre plus sur la vie et la façon de penser de deux grands créateurs, poursuivez la lecture.

Sisley: Le magicien de la lumière

Mise en route

Identifying antecedents. Many words can be used to refer to something previously mentioned, or to something that is yet to come: demonstrative pronouns (**celui, celle(s), ceux**), relative pronouns (**qui, que, dont**), possessive adjectives and pronouns (**ses, les siens,** and so forth), as well as direct and indirect object pronouns. The words to which these pronouns and adjectives refer are called the *antecedents*. Sometimes you must consciously look for the antecedent in order to understand a written sentence or paragraph. The following sentences adapted from the reading provide practice identifying antecedents.

Antécédents. Indiquez par une flèche (←——) l'antécédent des mots indiqués. (Nous avons commencé l'exercice pour vous.)

1. Le père de Sisley, pourtant, comme **celui** de Paul Cézanne, **son** exact contemporain, n'était pas ce qu'on peut appeler un prolétaire.

2. L'impressionnisme doctrinaire s'y construit au milieu de longues discussions sur Delacroix, les paysagistes anglais et les estampes japonaises, **qu'**on vient de découvrir.

3. Mr Sisley dirigeait à Paris une maison de commission **dont** les affaires couraient comme les paquebots (*steamers*), du Havre à Valparaiso.

4. Sisley est français. Il **l'**est si bien qu'en 1857 **il** retourne à Paris, suppliant Mr Sisley père de l'**y** laisser désormais.

5. A l'atelier, le jeune Alfred se fait des amis: le Montpelliérain Frédéric Bazille, le Limougeaud Auguste Renoir et le Parisien Claude Monet. **Celui-là,** c'est un chef-né. Tous **l'**écoutent et **le** suivent.

6. C'est à ce moment que commence l'histoire de l'**un** des plus grands mouvements de peinture depuis la Renaissance: l'impressionnisme.

Mots et expressions

l'atelier (*m.*) workshop, studio
l'atmosphère (*f.*) atmosphere, ambiance
au-dessous below (it)
au-dessus above (it)
le chef-d'œuvre masterpiece
le fond background
la lumière light, lighting
le maître master

l'œuvre (*f.*) **d'art** work of art
l'ombre (*f.*) shadow
peindre to paint
le peintre painter, artist
la peinture painting
le premier plan foreground
la toile oil painting (*on canvas*); canvas

 **APPLICATIONS** **A. Ressemblances.** Trouvez le terme qui complète chaque analogie.

1. la sculpture: le sculpteur; _____: le peintre
2. le garage: le mécanicien; _____: le peintre
3. le papier à musique: la composition musicale; _____: la peinture
4. devant: derrière; _____: le premier plan
5. les formes: les peintres cubistes; _____: les peintres impressionnistes
6. le dramaturge: le drame; _____: le chef-d'œuvre

B. Synonymes. Trouvez l'équivalent des expressions ci-dessous.

1. l'ambiance
2. ce qui rend les objets et les personnes visibles
3. le lieu où travaillent des ouvriers ou des artistes
4. l'obscurité, l'absence de lumière

C. Antonymes. Trouvez le contraire des expressions suivantes.

1. au-dessous
2. le fond
3. l'ombre
4. l'élève; l'apprenti

Sisley: Le magicien de la lumière

Il vécut en famille une pauvreté discrète, digne, presque clandestine

Monet—Sisley—Pissarro. De ces trois maîtres de la peinture impressionniste, Sisley est presque toujours cité au milieu, comme s'il allait tomber sans le soutien[1] des deux autres, comme s'il n'était là que pour faire nombre, masse,[2] école. Pauvre Yorick. Pauvre Sisley. Son père, pourtant, comme celui de Paul Cézanne, son exact contemporain (ils sont nés la même année, 1839), n'était pas ce qu'on peut appeler un prolétaire. Mr Sisley, négociant britannique, dirigeait à Paris une maison de commission dont les affaires couraient, comme les paquebots,[3] du Havre à Valparaiso. Docile, Alfred Sisley s'embarque pour Londres. C'est un petit garçon encore. Il est mince, vif et séduisant. Il ne changera plus guère. Toutefois, quelque chose frappe dans cette physionomie charmante: la tristesse, la pénétrante tristesse du regard.

Le voici, à 17 ans, sur le pavé du Strand. Il est anglais mais il n'y a qu'au musée, devant les toiles lumineuses de Turner et de Constable, qu'il retrouve son âme insulaire.[4] Le pied dehors,[5] il est français. Il l'est si bien qu'en 1857 il retourne à Paris, suppliant Mr Sisley de l'y lais-

Alfred Sisley

ser désormais.[6] Le père, pas méchant homme, acquiesce. Il acquiesce encore quand, brusquement, Alfred décide de se consacrer à la peinture.

---

[1]support [2]faire... *to increase the numbers, to add mass* [3]dont... *whose work went back and forth, like steamships* [4]de Grande-Bretagne
[5]Le... *Once outside (the museum)* [6]henceforth

«La Barque pendant l'inondation à Port-Marly» Il aimait les fleuves, les bois, et le ciel de l'Ile-de-France. «Sisley fixe les moments fugitifs de la journée, observe un nuage qui passe et semble le peindre en son vol. Sur sa toile, l'air vif se déplace et les feuilles encore frissonnent et tremblent... » écrivait Mallarmé dès 1876.

«L'inondation à Port-Marly» La prédilection de Sisley pour le thème de l'eau se manifeste à l'évidence lors des inondations. «L'inondation à Port-Marly» montre les maisons de la rue de Paris dans une perspective où les verticales des arbres échappent à la rigidité grâce aux obliques des deux bateaux.

«Pont de Moret»
Avec le «Pont de Moret», on voit que Sisley a atteint le sommet de son expression personnelle. Il est déjà celui qui deviendra le grand Sisley. Comment a-t-il pu transfigurer et recréer la beauté de ces paysages quotidiens?

En 1862, à 23 ans, il entre aux Beaux-Arts, dans l'atelier du peintre suisse Charles Gleyre. A l'atelier, le jeune Alfred se fait des amis: le Montpelliérain Frédéric Bazille, le Limougeaud Auguste Renoir et le Parisien Claude Monet. Celui-là, c'est un chef-né. Tous l'écoutent et le suivent. Et c'est lui qui va décider de leur sort.[7] C'est à ce moment même que commence l'histoire de l'un des plus grands mouvements de peinture que l'on ait connus depuis la Renaissance: l'impressionnisme.

Les quatre amis quittent l'atelier pour la campagne, comme l'avaient fait avant eux Courbet, Corot, Manet, les aînés[8] qu'ils admirent. La nature les convoque «sur le motif[9]». La boîte à couleurs sur les reins,[10] ils s'en vont à Chailly,

en lisière[11] de la forêt de Fontainebleau. Et ils peignent, ils peignent jusqu'à l'ivresse,[12] les bois, les ciels, les eaux. D'autres se joignent à eux, les encouragent: Pissarro de Pontoise, Boudin de Honfleur, Cézanne d'Aix.

Le père Sisley, fidèle à sa promesse, continue de subvenir aux[13] besoins de son fils, qui s'est marié et sera bientôt père. Avec l'argent qu'il a, Alfred fait figure d'amateur, presque de dilettante. Il laisse la beauté l'envahir,[14] l'imbiber,[15] plutôt qu'il ne la crée.

A Paris, quand il revient du «motif», Sisley rencontre ses amis au Café Guerbois. C'est une salle enfumée de l'avenue de Clichy où, dès 5 h 30, des tables sont réservées à ces «messieurs de l'art». L'impressionnisme doctrinaire s'y construit au milieu de longues discussions sur Dela-

---

[7]destin [8]*predecessors* [9]*sur... à la campagne* [10]*backs (lit., kidneys)* [11]*edge* [12]*jusqu... to the point of intoxication* [13]*subvenir... help meet the financial* [14]*overtake him* [15]*penetrate him*

croix, les paysagistes anglais et les estampes[16] japonaises, qu'on vient de découvrir.

Pendant ce temps, on fourbit[17] les canons. C'est 1870. Les Prussiens arrivent, et Mr Sisley Senior, malade et ruiné, s'envole au paradis des commissionnaires.[18] Plus de pension pour Alfred. C'est le commencement d'une longue faim.

Bien qu'il ait suivi jusqu'au bout la grande aventure de la peinture, Sisley sera le seul à n'en jamais toucher les dividendes. Pour boucler ses[19] fins de mois, il travaille éperdument. Il poursuit la fuyante[20] beauté des jours sous le ciel, à jamais choisi, de l'Ile-de-France. Marly, Bougival, Pontoise, Louveciennes, Argenteuil, bientôt Moret et ses environs, tels[21] sont ses voyages au pinceau.[22] A Moret,[23] il finit par se fixer. Il devient vite un personnage, ce petit homme frêle[24] et barbu, coiffé d'une casquette à oreillettes[25] ou d'une toque noire.

A Paris, cependant, la bataille pour l'art nouveau s'est engagée. En avril 1874, les amis du Café Guerbois, las[26] de se voir claquer au nez les[27] portes du Salon officiel, inaugurent leur propre exposition indépendante dans les salons du photographe Nadar. Deux ans après, Durand-Ruel organise le premier vrai Salon des impressionnistes, rue Le Peletier. La foule s'y rue.[28] On s'est donné le mot. Il faut aller les voir; c'est monstrueux, paraît-il.

Après cela, il s'agit bien de vendre. Par chance, Cézanne a sa pension paternelle, Renoir fait du portrait qui «passe» mieux la rampe,[29] et les autres, à force d'énergie, réussissent à écouler[30] quelques toiles. Seul Sisley n'est pas armé pour la lutte.[31] Il vend par hasard, et tire moins de 100 francs par toile quand ses confrères plus heureux, Monet et Pissarro, arrivent à 200 ou 300 francs. Pire même: un marchand faussaire lui achète des toiles, efface sa signature et lui substitue celle de Théodore Rousseau, plus «commercial». C'est pourtant ainsi[32] que, dépouillé[33] de tout, même de son nom, Sisley vit et fait vivre sa femme et ses deux enfants.

Sa pauvreté ne fut pas délirante,[34] agressive, revendicatrice.[35] Elle resta discrète, presque clandestine. Ce fut l'effort sublime d'un homme fier pour garder sa dignité. Lui et les siens[36] vécurent à l'économie durant un quart de siècle, comme une lampe à pétrole dont on descend la mèche[37] pour qu'elle brûle plus longtemps. «Il supporta le sort,[38] écrivit Gustave Geffroy, avec cet héroïsme farouche et caché qui ennoblit si mystérieusement le solitaire.» S'il y a des chefs-d'œuvre moraux, cette vie en est un.

PIERRE JOFFROY,
REPORTAGE JEAN BEAUCHESNE
ET PATRICIA DE BEAUVAIS
abrégé de *Paris Match*

[16]*prints* [17]*is polishing* [18]*s'envole... meurt* [19]*Pour... To pay his bills at the* [20]*fleeting* [21]*such* [22]*paintbrush* [23]ville fortifiée, très pittoresque de Bourgogne [24]*faible* [25]*casquette... cap with earflaps* [26]*fatigué* [27]*se... être refusés aux* [28]*La... The crowd rushes over* [29]*passe... touche le public* [30]*vendre* [31]*bataille* [32]*in this way* [33]*deprived* [34]*folle* [35]*demanding* [36]*les... sa famille* [37]*wick* [38]*destin*

Avez-vous compris?

A. Dates importantes. Mettez les événements suivants dans l'ordre chronologique.

1. _____ Les tableaux impressionnistes sont systématiquement refusés au salon officiel.
2. _____ Alfred Sisley et Paul Cézanne naissent.

3. _____ Les toiles de Sisley se vendent pour moins de 100 francs; il gagne à peine sa vie.
4. _____ Sisley rencontre des artistes français, notamment Bazille, Renoir et Monet; le mouvement impressionniste commence.
5. _____ Alfred Sisley quitte Paris pour aller à Londres.
6. _____ La peinture impressionniste a la réputation d'être monstrueuse.
7. _____ Quelques artistes impressionnistes créent leur propre exposition.
8. _____ Alfred Sisley se consacre à la peinture.
9. _____ Les impressionnistes tels que Renoir et Monet commencent à vendre leurs œuvres.

B. Vrai ou faux? Indiquez si chaque phrase est vraie ou fausse. Soulignez dans le texte la phrase ou l'expression qui justifie votre choix.

1. A 23 ans, Sisley s'est mis à faire des études de droit.
2. Turner et Constable travaillaient pour le père d'Alfred Sisley.
3. Courbet était le chef des impressionnistes.
4. Sisley et ses amis impressionnistes aiment les paysages campagnards.
5. Alfred Sisley a eu des ennuis financiers après la mort de son père.
6. Les impressionnistes aimaient surtout peindre des portraits de personnages célèbres.
7. Après le Salon des impressionnistes, Sisley n'a plus eu de problèmes financiers.
8. Certains tableaux de Sisley ont été vendus sous la signature de Pissarro, jugé plus «commercial».

C. L'impressionnisme. Placez chaque caractéristique de la liste suivante sous le nom de l'œuvre à laquelle elle se rapporte. Certaines expressions peuvent s'appliquer à plusieurs œuvres.

CARACTÉRISTIQUES

le jeu de la lumière, des reflets, des ombres, le ciel et l'eau se mélangent, le calme, un panorama, l'automne, le quotidien, des couleurs douces, le mouvement, le thème de l'eau, des nuages, une perspective verticale (horizontale),...

LA BARQUE PENDANT L'INONDATION A PORT-MARLY	L'INONDATION A PORT-MARLY	PONT DE MORET

A. Jeu artistique. Associez les artistes à gauche aux écoles de peinture de la colonne de droite, en travaillant en groupes de trois. Plusieurs peintres appartiennent à la même école, et l'un d'eux appartient à plus d'une école.

1. _____ Monet
2. _____ Dali
3. _____ Picasso
4. _____ Renoir
5. _____ Delacroix
6. _____ Degas
7. _____ Matisse
8. _____ Morisot
9. _____ Seurat
10. _____ Pissarro

a. cubisme
b. romantisme
c. impressionnisme
d. surréalisme
e. modernisme
f. pointillisme

Connaissez-vous d'autres artistes et d'autres écoles? Lesquels aimez-vous le mieux? Pourquoi? Quels musées d'art connaissez-vous? Quelles écoles y sont représentées?

B. La critique d'art. Apportez en classe la reproduction d'un tableau de maître très connu. Mettez-vous à deux, et montrez votre sélection à votre partenaire, sans en révéler le nom ou le créateur. Il (Elle) devra essayer de les deviner. Votre partenaire fera ensuite une description du tableau (sujet, style, couleurs, personnages, etc.) et dira ce qu'il (elle) en pense. Changez alors de rôles.

Ensuite, affichez dans la salle de classe les reproductions que vous avez apportées en cours. En faisant le tour de la «galerie», indiquez les tableaux et les artistes qui vous touchent particulièrement et ceux que vous n'aimez pas du tout. Commentez vos choix.

Variante: Décrivez l'œuvre que vous avez apportée en cours à votre partenaire sans la lui montrer. Il (Elle) essaiera de la dessiner d'après votre description. Comparez ensuite le dessin avec l'œuvre originale.

C. Interview. Imaginez que vous pouvez interviewer votre artiste préféré(e) sur sa vie et sur son art. Ecrivez cette interview imaginaire, puis présentez-la au reste de la classe sans révéler le nom de l'artiste. Les autres étudiants essaieront de deviner son identité. Le jour de l'interview, n'hésitez pas à apporter en cours des reproductions de ses œuvres pour familiariser vos collègues avec son style.

Pei: «Ce fut le plus grand de tous les défis»

Mise en route

More about connecting words. Chapter 10 presented a number of connecting words (conjunctions) that are important for understanding the relationship between two clauses or ideas. For more practice with connectors, look over the following additional categories of connecting words.

1. Some introduce additional information or clarification:

au sens où	*in the sense that*
d'autant plus que	*especially because*
en plus	*in addition; besides*

2. Some indicate that a series of ideas will follow:

d'abord... ensuite... enfin	*first . . . next . . . finally*
premièrement... deuxièmement...	*first (of all) . . . second(ly) . . .*

3. Some express a personal opinion:

à son avis	*in his/her opinion*
en ce qui me concerne }	*as for me*
pour ma part	

4. Some indicate a temporal relationship:

après que	*after*
avant que	*before*
dès que, aussitôt que	*as soon as*
lorsque, quand	*when*

Conjonctions. Révisez les catégories à la page 149, puis décidez si les expressions indiquées expriment un rapport d'effet (E), de contraste (CS), temporel (T); une série d'idées à suivre (S); un supplément d'informations (SI) ou une opinion (O). (Les phrases sont adaptées de la lecture.)

1. _____ Je ne fais pas trop attention à ces définitions, **d'abord** en raison de mon âge, **et surtout** parce que je pense que ce qui est bon est fait pour durer.

2. _____ Un monument classique résistera au temps, **qu'il soit** (*whether it is*) moderne ou médiéval.

3. _____ **En ce sens,** Le Nôtre est un classique.
4. _____ **Avant que** le verre soit un matériau pour l'architecture, la question de la transparence était hors de propos.
5. _____ **De plus,** nous sommes aujourd'hui capables de contrôler le soleil.
6. _____ Oui, **au sens où** les échecs sont un jeu.
7. _____ L'architecture l'intéresse **bien qu'**il la connaisse moins que les autres arts.
8. _____ Le temps est venu pour moi de jouir de la vie. **Alors,** je choisis mes clients, je sélectionne mes travaux.

Mots et expressions

adoucir to soften
émouvant(e) moving, touching
l'ensemble (*m.*) whole, general effect; harmony
l'espace (*m.*) space
le (bon/mauvais) goût (good/bad) taste
en jeu at stake

le jeu game; play
s'opposer (à) to clash (with)
la nouveauté newness
réaliser to accomplish
soutenir to support (*a cause, a person*)

APPLICATIONS

A. L'intrus. Indiquez dans chaque cas les deux mots qui appartiennent à la même famille.

1. la douceur   doué   adoucir
2. la joue   le joueur   le jeu
3. pousser   s'opposer   l'opposition
4. le soutien   souterrain   soutenir
5. l'émission   l'émotion   émouvant
6. la nouveauté   le veau   nouvellement
7. spacieux   l'espace   l'espèce
8. goûter   la goutte   le goût

B. Antonymes. Trouvez le contraire des mots suivants.

1. l'antiquité
2. coopérer
3. le détail
4. avorter, manquer, rater
5. la vulgarité

Pei: «Ce fut le plus grand de tous les défis»

Il y a douze ans que l'archi-tecte sino-américain fut choisi par François Mitterrand pour repenser le Grand Louvre. Après la Pyramide, le public va décou-vrir les nouvelles salles. Entretien avec un architecte heureux.

En choisissant d'autorité Ieoh Ming Pei, sans le truchement[1] d'aucun concours,[2] François Mitterrand s'est-il rendu compte qu'il réalisait un coup de maître[3]? Né à Canton en 1917 et éduqué à Shanghai, immigré aux Etats-Unis dès 1935, lancé dans les années 60 grâce à Jackie Kennedy, l'ar-chitecte a imposé, aux Etats-Unis comme à Hong-kong, ou récemment à Pékin, une cer-taine idée de la modernité et du classicisme. Aucun ne pouvait mieux que lui se rattacher à une certaine pensée française. Avec l'inauguration, tout juste deux cents ans après la création du Museum central des Arts, de l'aile[4] Richelieu totalement repensée, on découvre que le Grand Louvre selon Pei, c'est le triomphe de la rigueur. L'apo-théose[5] de la lumière et des Lumières.[6]

Le Nouvel Observateur. — *C'est une grande aventure qui se termine.*

Selon Pei, le Grand Louvre, c'est le triomphe de la rigueur.

Ieoh Ming Pei. — Oui... Si je regarde en arrière, c'est au début de 1982, il y a presque douze ans, qu'on a fait appel à moi. C'était tout à fait inat-tendu:[7] je n'étais pas très connu en France, et cela m'a paru tellement incroyable que c'est tout juste si j'ai pris[8] la proposition au sérieux, au début.

N. O. — *Dans votre archi-tecture, l'attention portée au con-texte est essentielle. Comment cela s'est-il traduit dans le cas du Grand Louvre?*

I. M. Pei. — Je connaissais déjà très bien le Louvre, où j'ai pénétré pour la première fois en 1951. Pas comme architecte mais comme visiteur. Quand on m'a demandé d'intervenir,[9] je me suis dit que j'en étais peut-être capable. Le Louvre, c'est tout simplement le cœur de Paris. Longtemps il est resté presque impénétrable, on hési-tait à le traverser[10] la nuit, sur ce trajet entre rive gauche et rive droite. Attention, je ne veux pas parler d'insécurité[11] — tout simplement, ce n'était

---

[1]*intermediary step* [2]*competition* [3]*coup... master stroke* [4]*wing* [5]*pinnacle* [6]*Enlightenment* [7]*suprenant* [8]*c'est... I scarcely took*
[9]*to step in* [10]*à... to cross through it* [11]*danger*

Le Nôtre: les jardins de Versailles

pas attrayant.[12] En étudiant le contexte, j'ai dû aussi étudier l'histoire du Louvre. C'était essentiel. Et j'y ai pris énormément de plaisir. Ce qui est également important.

N. O. — *Parmi vos sources d'inspiration, vous citez Le Nôtre.*

I. M. Pei. — Tout à fait. D'abord parce que la géométrie, c'est la base de l'architecture, et le design paysager de Le Nôtre est fondé sur la géométrie. Je me suis trouvé en sympathie avec lui dès le début. Et plus je vois ses travaux, plus je suis conscient de son importance pour vous, pour Paris, et pour l'architecture du paysage en général. La géométrie et la perspective jouent un rôle essentiel dans la conscience française. Pour comprendre la pensée française en art et en architecture, Le Nôtre est la meilleure des clés.

N. O. — *Etablissez-vous une relation directe entre cette géométrisation de l'espace définie par Le Nôtre et votre propre style moderniste?*

I. M. Pei. — Il y a trop d'étiquettes[13] appliquées à tort et à travers[14] aux styles en architecture: postmodernisme, déconstructivisme, high-tech... Pour ce qui me concerne, je ne fais pas trop attention à ces définitions, d'abord en raison de mon âge qui me rend indifférent aux modes et aux cycles. Et surtout parce que je pense que ce qui est bon est fait pour durer. Un monument classique, au bon sens du terme, résistera au temps,[15] qu'il soit moderne ou médiéval. En ce sens, Le Nôtre est un classique et représente toujours un idéal.

N. O. — *Vous recherchez le dépouillement,[16] la simplicité?*

I. M. Pei. — Oui. Et c'est ce qu'il y a de plus difficile à atteindre.[17] Mieux vaut dire quelque chose en un seul mot qu'en dix mots. En architec-

---

[12] *appealing* [13] *labels* [14] à tort... *without rhyme or reason* [15] résistera... *will stand the test of time* [16] l'absence d'ornementation
[17] *réaliser*

ture, c'est exactement la même chose. Une seule ligne synthétique, c'est toujours mieux que deux lignes.

N. O. — *Dans la cour Marly, et dans les salles de peinture, vous avez inventé un procédé pour filtrer la lumière.*

I. M. Pei. — Le «paralume». Je l'ai utilisé pour la première fois à la National Gallery de Washington. Il s'agit d'adoucir la lumière, mais sans la transformer. De même[18] à la China Bank, à Hong-kong: le soleil y étant très vif, il fallait en diminuer l'intensité mais en gardant la qualité de la lumière... C'est l'élément le plus important: sans lumière, pas de forme ni d'espace. Et la forme et l'espace, c'est toute l'architecture.

N. O. — *Il y a eu beaucoup de polémiques[19] en France à propos de la transparence.*

I. M. Pei. — Avant que le verre soit un matériau pour l'architecture, la question de la transparence était hors de propos.[20] Je pense que c'était un développement tout à fait naturel, au XXᵉ siècle. De plus, nous sommes aujourd'hui capables de contrôler[21] le soleil et la climatisation;[22] la technologie rend possibles quantité de choses. Les architectes ont toujours aimé essayer de nouvelles idées, de nouveaux jouets.[23] Bien sûr,

la transparence n'est pas la réponse à tous les besoins, et il faut l'utiliser à bon escient.

N. O. — *Vous employez le mot de jouet... L'architecture est-elle un jeu?*

I. M. Pei. — Oui, au sens où les échecs[24] sont un jeu. Comme les échecs, c'est une manipulation intellectuelle de l'espace et de la forme. En faisant un mouvement dans un sens, on crée tel genre[25] d'espace, dans l'autre sens, on crée un autre genre d'espace... Oui, il s'agit bien d'un jeu, mais qui n'est pas pour les enfants.

N. O. — *Avez-vous conscience de votre incroyable responsabilité, sociale, politique, historique?*

I. M. Pei. — Continuellement. Nous ne travaillons pas pour notre plaisir. Mais pour les autres, avec l'argent des autres. Nous dépensons d'énormes sommes d'argent. C'est une terrible responsabilité. Le Louvre, c'était le plus grand de tous les défis d'architecture. Il faudra peut-être attendre cent ans pour qu'il y en ait un comparable. Parce que, dans ce bâtiment qui représente huit cents ans d'histoire, entrent en jeu l'histoire, la civilisation, la culture d'un peuple, et jusqu'à[26] la fonction sociale. Parce que le Louvre est au cœur de la vie sociale de Paris.

N. O. — *Vos relations avec l'administration?...*

I. M. Pei. — Je pense que l'Etablissement public du Grand Louvre est une formidable idée. La meilleure méthode pour un projet vaste et complexe. Aux Etats-Unis ou en Grande-Bretagne, ce genre d'institution a tendance à durer très longtemps et à cumuler l'influence et le pouvoir. En France, une fois le grand projet réalisé, l'autorité est dissoute.[27] C'est un excellent système. Pour ce qui est de l'Etablissement public du Grand Louvre, j'ai été réellement impressionné par leur manière de travailler.

N. O. — *Et les conservateurs du musée?*

I. M. Pei. — Ils m'ont aidé d'une manière surprenante. En 1983–84, nous avions été l'objet de virulentes critiques de la part des Monuments historiques.[28] Ce sont les conservateurs qui nous ont donné la force de continuer, en nous soutenant notamment par rapport à la presse.

N. O. — *Quels étaient les arguments des Monuments historiques?*

I. M. Pei. — Le premier, c'était qu'il ne fallait pas toucher au Louvre. Deuxièmement, ils trouvaient que la Pyramide était un gadget digne de Disneyland! La plupart de ces

---

[18]De... *Similarly* [19]débats, controverses [20]hors... *irrelevant* [21]*manipulate* [22]*air conditioning* [23]*toys* [24]*chess* [25]*kind* [26]jusqu'... *even* [27]*dissolved* [28]Monuments... groupe qui s'occupe de la préservation des monuments historiques en France

I. M. Pei: «Je suis avant tout un optimiste. On peut me critiquer, je m'en fiche. Si je pense que j'ai raison, je vais de l'avant. Cela m'a donné un immense plaisir de travailler sur le Louvre.»

critiques venaient de l'ignorance et d'une résistance innée au changement. Les meilleurs jeunes architectes m'ont soutenu... Nouvel, Portzamparc, Macary... Nous avons également obtenu l'appui[29] de gens de droite, et c'est ce qui nous a gardés en vie.

N. O. — *Jacques Chirac, notamment...*

I. M. Pei. — Je ne le connaissais pas à l'époque, mais depuis j'ai appris à le connaître

et je crois que c'est un homme moderne. Je ne dis pas qu'il comprend tout, mais il est spontanément ouvert à la nouveauté. J'ai eu la chance de pouvoir exposer mes idées à Mme Pompidou que j'avais rencontrée à New York bien avant le projet Louvre. Elle m'a beaucoup soutenu dès le début.

N. O. — *Que pensez-vous de l'intérêt de François Mitterrand pour l'architecture?*

I. M. Pei. — Il a été convaincu dès le départ et n'a jamais montré la moindre réserve à mon égard.[30] C'est un homme de grande culture, sans doute possible. Et l'architecture l'intéresse bien qu'il la connaisse moins que les autres arts. Lui aussi est un homme moderne. La première fois que je lui ai exposé mon idée, il n'a pas été choqué, contrairement à la plupart des hommes de son âge que j'ai pu rencontrer en France.

N. O. — *Vous venez souvent au Louvre?*

I. M. Pei. — Bien sûr. J'adore me mettre dans un petit coin et regarder les gens. Lorsqu'on n'est pas heureux dans un bâtiment, on le manifeste par des graffitis. Ce genre de chose fonctionne comme révélateur des problèmes sociaux. Et je suis très heureux qu'il n'y ait pas de graffitis au Louvre.

N. O. — *Qu'espérez-vous du public?*

I. M. Pei. — D'abord, je veux qu'il se sente bien. Deuxièmement, qu'il sache tout de suite où aller, que faire. En toute clarté. Parce qu'on vient ici pour le plaisir.

N. O. — *Quels sont les projets sur lesquels vous travaillez actuellement?*

I. M. Pei. — Après le Louvre, je me suis retiré. Et

[29] soutien   [30] à... en ce qui me concerne

j'ai décidé de me consacrer à des projets spéciaux. Le temps est venu pour moi de jouir[31] de la vie. Alors, je choisis mes clients, je sélectionne mes travaux. A Kyoto, je réalise une église et un musée d'art religieux. A Athènes, un petit musée pour un ami grec qui a une magnifique collection d'art français. A Cleveland, un musée du rock'n'roll... Vous savez, je suis avant tout un optimiste. On peut me critiquer, je m'en fiche.[32] Si je pense que j'ai raison, je vais de l'avant. C'est ce que j'ai fait. Et cela m'a donné un immense plaisir, vraiment, de travailler sur le Louvre.

PROPOS RECUEILLIS PAR MARJORIE ALESSANDRINI abrégé du *Nouvel Observateur*

[31]*enjoy* [32]je... ça m'est égal

---

*D*epuis l'origine des choses jusqu'au quinzième siècle de l'ère chrétienne inclusivement, l'architecture est le grand livre de l'humanité, l'expression principale de l'homme à ses divers états de développement, soit comme force, soit comme intelligence.

Victor Hugo,
Notre Dame de Paris

A. Définitions. Associez les noms et leurs définitions.

1. le Louvre
2. la Pyramide du Louvre
3. André Le Nôtre
4. le «paralume»
5. François Mitterrand

a. Procédé pour adoucir la lumière, inventé par I. M. Pei.

b. Président de la République française qui a choisi Pei pour créer une addition au Louvre.

c. Ancien palais royal, ce musée parisien est aujourd'hui l'un des plus riches du monde. La construction commencée au moyen âge porte également la marque des styles de la Renaissance et du classicisme.

d. Bâtiment de verre qui couvre le nouveau hall d'entrée.

e. Créateur des immenses jardins symétriques du Palais de Versailles au 17e siècle. Souvent considéré comme l'incarnation même du classicisme français.

B. La rénovation du Louvre. Choisissez la meilleure réponse / les meilleures réponses parmi les possibilités données.

1. Quel personnage historique a inspiré Pei quand il travaillait sur le Louvre?

   a. François Mitterrand   **b.** André Le Nôtre   **c.** Richelieu

2. Selon Pei, qu'est-ce qui est à l'origine de l'architecture?

   a. le paysage   **b.** la perspective   **c.** la géométrie

3. Quelle est la tâche la plus difficile pour l'architecte, selon Pei?

   a. obtenir l'effet désiré avec simplicité
   b. ne pas trahir le modernisme
   c. utiliser de nouvelles technologies

4. Qui a approuvé la Pyramide de Pei?

   a. les Monuments historiques
   b. les hommes politiques de droite, notamment Jacques Chirac
   c. le président de la République française

5. Pourquoi Pei pense-t-il que le public aime le nouveau Louvre?

   a. parce qu'il n'y a pas de graffitis au Louvre
   b. parce qu'il n'y a pas de problèmes sociaux à Paris
   c. parce que l'on sait où aller au Louvre

C. Analyse. Répondez brièvement.

1. Qui est I. M. Pei?
2. Comment Pei s'est-il préparé avant de travailler sur le Louvre?
3. Comment Le Nôtre, le dessinateur de jardins et de parcs, a-t-il influencé l'œuvre de Pei?
4. Pour quelles raisons est-ce que Pei résiste aux étiquettes?
5. Selon Pei quelle est l'interaction entre l'architecte et la technologie?
6. Qui a critiqué la Pyramide de Pei? Pourquoi?
7. Comment Pei décrit-il sa responsabilité en tant qu'architecte?
8. Qu'a-t-il fait après le Louvre? Donnez des exemples de projets actuels.
9. Que pense Pei des critiques? Comprenez-vous cette attitude? Expliquez.

À DISCUTER

A. Devinettes. Voici des œuvres architecturales françaises. Avec un(e) partenaire, dites à quelles illustrations correspondent les noms suivants.

1. le château de Chambord
2. Notre Dame de Paris
3. le palais de Versailles
4. les arènes de Lutèce
5. la Tour Eiffel
6. le Mont-Saint-Michel

a.

b.

c.

d.

e.

f.

B. Sans aucun rapport. Dans chacune de ces séries de mots, l'une des caractéristiques est sans rapport avec les autres. Trouvez l'intrus et justifiez votre choix.

MODELE: le Sacré-Cœur / cathédrale gothique / basilique de style byzantin / Montmartre →
Le Sacré-Cœur est une basilique de style byzantin qui est située à Montmartre. Ce n'est pas une cathédrale gothique.

1. Beaubourg / Centre Pompidou / Musée d'Art Moderne / la Joconde
2. le Louvre / le tombeau de Napoléon / ancienne résidence royale / la Pyramide
3. l'Arc de Triomphe / le Soldat inconnu / place de la Concorde / Napoléon
4. le Musée d'Orsay / œuvres impressionnistes / Renoir, Monet, Sisley / quinzième siècle
5. la Défense / des gratte-ciel / centre commercial / banlieue de Marseille
6. le musée Picasso / costumes / peintures / sculptures
7. la Cité des Sciences et de l'Industrie, Parc de la Villette / maison de l'Industrie / Planétarium / peinture 18e siècle

C. L'architecture. Classez une ou deux œuvres architecturales dans chacune des catégories ci-dessous et indiquez où elles se trouvent.

EGLISES	AEROPORTS/ GARES/ FONTAINES	BATIMENTS	PONTS	DIVERS
Saint-Pierre (Rome)	le Musée d'Orsay (Paris)	le Musée de la civilisation (Québec)	Golden Gate (San Francisco)	l'Acropole (Athènes)

Ensuite mettez-vous à trois et choisissez la plus importante des œuvres pour chaque catégorie importante. Justifiez vos choix; puis comparez vos résultats avec ceux des autres étudiants. Est-ce que tout le monde a nommé les mêmes œuvres? Lequel de ces endroits avez-vous le plus envie de visiter? Expliquez.

D. Controverses. Quelle est votre attitude face aux bâtiments modernes, à la dernière mode, aux nouvelles tendances? Etes-vous plutôt pour ou contre la tradition? Choisissez une œuvre d'art ou un style qui a été sujet de controverse ici ou ailleurs et formez des groupes de quatre ou six personnes. La moitié de chaque groupe prépare une liste d'arguments en faveur du sujet en cause, l'autre moitié se concentre sur ses défauts. Un porte-parole de chaque camp présente alors sa position à la classe entière. Quels sont les arguments les plus convaincants?

SUJETS POSSIBLES

1. L'architecture ancienne et moderne. En considérant plusieurs édifices parisiens modernes, (par exemple, la Pyramide du Louvre, le centre Pompidou) qui s'élèvent à côté de monuments historiques, pensez-vous que Paris perde un peu de son charme ou admirez-vous au contraire son énergie et son progressisme?

2. Une création ultramoderne. Les compagnies aériennes qui ont financé le nouvel aéroport ultramoderne de Denver accusent les concepteurs d'avoir vu trop grand et trop cher. «C'est l'aéroport le plus étrange du monde!» «Pas du tout» répondent les auteurs du projet. «Sa fonction est de rompre avec l'univers fonctionnel et rébarbatif des aéroports.»

3. La mode. La plupart des gens ont tendance à mettre des tenues habillées pour les occasions importantes (telles que la remise des Oscars, etc.), mais certaines célébrités s'opposent à la tradition (par exemple, Cher, Billy Ray

Cyrus en jean avec un smoking, etc.). S'agit-il d'originalité ou d'un manque de gôut?

4. Sujet de votre choix.

Echos

A. **Qu'en pensez-vous?** Traitez par oral ou par écrit de l'un des sujets suivants.

1. **Les musées.** Depuis François Ier, les rois français humanistes ont rassemblé des collections d'objets d'art pour la postérité. En 1791, le musée du Louvre est devenu le premier musée européen. Quels musées d'art avez-vous visités? Aimez-vous aller au musée? Pourquoi (pas)? Qu'est-ce qui rend une visite agréable? Découvrir seul(e) une œuvre qui vous touche? suivre le tour guidé d'un musée avec une cassette louée? partager vos sentiments avec l'ami(e) qui vous accompagne? écouter les commentaires des autres visiteurs? Quels chefs-d'œuvre voulez-vous absolument voir durant votre vie? La chapelle Sixtine? la Joconde? le Penseur de Rodin? un autre? Pourquoi?

2. **L'art.** Quel est le rôle de l'art dans la société? Est-ce une source de plaisir et de beauté? Nous pousse-t-il à voir et à penser d'une façon différente? En général, quelles œuvres d'art appréciez-vous? Pourquoi? Parmi tous les arts, lequel vous touche le plus? Dans quel sens? Le monde serait-il moins riche sans les beaux-arts? Donnez des exemples qui soutiennent votre point de vue.

3. **L'architecture.** En architecture, quelle époque trouvez-vous la plus impressionnante? Préférez-vous le style classique? gothique? le style de la Renaissance? le style baroque? moderne? Expliquez en donnant des exemples. Quels monuments de votre pays vous semble-t-il indispensable de faire apprécier aux générations futures? Si vous pouviez visiter le chef-d'œuvre architectural de votre choix, verriez-vous la grande muraille de Chine? les pyramides d'Egypte ou du Mexique? le Parthénon? Stonehenge? la Pyramide du Louvre? Pourquoi?

B. **Etes-vous d'accord?** Discutez des opinions suivantes avec un(e) partenaire, et justifiez votre position.

1. En général, les gens ont du mal à comprendre les chefs-d'œuvre de leur époque.
2. Les meilleurs artistes vivent dans la misère.
3. Le goût ne s'apprend pas.
4. Les critiques (d'art, de cinéma, de théâtre, de musique, etc.) ne sont pas utiles.
5. Les musées d'art sont pour les personnes âgées.
6. Les nouveautés font toujours peur aux gens.

COCO, L'ESPRIT DE CHANEL

6. La vie en images. En France, les beaux-arts influencent souvent la vie moderne, la publicité en particulier. Regardez cette publicité et le tableau qui l'a inspirée, puis répondez aux questions avec un(e) partenaire.

1. Pour quel produit fait-on ici de la publicité? Donnez quatre ou cinq adjectifs qui vous viennent à l'esprit quand vous regardez cette publicité.
2. A votre avis, que voulait suggérer le peintre Ingres (1780–1867) dans «La source»?
3. Dans quel but les créateurs de la publicité évoquent-ils le célèbre tableau d'Ingres?
4. Est-ce que cette publicité atteint son but, à votre avis? Pourquoi (pas)?

CHAPITRE 12

McGill: L'une des universités prestigieuses du Québec

LA FRANCE ET L'AMERIQUE DU NORD

> «*V*ive le Québec libre!*»*
>
> Charles de Gaulle,
> à Québec, 1967

*L*e Québec: une région nord-américaine qui vit et pense en français et qui a toujours lutté pour maintenir sa langue, sa culture et sa religion; une province qui vient d'élire un premier ministre en faveur de la souveraineté, c'est à dire de l'indépendance du Québec vis-à-vis du reste du Canada. C'est à cette souveraineté que font allusion les trois Québécois qui s'expriment dans le premier texte de ce chapitre. Et c'est l'expérience d'être francophone dans un pays où domine la culture anglophone qu'évoque un poète acadien dans la deuxième partie du chapitre. Découvrez donc l'opinion d'un ministre du gouvernement québécois, d'un homme d'affaires, d'un cinéaste et d'un poète acadien à ce sujet. Et vous, que ressentiriez-vous si vous viviez dans un état entouré par des millions de gens parlant une autre langue et ayant une culture basée sur des événements historiques tout à fait différents? Pour répondre à cette question et à bien d'autres qui touchent à ce sujet, continuez la lecture.

*Q*uébec: Le piège de l'indépendance
······································

Mise en route

Taking notes and summarizing. Techniques such as circling key words and phrases, putting a bracket in the margin around the thesis sentence of a paragraph, writing brief summaries in the margins or in a notebook, and putting a question mark next to passages you don't understand so you can go back to them later are all good ways to improve your understanding of a text. Many students, however, highlight 90% of a paragraph as they read. It is much more useful to locate the main idea and details that support it. After you have read a passage and marked important parts, answer as many of the **Avez-vous compris?** questions as you can. Even if you can't answer each question, this will help you identify the text's main ideas. Then, close the book and summarize the main idea of the passage in one or two sentences. If you can't, reread the text, repeat the above steps, and ask questions at the next class meeting until you fully understand.

La prise de notes. Lisez rapidement les deux premiers paragraphes du commentaire de Guy Joron à la page 187, puis étudiez le deuxième paragraphe. Mettez des crochets ([ ]) dans les marges à côté de la phrase qui contient l'idée principale. Puis mettez un cercle autour de quelques noms et verbes qui développent cette idée. Ensuite, résumez le paragraphe en une phrase. Avec un(e) partenaire, discutez de vos choix. Avez-vous compris le texte de la même manière? Pourquoi (pas)?

Mots et expressions

l'Amérindien(ne) American Indian
l'échec (*m.*) failure
fondateur/fondatrice founder
l'hégémonie (*f.*) domination
s'identifier (avec) to identify (*with*)
intervenir to intervene
pluriculturel(le)/pluriethnique multicultural/multiethnic

se sentir to feel
soutenir to support (*a cause, a person*)
la souveraineté sovereignty, independence
surveiller to supervise
survivre to survive

APPLICATIONS **A. L'intrus.** Soulignez les deux mots dans chaque groupe liés l'un à l'autre.

1. l'Amérindien l'Amérique amère
2. la fondue fondateur fonder
3. sensé se sentir sensible
4. surveiller sûr veiller
5. intervenir l'invention l'intervention
6. souterrain soutenir soutenable

B. Synonymes. Trouvez l'équivalent des expressions ci-dessous.

1. la domination, la suprématie
2. l'insuccès d'un projet, d'une entreprise
3. l'indépandence
4. se déclarer similaire à autre chose
5. qui a plusieurs ethnies

A PROPOS... du Québec

Le français est la langue maternelle de 85% de la population du Québec mais c'est en 1974 seulement qu'il est devenu la langue officielle du Québec. Avant cette date, on utilisait l'anglais dans les écoles et pour les affaires. Cela a participé au ressentiment général et à la création d'un mouvement protestataire. Ce mouvement en faveur de la langue française était à la base des lois qui ont reconnu la francophonie au Québec. Cependant, la tension entre les Canadiens francophones et anglophones a continué d'augmenter. En 1994, de nombreux Québécois sont en faveur de la séparation du Québec et du Canada.

Quelques dates...

1974   Le français devient la langue officielle du Québec.

1976   Le Parti québécois (PQ), un parti nationaliste en faveur de la **souveraineté**—c'est à dire de l'indépendance—du Québec, arrive au pouvoir pour la première fois quand son fondateur, René Lévesque, est élu Premier ministre.

1977   La Charte de la langue française fait du français «la langue de l'Etat et de la Loi aussi bien que la langue normale et habituelle du travail et de l'enseignement, des communications, du commerce et des affaires».

1985   Le parti de l'opposition, le Parti libéral du Québec (PLQ), revient au pouvoir. Les libéraux sont opposés à la séparation du Québec et du Canada.

1994   Le 12 septembre 1994, les Québécois élisent Jacques Parizeau du PQ au poste de Premier ministre. Jacques Parizeau croit qu'il est dans l'intérêt du Québec de se séparer de la fédération canadienne.

1995   Date du référendum lors duquel les Québécois peuvent exprimer leur opinion sur la souveraineté du Québec.

Québec: Le piège de l'indépendance

CITIZEN PELADEAU

Le deuxième imprimeur[1] d'Amérique du Nord: «Je suis fier de la civilisation française.»

«Voilà vingt ans que je le répète: je n'ai pas peur de la souveraineté. Ni pour mon entreprise ni pour l'économie québécoise. Du reste, je n'ai peur de rien». Pierre Peladeau, président fondateur de Québécor, est un frêle[2] jeune homme de 70 ans. Son groupe comprend, outre[3] quatre quotidiens—dont le «Journal de Montréal»— 47 hebdomadaires et magazines populaires. S'y ajoutent près de 70 imprimeries qui font de Québécor le deuxième imprimeur commercial d'Amérique du Nord. Chiffre d'affaires: 3 milliards de dollars canadiens. Bénéfice[4] net: 75 millions. La raison de son optimisme? «J'ai démarré[5] avec une claque et une bottine [des galoches]. L'affaire la plus dure que j'aie jamais eu à conclure a été d'emprunter 1 500 dollars à ma mère, en 1950, pour acheter le «Journal de Rosemont». Et regardez où j'en suis... Depuis vingt ans, le dynamisme des entreprises québécoises, comme Bourboudier, Desmarais, n'est plus à démontrer.

Nous devons encore apprendre à contrôler l'immobilier,[6] la distribution,[7] mais ça viendra... » Un silence: «Ecoutez cet impromptu de Schubert.» On écoute. Peladeau est mélomane;[8] son bureau baigne en permanence dans la musique classique. Il préside l'Orchestre métropolitain de Montréal, mais patronne également des centres de réhabilitation pour alcooliques...

Revenons au Québec. «Le bilinguisme de Trudeau* était une farce. Pourquoi, à Vancouver, parlerait-on français? Il n'y a là-bas que des Chinois! En revanche,[9] je suis fier de la civilisation française et je veux la défendre au Québec. Dans ma vie, il n'a jamais été question de me laisser battre par les Anglais, même quand j'étais dans la marine[10] canadienne: les gradés[11] qui ont essayé de me dire «Speak white» («Parle blanc», donc anglais) s'en sont mordu les doigts.[12] J'estime que la souveraineté québécoise est inévitable. Ce référendum est, toutefois, prématuré. Le gouvernement va sûrement trouver un prétexte pour le différer.[13]» 🌿

tiré de *L'Express* 1995

[1]*printer* [2]fragile, faible [3]en plus de [4]profit [5]commencé [6]*real estate* [7]*delivery (of letters, goods, etc.)* [8]personne qui aime la musique avec passion [9]En... *On the other hand* [10]*Navy* [11]*petty officers* [12]s'en... *were sorry they asked* [13]remettre à un autre temps

UN FILS DE LEVESQUE

Jean-François Pouliot, cinéaste: «Nous ne sommes ni complexés,[1] ni provinciaux.»

«Quand j'ai commencé à tourner des films publicitaires, j'avais une obsession: ne pas démarquer[2]

les spots canadiens ou américains. Le jour où mes films ont été doublés[3] en anglais pour être diffusés sur tout le Canada, j'ai été rassuré.» Jean-François Pouliot, 36 ans, peut être tranquille. Ses spots «québécois» ramassent des brassées[4] de lauriers[5] dans les concours[6] internatio-

[1]*neurotic* [2]copier [3]*dubbed* [4]*armfuls* [5]*prizes* [6]*competitions*

---

*Pierre Elliott TRUDEAU: Chef du Parti libéral en 1968 et Premier ministre du Canada de 1968 à 1979, puis de 1980 à 1984. Partisan du bilinguisme et du fédéralisme (c'est-à-dire opposé à l'indépendance du Québec).

naux. Et sa dernière trouvaille,⁷ réalisée pour la compagnie de téléphone Bell, a un tel succès qu'il tourne actuellement le 22ᵉ épisode de la saga du prétentieux «M. B», flanqué de⁸ son rustaud de⁹ beau-frère et d'une envahissante¹⁰ vieille maman, «qui embaume l'odeur de¹¹ dinde rôtie aux atakas».¹² Les répliques «Ah ben, le ver l'a mangé» ou «Vous appelez souvent votre mère?—Pas si souvent... » font florès¹³ aujourd'hui dans les conversations et même dans les bulles¹⁴ des dessinateurs satiriques.

La souveraineté? «Elle m'inquiète. Comme beaucoup de gens de ma génération, je suis un «fils de Lévesque». C'est lui, ce petit bonhomme pas vraiment beau, qui a convaincu les Québécois qu'ils n'étaient pas «nés pour un petit pain»¹⁵ [pas des minables]. C'était, en quelque sorte, Astérix! C'est lui qui a lancé la guerre linguistique et économique. Avec raison. Maintenant, c'est fait; nous ne sommes ni complexés ni «provinciaux». Je ne crois plus que les artistes doivent dire des choses et surtout pas chanter la cause du Québec! Tous ont été comme moi nourris de¹⁶ films français, italiens ou américains. Il faut faire des films qui émeuvent¹⁷ ou amusent les Brésiliens ou les Japonais. Les Américains trouvent mes spots très français. Les Européens les déclarent très américains. Tant mieux: je suis les deux, et fier de l'être! Alors,

René Lévesque, fondateur du parti québécois

aujourd'hui, quand le governement prétend que la souveraineté va résoudre tous les problèmes, y compris le chômage, j'ai l'impression qu'il se moque de moi et, surtout, qu'il a une guerre de retard. La souveraineté, c'est le rêve de Parizeau. Plus le mien.»

tiré de *L'Express* 1995

⁷*creation* ⁸flanqué... *flanked by* ⁹rustaud... *meddling* ¹⁰*intrusive* ¹¹embaume... *smells of* ¹²dinde... *roast turkey with cranberry sauce*
¹³font... *sont à la mode* ¹⁴*speech bubbles* ¹⁵un... en inspirer pitié ¹⁶nourris... *brought up on* ¹⁷touchent

GUY JORON

Ministre délégué à l'énergie: «Il n'y a nulle part au monde un foyer de culture française de l'importance du Québec.»

Comme la grande majorité des Québécois, j'ai reçu mon éducation en français et je fus¹ formé par les valeurs que porte la culture française et

dont la langue se fait le véhicule. C'est cette appartenance,² plus encore que mon attachement à un coin de terre, qui m'a conduit à défendre l'indépendance politique du Québec.

J'ai aussi la conviction que la civilisation occidentale est menacée d'appauvrissement si l'hégémonie de la culture anglo-américaine devait s'établir. Les peuples d'Europe du Sud, héritiers

¹[passé simple d'*être*] ²*identification (with French culture and language)*

culturels des Grecs et des Latins et marqués par le catholicisme, sont porteurs de valeurs humanistes qui constituent un contrepoids[3] essentiel au matérialisme outré[4] de l'Amérique anglophone. Un coin de cette Amérique au nord du Rio Grande a résisté, tant bien que mal, à l'uniformisation culturelle américaine: le Québec. Après un long cheminement[5] autonomiste,[6] cette petite Amérique, différente de l'autre, cherche, par les pouvoirs accrus[7] que lui procurerait[8] la souveraineté politique, à parachever[9] son identification et à démarquer[10] sa différence.

Ce n'est pas par chauvinisme que les Québécois veulent ainsi se différencier des Anglo-Américains; c'est parce qu'ils sont dépositaires de valeurs distinctes qu'ils veulent construire chez eux une société distincte. Il y va donc de[11] la richesse même de la civilisation occidentale que cet apport,[12] demeuré[13] précaire depuis la fondation de la Nouvelle-France, ne soit pas effacé par l'assimilation.

Il y va aussi de l'intérêt de[14] la France. Il n'y a nulle part au monde, hors d'Europe, un foyer de culture française de l'importance du Québec. Certes, d'autres régions du globe ont connu la présence française, et aujourd'hui la culture française y côtoie[15] et y influence, à divers degrés, les cultures autochtones.[16] Cependant, les cinq millions de Québécois français, principalement descendants de Normands et de Bretons, constituent la seule émanation importante de la nation française hors de France. Avant la fin du siècle, la culture française sera internationale ou continentale, selon que le Québec existera en tant que tel ou pas.

François-Marie Monnet, dans cet ouvrage remarquablement exact et percutant, a très bien compris et décrit le défi[17] que pose le Québec aux Etats-Unis. Les Américains accepteront-ils la diversité? Mais les Québécois posent également un défi à la France. A-t-elle la volonté de soutenir, hors de ses limites territoriales, la continuité des valeurs qui sont le fondement de sa culture? Veut-elle participer à la définition de ce qu'est l'homme d'Occident? Croit-elle encore que ces valeurs constituent un apport à notre civilisation? Nous sommes nombreux au Québec à y croire. Combien sont-ils en France? L'heure approche où il faudra les compter. ◼

tiré du *Défi Québécois*

[3]*counterbalance* [4]excessif [5]marche lente [6]séparatiste [7]*added* [8]*would obtain* [9]*perfect* [10]démontrer [11]Il... *It therefore concerns* [12]*contribution* [13]resté [14]Il... *It also concerns the interest of* [15]y... se trouve à côté de [16]indigènes, natives [17]*challenge*

AVEZ-VOUS COMPRIS?

A. De qui s'agit-il? Donnez le nom des personnes auxquelles s'appliquent les idées suivantes. Certaines peuvent convenir à plus d'une personne.

1. _____ soutient la souveraineté du Québec.

2. _____ ne pense pas que la souveraineté soit très importante aujourd'hui.

3. _____ croit que le Québec finira par se séparer du Canada anglophone un jour.

4. _____ ne pense pas que le Canada soit vraiment un pays bilingue.

5. _____ ne voudrait pas que le Québec s'américanise.

6. _____ doute que la souveraineté puisse résoudre tous les problèmes actuels.

7. _____ aimerait préserver les valeurs de l'Europe du Sud en Amérique du Nord.

B. **Analyse.** Répondez brièvement, puis comparez vos réponses avec celles d'un(e) partenaire.

Pierre Peladeau

1. Quelle est sa profession?
2. Décrivez Québécor. Comment Peladeau a-t-il commencé cette entreprise?
3. Que pense-t-il de l'économie québécoise?
4. Quelle est son attitude envers un Canada bilingue?
5. A-t-il jamais ressenti qu'il était l'objet de discrimination parce qu'il était québécois? Commentez votre réponse.
6. Selon lui, qu'est-ce que l'avenir réserve au Québec?

Jean-François Pouliot

1. Quelle est sa profession? Pour qui travaille-t-il?
2. Qu'est-ce qui montre qu'il réussit dans sa profession?
3. Qui a beaucoup influencé la génération de Pouliot? Qu'est-ce qu'il admire chez cette personne?
4. Qui veut-il toucher à travers ses publicités et ses films? Que disent les autres de ses films? En est-il content? Pourquoi (pas)?
5. Que pense-t-il de la souveraineté? Pourquoi?

Guy Joron

1. Pourquoi soutient-il la souveraineté du Québec?
2. Quelles valeurs européennes respecte-t-il? A quelles valeurs de l'Amérique anglophone veut-il résister?
3. Selon Joron, pourquoi est-il important de cultiver la culture française au Québec?
4. Pourquoi est-il important que la France soutienne un Québec indépendant?
5. Combien de Québécois français y a-t-il? Qui sont leurs ancêtres? En quoi est-ce que le Québec est différent des autres pays francophones?

A. **Une double description.** Complétez le tableau suivant en répondant aux questions à la page 190. Ensuite comparez vos réponses avec celles des autres étudiants.

A DISCUTER

	LE CANADA	LES ETATS-UNIS
1. Combien de provinces/d'états? de territoires?		
2. Quelles langues y sont parlées?		
3. Nommez une ancienne colonie anglaise dans chaque pays.		
4. Quelle était la religion des peuples colonisateurs?		
5. Nommez quelques valeurs humanistes de chaque pays.		

B. Les états. L'Amérique du Nord comprend trois pays, mais beaucoup de langues, de cultures et de gens variés. Mettez-vous par groupes de quatre et répondez aux questions suivantes, puis comparez vos réponses avec celles des autres groupes.

1. Selon vous, qu'est-ce qui rend votre province ou votre état différent des autres dans votre pays? Indiquez l'importance de chaque élément suivant à l'aide d'un nombre de 5 à 1: 5 = très important, 1 = peu important. Expliquez vos réponses.

   a. _____ les gens
   b. _____ la langue ou le dialecte
   c. _____ le climat et la géographie
   d. _____ les traditions et coutumes
   e. _____ l'industrie et le commerce
   f. _____ les villes

   g. _____ les écoles
   h. _____ la géographie
   i. _____ les lois
   j. _____ les sites historiques
   k. _____ les distractions culturelles
   l. _____ ?

2. Quel(s) autre(s) état(s) ou quelle(s) autre(s) province(s) de votre pays connaissez-vous? Décrivez-la/le(s)?

3. Selon vous, quel est le meilleur endroit où vivre dans votre pays? Pourquoi?

4. Si un état ou une province voulait se séparer du reste de votre pays et devenir une nation indépendante, quelle serait votre réaction? Donnez un exemple.

6. Valeurs. Qu'est-ce qui influence les jugements de valeur dans votre culture? L'orientation politique des gens au pouvoir? la religion dominante? les traditions familiales? le succès financier? Par exemple, est-ce que les meilleurs films sont ceux qui gagnent le plus d'argent ou ceux que les critiques trouvent bons? Avec un(e) partenaire, donnez un exemple très précis d'une chose ou d'une personne contemporaine renommées dans votre culture, et cela pour chaque catégorie ci-dessous. Ensuite comparez vos réponses avec celles des autres étudiants. Etes-vous souvent d'accord avec les jugements dominants de votre culture? Pourquoi (pas)?

1. un film
2. un chanteur / une chanteuse
3. un roman
4. une université
5. une vedette des médias
6. un site touristique
7. une profession
8. un endroit où vivre

L'Acadie ma seule patrie

Mise en route

Paying attention to details. The structure of the poem «L'Acadie ma seule patrie» is simple; you should have little trouble following the ideas presented. The frequent repetition, however, might cause you to skip over important shifts in meaning from line to line unless you pay special attention. What is the difference between the following lines?

> Je déteste qu'on n'aime pas en Acadie

> Je déteste qu'on n'aime pas l'Acadie

How does the shift from the preposition **en** to the article **l'** change the meaning of the verse?

Mots et expressions

abaisser to humble; to reduce
chômer to be out of work
en ce qui concerne concerning
enlever to take away
haïr to hate

l'isolement (*m.*) isolation
traiter de to call (*by some name or other*)
s'unir to unite

A. Antonymes. Trouvez le contraire des expressions suivantes.

1. se séparer
2. aimer, adorer
3. glorifier
4. avoir du travail
5. le contact
6. donner, accorder

B. Synonymes. Trouvez l'équivalent des expressions ci-dessous.

1. à propos de
2. appeler d'un nom
3. la solitude, la séparation des autres
4. former une union

A PROPOS... de l'Acadie

De nos jours, le nom Acadie désigne les provinces canadiennes maritimes: la Terre-Neuve, la Nouvelle-Ecosse, le Nouveau-Brunswick et l'Ile du Prince-Edouard. Qui sont les Acadiens? Ce sont des Français venus de France au début du 17e siècle. Au cours de ce siècle, l'Acadie appartenait tantôt aux Français, tantôt aux Anglais. Elle a changé de mains neuf fois en cent ans. Finalement en 1713, l'Acadie est passée définitivement sous la domination anglaise.

Peu après, les Anglais ont réclamé un pacte d'alliance avec les Acadiens qui l'ont refusé car il ne contenait pas de clause stipulant qu'ils ne seraient jamais obligés de prendre les armes contre les Français. Par conséquent, en 1755, 6 500 Acadiens ont été déportés aux Etats-Unis, et en 1758–1759, 3 000 en Angleterre. La plupart des Acadiens envoyés aux USA se sont installés en Louisiane, une colonie française à l'époque. Beaucoup d'Acadiens dispersés en Europe ont regagné la Bretagne, en France.

Actuellement, le français n'est pas la langue officielle en Acadie comme c'est le cas au Québec. Souvent, il n'y a ni école ni église française. Dans certaines régions, la population acadienne s'anglicise pour pouvoir survivre économiquement. Sans un effort intense et tenace, la cause française sera perdue en Acadie.

Un joueur de violon au Nouveau Brunswick

L'Acadie ma seule patrie

Le poème suivant a été écrit par Clarence Comeau. Il s'exprime avec le même esprit que beaucoup d'autres militants acadiens qui veulent voir l'Acadie acadienne et libre.

France, Espagne, Angleterre surtout pas toi
Italie, Belgique, Etats-Unis bien moins
Si le Français aime sa France
Si le Russe aime sa Russie
5 Si beaucoup aiment la Provence
Moi j'aime mon Acadie

J'aime, et... je déteste

Je déteste parce que l'heure a sonné pour détester
Je déteste parce que j'ai longtemps appris à avoir honte
10 Je déteste parce que j'ai vu trop de choses détestables
Je déteste parce que j'ai vu mes parents pleurer à cause de l'élite

Je déteste qu'on m'enlève mes droits
Je déteste qu'on me traite de «bunch of trash»
Je déteste qu'on amende à ma culture sous prétexte d'évolution
15 Je déteste qu'on joue en Acadie
Je déteste que l'Acadie soit mise dans les vitrines
Je déteste qu'on aliène l'Acadie
Je déteste qu'on sous-estime l'Acadie
Je déteste qu'on abaisse en Acadie
20 Je déteste qu'on abaisse l'Acadie
Je déteste qu'on ait faim en Acadie
Je déteste qu'on ait des mises à pied[1] en Acadie
Je déteste qu'on chôme parce qu'il y a une élite en Acadie

Je déteste qu'on ne chante pas en Acadie
25 Je déteste qu'on ne danse pas en Acadie
Je déteste qu'on n'aime pas en Acadie
Je déteste qu'on n'aime pas l'Acadie
Je déteste qu'on insulte en Acadie
Je déteste qu'on insulte l'Acadie
30 Je déteste qu'on ait pitié de l'Acadie
Je déteste qu'on anglicise l'Acadie
Je déteste qu'on américanise l'Acadie
Je déteste qu'on ne respecte pas la liberté humaine en Acadie

[1]mises... *layoffs*

Je déteste qu'on prenne des quasi-mesures de guerre en Acadie

35 Je déteste que la police ne soit plus une gardienne en Acadie

Je déteste que la police, la Loi ne comprenne pas l'étudiant de l'Acadie

Je déteste qu'on ne croie plus que l'étudiant est humain en Acadie

Je déteste que l'Humain ne soit plus pour l'Université[2] de notre Acadie

Je déteste qu'on assomme[3] notre Université afin que l'élite domine l'Acadie

40 Je déteste qu'on ferme le département de Sociologie en Acadie

Je déteste que les Sciences Sociales soient la Honte de l'Acadie

Je déteste qu'on se moque du département de Français en Acadie

Je déteste qu'on aliène le département de Philosophie en Acadie

Je déteste qu'on se fiche[4] du mot «Université» de l'Acadie

45 Je déteste qu'on élimine ceux qui pensent en Acadie

Je déteste parce que mon père a dû lui aussi détester en Acadie

Je déteste parce que J'AIME, parce que j'aime mon Acadie

Je déteste parce que j'aime en Acadie

Je déteste parce qu'on ne déteste pas le mal fait à l'Acadie

50 Je déteste qu'on déteste la personne au lieu du mal qu'elle a fait à l'Acadie

Oui je déteste parce qu'on veut corrompre[5] l'Acadie

Je déteste ce que j'ai toujours détesté en Acadie

Je déteste tant qu'il y aura de quoi à détester en Acadie

Je déteste ce qu'on voudrait que l'Acadie soit...

55 Je déteste... et j'aime

Si le Français aime sa France
Si le Russe aime sa Russie
Si beaucoup aiment la Provence
Moi j'aime mon Acadie.

tiré d'*Acadie/Expérience*
Choix de textes acadiens: complaintes, poèmes et chansons

[2]l'Université de Moncton, la seule université francophone hors du Québec [3]*overpower, overwhelm* [4]se... (*fam.*) se moque [5]*to corrupt*

*Nouvelle-Ecosse: Evangeline,
la tragédie de la séparation*

A. Thèmes. Voici quelques idées importantes que l'on trouve dans ce poème. Trouvez deux ou trois vers qui traitent de chacun des sujets suivants.

1. _____ l'amour pour son pays
2. _____ la souffrance
3. _____ l'oppression de la culture dominante
4. _____ la non-valeur de la culture française
5. _____ le manque de vie intellectuelle

B. Analyse. Répondez brièvement, puis comparez vos réponses avec celles d'un(e) partenaire.

1. Qui a écrit ce poème? Quel est son pays? Pourquoi l'aime-t-il?
2. Avec quels pays ne s'identifie-t-il pas? Pourquoi?
3. Trouvez deux ou trois expressions qui montrent que l'auteur fait partie d'un groupe minoritaire dans son pays.
4. Nommez trois choses que l'on ne fait pas en Acadie. Pourquoi pas?
5. Quelle langue et quelle culture seront sacrifiées si l'on «anglicise» et «américanise l'Acadie»?
6. Nommez trois départements universitaires dont on ne reconnaît pas la valeur en Acadie. Quel est le rapport entre ces départements et la culture française?
7. Soulignez les verbes et les noms qui se répètent dans ce poème. Selon vous, quel est l'effet de ces répétitions? Est-ce qu'elles stimulent vos émotions? vos pensées? Commentez votre réponse.

A. Idées et sentiments. Avec un(e) partenaire, récrivez les vers depuis «Je déteste qu'on ne chante pas en Acadie» jusqu'à «ne respecte pas la liberté humaine en Acadie» (lignes 24–33) en vous servant des synonymes du verbe **détester** ci-dessous. Ne répétez pas le même verbe deux fois. Ensuite lisez à haute voix la version originale et votre version. Puis répondez aux questions suivantes, et comparez vos réponses avec celles des autres groupes.

DETESTER	JE DETESTE QUE
abhorrer	il est répugnant que
avoir horreur	il me dégoûte que
ne pas endurer	
éprouver de la peine	
être furieux/furieuse	
haïr	
ne pas supporter	
ne pas tolérer	
trouver atroce	

1. Quelle version de ces lignes préférez-vous, celle du poète ou la vôtre? Pourquoi?

2. En général, qu'est-ce qui est plus marquant dans ce poème? les idées ou les émotions? Citez les idées ou les émotions qui vous ont touché(e) en particulier.

3. Que pensez-vous de l'attitude du poète? Comprenez-vous sa haine? Trouvez-vous que son attitude contribue à son manque d'intégration à la culture anglophone? Expliquez.

4. Pourquoi pensez-vous que cet auteur a écrit un poème et non pas un article de journal? Comment exprimeriez-vous une douleur ou un bonheur indescriptibles? Pourquoi?

B. Caractéristiques. Mettez-vous par groupes de quatre et indiquez si vous associez les phénomènes suivants avec l'Amérique du Nord francophone (F), l'Amérique du Nord anglophone (A), les deux (2) ou aucune (0) de ces entités. Justifiez vos réponses.

1. _____ la domination d'une culture sur l'autre
2. _____ la préservation des deux cultures
3. _____ le désir de se séparer
4. _____ le désir de résoudre les différences entre ethnies
5. _____ la lutte contre l'injustice
6. _____ la démocratie
7. _____ le bilinguisme
8. _____ les mêmes opportunités pour toutes les ethnies
9. _____ des groupes minoritaires au chômage
10. _____ la protection des droits des groupes minoritaires

C. Jugements. En vous inspirant de ce poème, décrivez les aspects positifs et/ou négatifs de votre culture. Faites un poème ou une rédaction, et employez les mots «Je déteste» ou «J'aime» en suivant le texte comme modèle. Ensuite, affichez toutes les œuvres (anonymes ou signées) au tableau pour que tout le monde les lise. Quelles sont les réactions?

Echos

A. Qu'en pensez-vous? Traitez par oral ou par écrit de l'un des sujets suivants.

1. **Les langues.** Quelles langues connaissez-vous bien? Qu'est-ce qui rend l'acquisition d'une langue facile ou difficile? Le talent linguistique? la motivation? les traditions familiales? les écoles? l'attitude de la société? Expliquez. Combien de langues se parlent dans votre pays? Pourquoi? Combien de langues est-ce que vos parents parlent? vos grands-parents?

Combien de langues apprendrez-vous durant votre vie? Commentez vos réponses. Peut-on connaître un pays ou une culture sans en parler la langue? Expliquez.

2. **L'Amérique du Nord.** Quand vous pensez à l'Amérique du Nord, quelle est la première image qui vous vient à l'esprit? Comment vous représentez-vous sa géographie? A quel pays pensez-vous en premier? Pensez-vous à certaines villes? Des gens en particulier? Expliquez. Selon vous, est-ce que le Canada et les Etats-Unis se ressemblent? En quel sens? Comment sont-ils différents? Aimeriez-vous habiter un autre pays d'Amérique du Nord? Commentez.

3. **Les pouvoirs nationaux et étatiques.** Un pays et un état ont des pouvoirs divers et complémentaires. Dans votre pays, qui a le pouvoir de signer un traité? de déclarer la guerre? de naturaliser les immigrés? Qui surveille les écoles? la sécurité sociale? les langues officielles? Est-ce que le gouvernement national intervient trop dans les questions qui concernent votre état? Donnez un exemple. Comment est-ce que votre état touche votre vie? Est-ce que vous servez votre état ou est-ce qu'il vous sert? Expliquez.

B. **Etes-vous d'accord?** Discutez les phrases ci-dessous avec un(e) partenaire. Justifiez vos réponses.

1. Le Canada n'est pas bilingue. C'est un pays anglais où survit une minorité d'origine française.
2. Pour l'immigrant(e) qui veut s'assimiler dans un pays étranger, seule la première période d'adaption est difficile. Après une (ou deux) génération(s), les descendants sont tout à fait intégrés à la nouvelle culture.
3. Ceux qui s'assimilent oublient leur identité et ne se sentent jamais vraiment à l'aise.
4. Il est important d'établir des écoles bilingues, même dans un pays unilingue.

C. **La vie en images.** Comme vous voyez sur la publicité à droite, le Québec a posé sa candidature pour accueillir les Jeux olympiques dans quelques années. Avec un(e) partenaire, discutez du pour et du contre du projet. En ce qui concerne la culture, quels en seraient les avantages? Y voyez-vous des inconvénients? Et en ce qui concerne l'économie? Voudriez-vous y assister si vous pouviez? Pourquoi (pas)?

**LES JEUX.
OUI, ON LES VEUT!**

Imaginez la scène. Le monde entier se donnant rendez-vous à Québec, capitale mondiale de la neige,

QUÉBEC 2002

pour les Jeux Olympiques d'hiver. Vouloir les Jeux de 2002 aujourd'hui, c'est se donner le pouvoir de les avoir demain!

Lexique

This vocabulary provides contextual meanings of French words used in this text. It does *not* include exact cognates, most near cognates, regular past participles used as adjectives if the infinitive is listed, or regular adverbs formed from adjectives listed. Adjectives are listed in the masculine singular form; feminine forms are included when irregular. Irregular past participles are listed, as well as third-person forms of irregular verbs in the **passé simple.** Other verbs are listed in their infinitive forms only. An asterisk (*) indicates words beginning with an aspirate *h.*

Abbreviations

A.	archaic	*interj.*	interjection	*p.p.*	past participle
adj.	adjective	*interr.*	interrogative	*prep.*	preposition
adv.	adverb	*intrans.*	intransitive	*pron.*	pronoun
art.	article	*inv.*	invariable	*p.s.*	**passé simple**
conj.	conjunction	*irreg.*	irregular (verb)	*Q.*	Quebec usage
contr.	contraction	*lit.*	literary	*s.*	singular
exc.	exception	*m.*	masculine noun	*s.o.*	someone
f.	feminine noun	*n.*	noun	*s.th.*	something
fam.	familiar or colloquial	*neu.*	neuter	*subj.*	subjunctive
Gram.	grammatical term	*pl.*	plural	*tr. fam.*	very colloquial, argot
indic.	indicative (mood)	*poss.*	possessive	*trans.*	transitive
inf.	infinitive				

A

à *prep.* to; at; in
abaisser to humble; to reduce
abandon *m.* forsaking; abandonment
abandonner to give up; to abandon; to desert
abattirent *p.s. of* **abattre**
abattit *p.s. of* **abattre**
abattre (*p.p.* **abattu**) *irreg.* to overthrow; to kill, destroy
abattu *p.p. of* **abattre**
abbé *m.* monk, friar
abdiquer to abdicate, give up
abhorrer to abhor, detest
abolir to abolish
abord: d'abord *adv.* first, first of all
aborder to approach; to address
abords *m. pl.* surroundings, approach
abrégé *adj.* abridged, summarized
abreuver to supply; to drench, flood

abruti(e) *m., f., fam.* idiot, fool
absolu *adj.* absolute
absorber to consume; to absorb
s'abstenir de (*like* **tenir**) *irreg.* to abstain from
abstenu *p.p. of* **abstenir**
s'abstinrent *p.s. of* **s'abstenir**
s'abstint *p.s. of* **s'abstenir**
abstrait *adj.* abstract
abyssal *adj.* very deep
Acadie *f.* Acadia (*Nova Scotia*)
acadien(ne) *adj.* Acadian; **Acadien(ne)** *m., f.* Acadian (*person*)
accaparer to seize upon; to monopolize, take over
accéder (j'accède) to accede; to gain access
s'accélérer (il s'accélère) to accelerate

accent *m.* accent; **mettre l'accent sur** to emphasize, highlight
accentuer to accentuate, emphasize, stress
accepter (de) to accept; to agree (to)
accès *m.* access; approach; **avoir accès à** to have access to
accessoire *m.* accessory
accidentel(le) *adj.* accidental
accompagner to accompany, go along with
accomplir to accomplish, fulfill, carry out
accord *m.* agreement; **être d'accord** to agree, be in agreement; **se mettre d'accord** to reconcile, come to an agreement
accorder to grant, bestow, confer; **s'accorder** to be in agreement
accoster to berth (a boat alongside)

accouchement *m.* childbirth, delivery
accoucher to give birth
accourir (*like* **courir**) *irreg.* to rush; to flock
accouru *p.p. of* **accourir**
accoururent *p.s. of* **accourir**
accourut *p.s. of* **accourir**
accoutumé *adj.* accustomed, habituated
accro (*pl.* **accros**) *adj., fam.* hooked, addicted
accroché à *adj.* hooked on to; hanging on to
accroissement *m.* growth
accroître (*like* **croître**) *irreg.* to increase, add to
accru *adj.* increased; *p.p. of* **accroître**
accrurent *p.s. of* **accroître**
accrut *p.s. of* **accroître**
accueil *m.* greeting, welcome
accueilli *p.p. of* **accueillir**
accueillir (*like* **cueillir**) *irreg.* to welcome; to greet
accueillirent *p.s. of* **accueillir**
accueillit *p.s. of* **accueillir**
accumuler to accumulate, gather
accuser (de) to accuse (of)
achat *m.* purchase; **pouvoir** (*m.*) **d'achat** purchasing power
acheter (j'achète) to buy
achever (j'achève) to complete, finish (*a task*); **s'achever** to close, (come to an) end
acide *adj.* acid; **pluie** (*f.*) **acide** acid rain
acquérir (*p.p.* **acquis**) *irreg.* to acquire, obtain
acquiescer (nous acquiesçons) to acquiesce, agree
acquièrent *p.s. of* **acquérir**
acquis *adj.* acquired; *p.p. of* **acquérir**
acquit *p.s. of* **acquérir**
Acropole *f.* Acropolis (*in Athens*)
acte *m.* act; action; law; certificate
acteur (-trice) *m., f.* actor, actress
actif (-ive) *adj.* active; working; **population** (*f.*) **active** working population, workers
s'activer to keep busy; to bustle (about)
actualité *f.* piece of news; present day; *pl.* current events; news; **d'actualité** *adj.* relevant, today's
actuel(le) *adj.* present, current
actuellement *adv.* now, at the present time

adapter to adapt
adhérer (j'adhère) to adhere; to join
adhésif (-ive) *adj.* adhesive, sticky; **ruban** (*m.*) **adhésif** adhesive, cellophane tape
adieu (*pl.* **adieux**) *m., interj.* good-bye
admettre (*like* **mettre**) *irreg.* to admit, accept, agree
admirateur (-trice) *m., f.* admirer
admirent *p.s. of* **admettre**
admirer to admire
admis *adj.* admitted, allowed; *p.p. of* **admettre**
admit *p.s. of* **admettre**
adolescent(e) (*fam.* **ado**) *m., f., adj.* adolescent, teenager
adoption: d'adoption *adj.* adoptive, adopted
adorer to love, adore
adossé à *adj.* with one's back against
adoucir to soften
adresse *f.* address; cleverness
s'adresser à to speak to; to appeal to
adversaire *m., f.* opponent, adversary
adverse *adj.* opposing; opposite
aérien(ne) *adj.* aerial; by air; airline; **compagnie** (*f.*) **aérienne** airline
aérobic *f. s.* aerobics
aérogare *f.* air terminal
aéroport *m.* airport
s'affaiblir to weaken, become weaker
affaire *f.* affair, matter; *pl.* business; **chiffre** (*m.*) **d'affaires** turnover, sales figure (*business*); **homme (femme)** (*m., f.*) **d'affaires** businessman, businesswoman; **une bonne affaire** a bargain, a good deal
s'affairer to busy oneself
affecter to affect
affectif (-ive) *adj.* affective, emotional
afficher to post; to stick up (*on a wall*)
affirmatif (-ive) *adj.* affirmative
affirmer to affirm, assert
affronter to face, confront
afin de *prep.* to, in order to; **afin que** *conj.* so, so that
Afrique *f.* Africa
agaricacée *f.* (capped) mushroom, fungus
âge *m.* age; years; epoch; **moyen âge** *m. s.* Middle Ages
âgé *adj.* aged; old; elderly
agent *m.* agent; **agent de police** police officer

agir to act; **il s'agit de** it's a question, a matter of
agoniser to be dying, on its last legs
agressif (-ive) *adj.* aggressive
agressivité *f.* aggressiveness
aide *f.* help, assistance; *m., f.* helper, assistant; **venir en aide** to come to the aid (of)
aider to help
aigu *adj.* sharp; acute
ail *m.* garlic; **gousse** (*f.*) **d'ail** garlic clove
aile *f.* wing; fin
ailleurs *adv.* elsewhere; **d'ailleurs** *adv.* moreover; anyway; **nulle part ailleurs** nowhere else
aimer to like; to love; **aimer bien** to like; **aimer mieux** to prefer
aîné(e) *m., f., adj.* older, oldest (*sibling*)
ainsi *conj.* thus, so, such as; **ainsi que** *conj.* as well as, in the same way as; **et ainsi de suite** and so on
air *m.* air; look; tune; **avoir l'air (de)** to seem, look (like)
aise *f.* ease, comfort; **être à l'aise** to be at ease, relaxed; **se sentir à l'aise** to be at ease, comfortable
aisé *adj.* comfortable; well-off
aisément *adv.* comfortably, easily
ajouter to add
ajuster to adjust; to set
alarmer to alarm, frighten
alcoolique *m., f., adj.* alcoholic
alcoolisé *adj.* alcoholic
Alger Algiers (*capital of Algeria*)
Algérie *f.* Algeria
algérien(ne) *adj.* Algerian; **Algérien(ne)** *m., f.* Algerian (*person*)
aliéner (j'aliène) to alienate; to give up
aliment(s) *m.* food (items); nourishment
alimentaire *adj.* alimentary, pertaining to food
alimentation *f.* food, feeding, nourishment
allégé *adj.* lightened, lighter (*food*)
allégeance *f.* allegiance
Allemagne *f.* Germany
allemand *adj.* German; *m.* German (*language*); **Allemand(e)** *m., f.* German (*person*)

aller *irreg.* to go; **aller** + *inf.* to be going (*to do s.th.*); **allons-y!** here goes!

allié(e) *m., f.* ally; *adj.* allied

allocation *f.* allotment; (government) pension

allongé *adj.* elongated, long; oblong

allumer to light (*a fire*); to turn on (*lights*)

allusion: faire allusion à to allude to

alors *adv.* so; then, in that case; **alors que** *conj.* while, whereas

alpin: faire du ski alpin to go (downhill) skiing

alpinisme *m.* mountaineering, mountain climbing

alpiniste *m., f.* mountaineer; *adj.* mountain-climbing

alsacien(ne) *adj.* Alsatian, from Alsace; *m.* Alsatian (*language*)

altéré *adj.* tampered with, corrupted

amateur *m.* fan, lover; *adj.* amateur, non-professional

ambassadeur (-drice) *m., f.* ambassador

ambiance *f.* atmosphere, surroundings

ambianceur (-euse) *m., f.* ambience, atmosphere creator

ambiant *adj.* ambient; surrounding

ambitieux (-ieuse) *adj.* ambitious

ambulant *adj.* itinerant, traveling

âme *f.* soul; spirit

améliorer to improve, better

aménagé *adj.* equipped, set up

amende *f.* fine

amender to improve, amend

amener (j'amène) to bring (*a person*); to take

amer (amère) *adj.* bitter

américain *adj.* American; **Américain(e)** *m., f.* American (*person*)

américaniser to Americanize

américanité *f.* "Americanness"

Amérindien(ne) *m., f.* American Indian

ami(e) *m., f.* friend

amical *adj.* friendly

amitié *f.* friendship

amortir to amortize, depreciate

amour *m.* love

amoureux (-euse) *adj.* loving, in love; **tomber amoureux (-euse) (de)** to fall in love (with); **vie** (*f.*) **amoureuse** love life

ampoule *f.* bulb; lightbulb

amputé *adj.* amputated; reduced

amusant *adj.* funny; amusing, fun

amuser to entertain, amuse; **s'amuser (à)** to have fun, have a good time (*doing s.th.*)

an *m.* year; **avoir... ans** to be . . . years old; **il y a... ans** . . . years ago

anabolisant *adj.* anabolic

analyse *f.* analysis

analyser to analyze

analyste-programmeur (-euse) *m., f.* software engineer

anarchiste *m., f., adj.* anarchist; anarchistic

ancêtre *m., f.* ancestor

ancien(ne) *adj.* old, antique; former; ancient; **ancien combattant** *m.* war veteran

anglais *adj.* English; *m.* English (*language*); **Anglais(e)** *m., f.* Englishman, Englishwoman

Angleterre *f.* England

s'angliciser to become Anglicized

anglophone *adj.* English-speaking

angoissant *adj.* distressing, alarming

angoisse *f.* anguish, anxiety

animateur (-trice) *m., f.* host, hostess (*radio, TV*); motivator

animé *adj.* lively; animated; **dessins** (*m., pl.*) **animés** (*film*) cartoons

animer to animate; to motivate

année *f.* year; **l'année dernière (passée)** last year; **les années (cinquante, soixante)** the decade (era) of the (fifties, sixties)

anniversaire *m.* anniversary; birthday

annonce *f.* announcement; ad

annoncer (nous annonçons) to announce, declare

anonymat *m.* anonymity

anonyme *adj.* anonymous

antichambre *f.* anteroom, waiting room

anticiper to anticipate, expect

antillais *adj.* from the West Indies (Antilles); **Antillais(e)** *m., f.* native of the West Indies (Antilles)

Antilles *f. pl.* Antilles (*islands*), Caribbean Islands

antipathique *adj.* unlikable

antiquité *f.* antique; antiquity

antitabac *m.* anti-smoking (movement)

août August

apercevoir (*like* **recevoir**) *irreg.* to see, perceive; **s'apercevoir (de, que)** to notice, become aware (of, that)

aperçu *adj.* noticed; *p.p. of* **apercevoir**

aperçurent *p.s. of* **apercevoir**

aperçut *p.s. of* **apercevoir**

apéritif *m.* before-dinner drink, aperitif

apothéose *f.* apotheosis, high point

apparaître (*like* **connaître**) *irreg.* to appear

appareil *m.* apparatus; device; appliance; **appareil ménager** household appliance

apparemment *adv.* apparently

appartement (*fam.* **appart**) *m.* apartment

appartenance *f.* belonging, attachment

appartenir (*like* **tenir**) (**à**) *irreg.* to belong (to)

appartenu *p.p. of* **appartenir**

appartinrent *p.s. of* **appartenir**

appartint *p.s. of* **appartenir**

apparu *adj.* appeared; *p.p. of* **apparaître**

apparurent *p.s. of* **apparaître**

apparut *p.s. of* **apparaître**

appauvrissement *m.* impoverishment

appel *m.* call; **faire appel à** to call on, appeal to

appeler (j'appelle) to call; to name; **s'appeler** to be named, called

appellation (*f.*) **d'origine contrôlée (AOC)** guaranteed vintage (*of wine*)

appétit *m.* appetite; **bon appétit!** enjoy your meal!; **se mettre en appétit** to awaken one's appetite

applaudi *adj.* applauded, praised

applaudissements *m. pl.* applause

application *f.* industriousness; application

appliquer to apply; **s'appliquer à** to apply oneself to, work hard at; to be applied to

apport *m.* contribution

apporter to bring, carry; to furnish

apprécier to appreciate; to value

appréhension *f.* understanding; dread

apprendre (*like* **prendre**) *irreg.* to learn; to teach; **apprendre à** to learn (how) to

apprenti(e) *m., f.* apprentice
apprirent *p.s. of* **apprendre**
appris *adj.* learned; *p.p. of* **apprendre**
apprit *p.s. of* **apprendre**
apprivoisé *adj.* tame(d); domesticated
approche *f.* advance, approach
approcher to approach
approprié *adj.* appropriate, proper, suitable
approuver to approve
appui *m.* support
appuyer (j'appuie) to push, lean against; to press; to support
après *prep.* after; afterward; **après avoir (être)...** after having . . . ; **après coup** after the event; **après que** *conj.* after; when; **après tout** after all, anyway; **d'après** *prep.* according to
après-midi *m.* afternoon
apte (à) *adj.* fit, apt, suited (to)
aquarelle *f.* watercolor (painting)
arabe *adj.* Arabic, Arab; *m.* Arabic (*language*); **Arabe** *m., f.* Arab (*person*)
arbre *m.* tree
arc-boutant *m.* flying buttress; stay (*architecture*)
ardeur *f.* ardor, zeal
argent *m.* money; silver
arme *f.* weapon, arm; **arme à feu** firearm
armé (de) *adj.* armed (with)
armée *f.* army
armoricain(e) *adj.* Armorican, Breton
armure *f.* (suit of) armor
arrêt *m.* stop; stoppage
arrêter (de) to stop; to arrest; **s'arrêter (de)** to stop (oneself); **se faire arrêter** to get arrested
arrière *adv.* back; **en arrière** in back, behind; **retour** (*m.*) **en arrière** flashback
arrivé(e) *m., f.* new arrival; newcomer
arrivée *f.* arrival
arriver to arrive, come; to happen
art *m.* art; **beaux-arts** *pl.* fine arts; **œuvre** (*f.*) **d'art** work of art
artificiel(le) *adj.* artificial
ascendant *adj.* ascending, mounting
ascenseur *m.* elevator
aseptisé *adj.* asepticized, cleansed
asiatique *adj.* Asian, Asiatic
assaisonné *adj.* seasoned
assassinat *m.* murder

assassiner to murder, assassinate
s'assembler to assemble, get together
s'asseoir (*p.p.* **assis**) to sit down
assez *adv.* somewhat; rather, quite; **assez de** enough
assiéger (j'assiège, nous assiégeons) to besiege, lay siege to
assiette *f.* plate; bowl
s'assimiler to become assimilated
s'assirent *p.s. of* **s'asseoir**
assis *adj.* seated; *p.p. of* **s'asseoir**; **être assis(e)** to be sitting down, be seated; **une place assise** a seat
assistance *f.* assistance, help; social welfare; audience
assistant(e) *m., f.* assistant; member of the audience
assister to help, assist; **assister à** to attend, go to (*concert, etc.*)
s'assit *p.s. of* **s'asseoir**
associer to associate
assommé *adj., fam.* knocked out, unconscious
assommer to slaughter; to fell
assourdissant *adj.* deafening
assumer to assume; to take on
assurance *f.* assurance; insurance
assuré *adj.* insured; assured; steady
assurer to insure; to assure; **s'assurer** to make certain, ascertain
astrologue *m., f.* astrologer
atelier *m.* workshop; (art) studio
athlétisme *m.* athletics; track and field
atmosphère *f.* atmosphere
atout *m.* advantage; trump (*in cards*)
atroce *adj.* atrocious, awful
attaché *adj.* attached; buckled
s'attacher à to become attached to; to make a point of
attaque *f.* attack
attaquer to attack; to decry; **s'attaquer à** to criticize; to tackle
atteignirent *p.s. of* **atteindre**
atteignit *p.s. of* **atteindre**
atteindre (*like* **craindre**) *irreg.* to attain, reach; to affect
atteint *adj.* stricken; affected; *p.p. of* **atteindre**
attendre to wait for
attendu *adj.* expected, anticipated
attentat *m.* (terrorist) attack; crime
attente *f.* waiting; expectation
attentif (-ive) *adj.* attentive
attention *f.* attention; **faire attention à** to pay attention to, watch out for

atténuer to attenuate, lessen
atterrissage *m.* (*airplane*) landing
attirail *m.* pomp, show
attirer to attract; to draw
attraction *f.* attraction; ride; event
attrait *m.* attraction, lure; attractiveness; charm
attrayant *adj.* attractive, engaging
au (aux) *contr. of* **à + le (à + les)**
aube *f.* dawn
aucun(e) (ne... aucun[e]) *adj., pron.* none; no one, not one, not any; anyone; any
au-dedans *adv.* within (it)
au-dehors *adv.* outside (it), without
au-dessous *adv.* below (it)
au-dessus *adv.* above (it)
audience *f.* hearing, session
audimat *m.* apparatus for measuring number of viewers/listeners
audiovisuel(le) *adj.* audiovisual; *m.* audiovisual, broadcast media
augmenter to increase
aujourd'hui *adv.* today; nowadays
aumônier *m.* chaplain
auparavant *adv.* previously
auprès de *prep.* close to; with; for
auquel *contr. of* **à + lequel**
aussi *adv.* also; so; as; consequently; **aussi bien que** as well as; **aussi... que** as . . . as
aussitôt *conj.* immediately, at once, right then; **aussitôt que** as soon as
autant *adv.* as much, so much, as many, so many; rather, just as soon; **autant (de)... que** as many (much) . . . as; **d'autant plus (que)** especially, particularly (because); **pour autant que** provided that; **tout autant** quite as much, quite as many
auteur *m.* author
autochtone *m., f., adj.* autochthonal, indigenous (*person*)
autodéfense *f.* self-defense
autodétermination *f.* self-determination
autodidacte *m., f.* self-educated person
automatique *adj.* automatic; **distributeur** (*m.*) **automatique (DAB)** automatic teller (ATM); **laverie** (*f.*) **automatique** coin laundry

automne *m.* autumn, fall

autonomiste *adj.* autonomist, separatist

autoriser to authorize; to allow

autoritaire *adj.* authoritarian, strict

autorité *f.* authority; **d'autorité** with full power

autoroute *f.* highway, freeway

autour de *prep.* around

autre *adj., pron.* other; another; *m., f.* the other; *pl.* the others, the rest; **d'autre part** on the other hand; **de part et d'autre** on both sides, here and there; **l'un(e) l'autre** one another; **personne d'autre** no one else; **quelqu'un d'autre** someone else

autrefois *adv.* formerly, in the past

autrement *adv.* otherwise

Autriche *f.* Austria

Autrichien(ne) *m., f.* Austrian (*person*)

autrui *pron.* others, other people

aux *contr.* à + les

auxquelles *contr.* of à + lesquelles

avaler to swallow

avance *f.* advance; **à l'avance** beforehand

avancer (nous avançons) to advance

avant *adv.* before (*in time*); *prep.* before, in advance of; *m.* front; **avant de** + *inf.* (*prep.*) before; **avant que** + *subj.* (*conj.*) before; **avant tout** above all

avec *prep.* with

avènement *m.* advent; ascension

avenir *m.* future

aventure *f.* adventure; **dire la bonne aventure** to tell fortunes; **film** (*m.*) **d'aventures** adventure movie

averti *adj.* forewarned; experienced

avertir to warn, forewarn

aveugle *adj.* blind

aveuglement *m.* (*moral, mental*) blindness

avion *m.* airplane; **en avion** by plane; **porte-avions** *m. s.* aircraft carrier

avis *m.* opinion; **à mon (ton, votre) avis** in my (your) opinion; **changer d'avis** to change one's mind

s'aviser (que) to notice

avocat(e) *m., f.* lawyer

avoir (*p.p.* **eu**) *irreg.* to have; **avoir... ans** to be . . . years old; **avoir**

besoin de to need; **avoir de la chance** to be lucky; **avoir du succès** to be successful; **avoir envie de** to feel like; to want to; **avoir faim** to be hungry; **avoir honte (de)** to be ashamed (of); **avoir horreur de** to hate; **avoir l'air (de)** to look (like); **avoir le courage de** to have the courage, strength to; **avoir le droit de** to have the right to; **avoir lieu** to take place; **avoir peur (de)** to be afraid (of); **avoir pitié de** to have pity on; **avoir raison** to be right; **avoir tendance à** to tend to

avortement *m.* abortion

avorter to abort

avouer to confess, admit

avril April

azur *m.* azure, blue

B

baccalauréat (*fam.* **bac**) *m.* baccalaureate (*French secondary school degree*)

badaud(e) *m., f., fam.* idler, rubberneck

baguette *f.* rod, wand, stick; **baguette** (*f.*) **de pain** French bread, baguette

baie *f.* bay

baigner to bathe

bâillonner to gag (*with a scarf*)

baisse *f.* lowering, reduction

baisser to lower; to go down in value

bal *m.* dance, ball

balade *f., fam.* stroll; outing

se balader *fam.* to take a walk, stroll

balbutiement *m.* stammering, stuttering

bande *f.* band; **bande dessinée** comic strip; *pl.* comics

bandeau *m.* headband; blindfold

banlieue *f.* suburbs

bannière *f.* banner

banque *f.* bank; **banque de données** data bank

baptiser to baptize; to name

baraque *f.* shack; stall

barbare *adj.* barbaric, barbarous; *m., f.* barbarian

barbe *f.* beard

barbu *adj.* bearded

barque *f.* boat, fishing boat

barrage *m.* dam

barre *f.* bar, rod

barrière *f.* barrier; fence; gate

bas(se) *adj.* low; bottom; *adv.* low, softly; **à voix basse** in a low voice; **bas de gamme** low-level, low-end; **en bas** at the bottom; downstairs; **jouer profil bas** to keep a low profile; **là-bas** over there; **la queue basse** with one's tail between one's legs

basculer to topple, tip over

base *f.* base; basis; **à la base de** at the source of; **de base** basic

baser to base

basilique *f.* basilica

basket-ball (*fam.* **basket**) *m.* basketball; **les baskets** tennis or athletic shoes

basketteur (-euse) *m., f.* basketball player

bassin *m.* basin; pond; wading pool

bataclan *m., fam.* belongings, paraphernalia

bataille *f.* battle

bateau *m.* boat; **bateau à moteur** motorboat; **bateau à voile** sailboat

bateleur (-euse) *m., f.* juggler; tumbler

bâti *adj.* built, built up

bâtiment *m.* building

bâton *m.* stick; pole

battant *adj.* beating; **le cœur battant la chamade** with one's heart racing

battirent *p.s. of* **battre**

battit *p.s. of* **battre**

battre (*p.p.* **battu**) *irreg.* to beat; to overcome; **battre le pavé** to roam the streets; **battre les records** to beat the record(s); **se battre** to fight

battu *adj.* beaten; *p.p. of* **battre**

bavard *adj.* talkative

bavarder to chat; to talk

bavure *f.* error; unpleasant consequence

beau (bel, belle [beaux, belles]) *adj.* handsome; beautiful; **avoir beau** + *inf.* to do (*s.th.*) in vain; **faire beau (il fait beau)** to be good weather

beaucoup (de) *adv.* very much, a lot; much, many

beau-frère *m.* brother-in-law; stepbrother

beauté *f.* beauty

beaux-arts *m. pl.* fine arts

beaux-parents *m. pl.* in-laws; stepparents

bébé *m.* baby

béchamel: sauce (*f.*) **béchamel** Bechamel, white cream sauce

Belgique *f.* Belgium

bémol *m.* flat (music)

ben *interj., fam.* well!

bénéficier (de) to profit, benefit (from)

bénéfique *adj.* profitable; beneficial, beneficient

bénévolat *m.* charitable work

bénévole *m., f.* volunteer; *adj.* kindly, indulgent; unpaid, voluntary

bénitier *m.* holy-water basin

bercé *adj.* rocked

berceau *m.* cradle

besoin *m.* need; **avoir besoin de** to need

bestial *adj.* bestial, brutish

bêta-bloquant *m.* beta-blocker

bête *f.* beast; animal; *adj.* silly; stupid

beurre *m.* butter

beurré *adj.* buttered

Beyrouth Beirut (*Lebanon*)

bibliothèque *f.* library

biculturel(le) *adj.* bicultural

bidasse *m., fam.* foot soldier, private

bien *adv.* well, good; quite; much; comfortable; *m.* good; *pl.* goods, belongings; **aimer bien** to like; **aussi bien que** as well as; **bien que + subj. (conj.)** although; **bien sûr** *interj.* of course; **eh bien!** *interj.* well!; **si bien que** so that; and so; **tant bien que mal** somehow or other; **tomber bien** to arrive at the right time; **tout va bien** all is well; **vouloir bien** to be willing (to)

bien-être *m.* well-being; welfare

bientôt *adv.* soon

bière *f.* beer

bilingue *adj.* bilingual

bilinguisme *m.* bilingualism

billard *m. s.* billiards, pool (*game*)

billet *m.* bill (*currency*); ticket

binaire *adj.* binary

biochimique *adj.* biochemical

biomécanicien(ne) *m., f.* biomechanic

blanc *m.* blank; **blanc(he)** *adj.* white; **blanc** (*m.*) **de poulet** breast of chicken; **fromage** (*m.*) **blanc** white, unripened cheese

blessé(e) *m., f.* wounded person; *adj.* wounded, injured

blessure *f.* wound, injury

bleu *adj.* blue

blindé *adj.* armored, bomb-proof

bloquer to block

bobine *f.* reel

bocal *m.* wide-mouthed jar

bœuf *m.* beef; ox; **bœuf bourguignon** beef stew (*with red wine and onions*); **œil-de-bœuf** *m.* small circular window

bof! *interj. and gesture of skepticism*

boire (*p.p.* **bu**) *irreg.* to drink

bois *m.* wood; forest, woods; **coureur** (*m.*) **des bois** *Q.* trapper, scout, tracker

boisson *f.* drink, beverage

boîte *f.* box; can; nightclub; **boîte à couleurs** paintbox; **boîte aux lettres** mailbox; **boîte de nuit** nightclub

bon(ne) *adj.* good; right, correct; **bon** *m.* coupon, chit; **à bon escient** deliberately; with full knowledge; **bon appétit!** enjoy your meal!; **bon de commande** order form; **bon goût** *m.* good taste; **bon marché** *adj. inv.* cheap, inexpensive; **bonne volonté** goodwill, willingness; **de bonne humeur** in a good mood; **dire la bonne aventure** to tell fortunes; **en bonne forme** fit, healthy; **en bonne santé** in good health; **en toute bonne foi** in all sincerity; **une bonne affaire** a bargain, good deal

bonheur *m.* happiness

bonhomme *m.* (little) fellow

bonjour *interj.* hello, good day

bonnet *m.* cap; bonnet; **bonnet de nuit** *A.* night-cap

bonsoir *interj.* good evening

bord *m.* board; edge; bank, shore; **à bord** on board; **au bord de** on the edge of; on the banks (shore) of

bosquet *m.* grove, thicket

bottine *f.* ankle boot

bouche *f.* mouth; **de bouche à oreille** confidentially

bouchée *f.* mouthful

boucher (-ère) *m., f.* butcher

boucherie *f.* butcher shop

boucler to buckle; **boucler les fins de mois** to make ends meet

bougeotte *f., fam.* moving about

bougie *f.* candle

bouillabaisse *f.* bouillabaisse (*fish soup from Provence*)

bouilloire *f.* kettle

bouillon *m.* broth

boulangerie *f.* bakery

boules *f. pl.* lawn bowling

bouleversement *m.* upset, upheaval

bouquin *m., fam.* book

bourdonnant *adj.* buzzing, humming

bourgade *f.* large village

bourgeois *adj.* middle-class; bourgeois; **petit(e)-bourgeois(e)** *m., f.* petty bourgeois, member of lower middle class

Bourgogne *f.* Burgundy

bourguignon(ne) *adj.* from the Burgundy region of France; **bœuf** (*m.*) **bourguignon** beef stew (*with red wine and onions*)

bousculer to push, bump against; **se bousculer** to jostle, hustle (*one another*)

bout *m.* end; bit; morsel; **au bout (de)** at the end (of); **jusqu'au bout** until the very end

bouteille *f.* bottle

boutique *f.* shop, store; boutique

bouton *m.* button

braquer to aim, point (*gun, telescope*)

brassée *f.* armful, armload

bravoure *f.* bravery, gallantry

bref (brève) *adj.* short, brief; **(en) bref** in short

brésilien(ne) *adj.* Brazilian

Bretagne *f.* Brittany (*region of France*); **Grande-Bretagne** *f.* Great Britain

breton(ne) *adj.* Breton, from Brittany; *m.* Breton (*language*)

bricolage *m.* do-it-yourself, home projects

brièvement *adv.* briefly

brioche *f.* brioche, sweet bread

brisé *adj.* broken; **brisé de fatigue** tired out

britannique *adj.* British

brouter to browse (*on grass*); to graze

bruit *m.* noise

brûler to burn (up)

brusquement *adv.* abruptly, bluntly
brut(e) *adj.* gross (*salary, profit*); raw, unpolished, unrefined
brutal *adj.* rough, ill-mannered; brutal
bruyant *adj.* noisy
bryophyte *f.* bryophyte, moss
bu *p.p.* of **boire**
bûcheron *m.* woodcutter
bulle *f.* bubble
bureau *m.* desk; office; **bureau de vote** polling place; **bureau postal** post office
burent *p.s.* of **boire**
bus *m., fam.* bus
but *p.s.* of **boire**
but *m.* purpose; objective; goal

C

ça *pron.* this, that; it
cabane *f.* cabin; cottage
cabinet *m.* office; study; closet; **cabinet de toilette** dressing room
câblé *adj.* cabled, wired (for cable)
cacahuète *f.* peanut
cache-cache *m., fam.* hide and seek (*game*)
cacher to hide
cachette: en cachette secretly
cachot *m.* dungeon
cadavre *m.* cadaver, corpse
cadeau *m.* present, gift
cadre *m.* frame; setting; **cadre supérieur** *m.* executive; professional (*person*)
cafard *m.* cockroach; bug
café *m.* café; (cup of) coffee; **moulin** (*m.*) **à café** coffee grinder
Le Caire *m.* Cairo
caisse *f.* cash register; fund; box, crate
caissier (-ière) *m., f.* cashier
calculer to calculate, figure
calèche *f.* open carriage
calmant *m.* tranquilizer
calmer to calm (down)
camarade *m., f.* friend, companion; **camarade de classe** classmate, schoolmate
Cambodge *m.* Cambodia
caméra *f.* movie camera; **casque-caméra** *m.* movie camera mounted on a helmet
camerounais *adj.* from Cameroon; **Camerounaise(e)** *m., f.* person from Cameroon

campagne *f.* country(side); campaign (*military, political*); **à la campagne** in the country
camping *m.* camping; campground
canal *m.* canal; (TV) channel
canalisé *adj.* channeled, directed
Canaries *f. pl.* Canary Islands
cancéreux (-euse) *adj.* cancerous
candidat(e) *m., f.* candidate; applicant
candidature *f.* candidacy; **poser sa candidature à** to apply for
canne *f.* cane, walking stick; **canne à pêche** fishing rod
canotier *m.* rower, oarsman
capable *adj.* capable, able; **être capable de** to be capable of
capacité *f.* ability; capacity
captivant *adj.* captivating, charming
car *conj.* for, because
caractère *m.* character
caractérisé *adj.* characterized
caractéristique *f.* characteristic, trait
carapace *f.* armor, carapace
carcéral *adj.* prison, penitentiary
carie *f.* (*dental*) cavity
carnet *m.* notebook; booklet; book of tickets
carotte *f.* carrot
carré *adj.* square; **mètre** (*m.*) **carré** square meter
carrefour *m.* intersection, crossroad
carrément *adv.* squarely, in a straightforward manner
carrière *f.* career
carte *f.* card(s); menu; map
carton *m.* cardboard; carton
caryophyllacée *f.* caryophyllaceous (*plant family that includes carnations*)
cas *m.* case; **au cas où** in the event that; **en tout (tous) cas** in any case
cascade *f.* waterfall, cascade
case *f.* space; square (*on printed form*); **case postale** post office box
casque *m.* helmet; **casque-caméra** *m.* movie camera mounted on a helmet
casquette *f.* cap; (bike) helmet
casser to break; **se casser la tête** to rack one's brains
casse-tête *m.* puzzle, riddle
cassoulet *m.* cassoulet; duck and bean stew (*from the Toulouse region*)
castor *m.* beaver

catégorique *adj.* categorical, explicit, clear
cathédrale *f.* cathedral
cauchemar *m.* nightmare
cause *f.* cause; **à cause de** because of; **(re)mettre en cause** to question; to implicate
causer to cause
causerie *f.* chat; conversation; discussion
CD *m.* compact disc; **lecteur-CD** *m.* compact disc player
ce (c') *pron. neu.* it, this, that
ce (cet, cette, ces) *adj.* this, that
ceci *pron.* this, that
céder (je cède) to give in; to give up; to give away
ceinture *f.* belt
cela (ça) *pron. neu.* this, that
célèbre *adj.* famous
célébrer (je célèbre) to celebrate
célibataire *m., f., adj.* single (*person*)
celle(s) *f. pron. See* **celui**
cellule *f.* cell; nucleus
celui (ceux, celle, celles) *pron.* the one, the ones, this one, that one, these, those
centaine *f.* about one hundred
centre *m.* center; **centre commercial** shopping center, mall; **centre des sports et des loisirs** recreation center
centré *adj.* centered
centre-ville *m.* downtown
centrifuge *adj.* centrifugal
centripète *adj.* centripetal
cependant *adv.* in the meantime; meanwhile; *conj.* yet, still, however, nevertheless
céramique *f. s.* ceramics
céréales *f. pl.* cereal; grains
cérémonial *m.* court etiquette, ceremonial
cerf *m.* deer, stag
cerf-volant (*pl.* **cerfs-volants**) *m.* (*paper*) kite
cerise *f.* cherry
certain *adj.* sure; particular; certain; *pron., pl.* certain ones, some people
certes *interj.* yes, indeed
certitude *f.* certainty
cerveau *m.* brain
ces *adj., m., f. pl. See* **ce**
César *m.* Caesar (*French film award*)

cesse *f.* ceasing; **sans cesse** unceasingly
cesser (de) to stop, cease
cession *f.* transfer, delivery, supply
c'est-à-dire *conj.* that is to say
cet *adj., m. s. See* **ce**
cette *adj., f. s. See* **ce**
ceux *pron., m. pl. See* **celui**
chacun(e) *pron., m., f.* each, everyone; each (one)
chagrin *m.* sorrow, sadness
chaîne *f.* (TV) channel; network; chain
chaise *f.* chair
chaleur *f.* heat; warmth
chaleureux (-euse) *adj.* warm; friendly
chamade: le cœur battant la chamade with one's heart racing
chambellan *m., A.* chamberlain, chief steward
chambre *f.* (bed)room; hotel room; **camarade** (*m., f.*) **de chambre** roommate; **chambre à coucher** bedroom; **robe** (*f.*) **de chambre** bathrobe; **valet** (*m.*) **de chambre** valet, manservant
champ *m.* field
champagne *m.* champagne; **champagne moussé** sparkling champagne
champignon *m.* mushroom
champion(ne) *m., f.* champion
chance *f.* luck; possibility; opportunity; **avoir de la chance** to be lucky; **par chance** luckily, by good fortune
changement *m.* change, alteration
changer (nous changeons) to change; **se changer les idées** to change one's mind, opinions
chanson *f.* song; **chanson à succès** hit song
chant *m.* song; birdsong
chanter to sing
chanteur (-euse) *m., f.* singer; **chanteur (-euse) de variété** popular, pop singer
chaotique *adj.* chaotic
chapeau *m.* hat
chapitre *m.* chapter; subject, topic
chaque *adj.* each, every
char *m.* wagon; parade float; (*military*) tank
charcuterie *f.* deli; cold cuts; pork butcher

charge *f.* responsibility; load; fee; **prendre en charge** to cover, insure
chargé (de) *adj.* in charge (of), responsible (for); *adj.* heavy; loaded; busy (with)
charmant *adj.* charming
charpentier *m.* carpenter
charrette *f.* cart
charte *f.* charter; deed, title
chasse *f.* hunting; **chasse au tir** (target) shooting; **partir (aller) à la chasse** to go hunting
chat(te) *m., f.* cat
château *m.* castle, chateau
châtiment *m.* punishment
chauffage *m.* heat; heating system
chauffeur (-euse) *m., f.* chauffeur; driver
chausser to put on shoes, boots
chaussure *f.* shoe
chef *m.* leader; head; chef, head cook; **chef de cuisine** head cook, chef; **chef d'entreprise** company head, top manager, boss; **chef d'équipe** group leader; **chef d'état** head of state; **chef de train** train conductor; **chef d'orchestre** conductor
chef-d'œuvre (*pl.* **chefs-d'œuvre**) *m.* masterpiece
chemin *m.* way; road; path
cheminée *f.* fireplace; hearth; chimney
cheminement *m.* advancement; trip, crossing
chèque *m.* check
cher (chère) *adj.* expensive; dear; **coûter cher** to be expensive
chercher to look for; to seek; to pick up; **chercher à** to try to
chercheur (-euse) *m., f.* seeker; researcher
cherté *f.* (*high*) expense, cost
cheval *m.* horse
chevalerie *f.* chivalry
cheveu (*pl.* **cheveux**) *m.* hair
chèvre *f.* goat
chez *prep.* at, to, in (the house, family, business or country of); among, in the works of; **chez moi** at my place
chien(ne) *m., f.* dog
chiffre *m.* number, digit; **chiffre d'affaires** sales figures, turnover (*business*)

chimie *f.* chemistry
chinois *adj.* Chinese; *m.* Chinese (*language*); **Chinois(e)** *m., f.* Chinese (*person*)
chirurgien(ne) *m., f.* surgeon
choc *m.* shock
chocolat *m.* chocolate; hot chocolate; **mousse** (*f.*) **au chocolat** chocolate mousse (*custard*); **tablette** (*f.*) **de chocolat** chocolate bar
choisir (de) to choose (to)
choix *m.* choice
chômage *m.* unemployment; **taux** (*m.*) **de chômage** unemployment rate
chômer to be unemployed, out of work
chômeur (-euse) *m., f.* unemployed person
choquer to shock; to strike, knock
chose *f.* thing; **autre chose** something else; **pas grand-chose** not much; **quelque chose** something
chou (*pl.* **choux**) *m.* cabbage
choucroute *f.* sauerkraut (with meats) (*Alsatian dish*)
chrétien(ne) *m., f., adj.* Christian
christianisme *m.* Christianity
chute *f.* fall; loss; descent; waterfall
chuter *fam.* to fall (swiftly)
cible *f.* (*round*) target
ciboule *f.* scallion, spring onion
ci-dessous *adv.* below
ci-dessus *adv.* above, previously
ciel (*pl.* **cieux, ciels**) *m.* sky; heaven; **gratte-ciel** *m. inv.* skyscraper
cimetière *m.* cemetery
cinéaste *m., f.* filmmaker
cinéma (*fam.* **ciné**) *m.* movies, cinema; movie theater; **aller au cinéma** to go to the movies; **vedette** (*f.*) **de cinéma** movie star
cinématographique *adj.* cinematographic, (*referring to*) film
cinquantaine *f.* about fifty
cinquième *adj.* fifth
circulation *f.* traffic; circulation
circuler to circulate; to travel
cirque *m.* circus
ciselé *adj.* chiseled; cut (up)
citadelle *f.* citadel, stronghold
citadin(e) *m., f.* city dweller
citation *f.* quotation

cité *f.* (*area in a*) city; **cité universitaire** (*fam.* **cité-U**) university residence complex

citer to cite, quote; to list

citoyen(ne) *m., f.* citizen

civil *adj.* civil; civilian, non-military; **droits** (*m., pl.*) **civils** civil rights; **guerre** (*f.*) **civile** civil war

civilisé *adj.* civilized

civique *adj.* civic; civil

clair *adj.* light, bright; light-colored; clear; evident; **voir clair** to see clearly

clairière *f.* clearing, glade

clandestin *adj.* clandestine, secret

claque *f.* smack; slap

claquer to snap; to slam; to click; **claquer la porte au nez (de)** to slam the door (on [*s.o.*]); to refuse (*s.o.*)

clarté *f.* light; brightness

classe *f.* class; classroom; **camarade** (*m., f.*) **de classe** classmate; **salle** (*f.*) **de classe** classroom

classement *m.* classification; **classement des ventes** pop chart

classer to classify; to sort

classique *adj.* classical; classic; **musique** (*f.*) **classique** classical music

clé (clef) *f.* key; **mot-clé** *m.* key word

client(e) *m., f.* customer; client

climatisation *f.* air-conditioning

climatisé *adj.* air-conditioned

clinique *f.* clinic; private hospital

clip (vidéoclip) *m.* videoclip, video segment

cloche *f.* bell

cocher to check off (*list*)

cocon *m.* cocoon

cœur *m.* heart; **au cœur de** at the heart, center of; **le cœur battant (la chamade)** with a beating heart; with one's heart racing

coexister to coexist

coiffé (de) *adj.* wearing (*a hat*)

coiffer to do (*s.o.'s*) hair

coin *m.* corner; patch, nook

coincer (nous coinçons) to corner; to arrest; to run in

coïncider to coincide

colère *f.* anger; **être en colère** to be angry

collaborateur (-trice) *m., f.* collaborator; coworker

collaborer to collaborate, work together

collant *adj.* sticky, sticking

collecte *f.* collection, gathering

collecteur (-trice) *m., f.* collector; **collecteur (-trice d'impôts)** tax collector

collectif (-ive) *adj.* collective

collectionné *adj.* collected

collège *m.* junior high; vocational school (*in France*)

collègue *m., f.* colleague

colline *f.* hill

Colombie (*f.*) **Britannique** British Columbia

colon *m.* colonist, colonizer

colonisateur (-trice) *adj.* colonizing, settling

colonisation *f.* colonization

colonne *f.* column

combatif (-ive) *adj.* pugnacious, combative

combativité *f.* combativeness

combattant *m.* fighter, combatant; **ancien combattant** war veteran

combattirent *p.s. of* **combattre**

combattit *p.s. of* **combattre**

combattre (*like* **battre**) *irreg.* to fight

combattu *p.p. of* **combattre**

combien (de) *adv.* how much; how many

combinaison *f.* combination; plan, scheme

combiner to combine

comblé *adj.* happy, pleased, satisfied

combler to fill (up); to fulfill

comédie *f.* comedy; theater; **comédie musicale** musical comedy

comédien(ne) *m., f.* actor, actress; comedian

comestible *adj.* edible

comique *m., f.* comedian, comic; *adj.* funny, comical, comic

comité *m.* committee

commandant *m.* commanding officer, commander

commande *f.* order; **bon** (*m.*) **de commande** order blank, order form

commandement *m.* leadership; command; commandment

commander to order; to give orders

commanditaire *m.* limited partner, backer (*business*)

comme *adv.* as, like, how; since; **comme si** as if, as though

commencement *m.* beginning

commencer (nous commençons) (à) to begin (to); to start; **commencer par** to begin by (*doing s.th.*)

comment *adv.* how

commentaire *m.* commentary, remark

commenté *adj.* commented upon; guided (*visit*)

commenter to comment (on)

commerçant(e) *m., f.* shopkeeper, storeowner

commerce *m.* business; shop

commercial *adj.* commercial; business-related, marketing; **centre** (*m.*) **commercial** shopping center, mall

commission *f.* commission; errand; **maison** (*f.*) **de commission** brokerage house

commissionnaire *m.* commission agent; messenger

commodité *f.* practicality, ease of use

commun *adj.* ordinary, common, shared, usual; popular; **en commun** in common

communautaire *adj.* community, communal

communauté *f.* community

communication *f.* communication; public relations

communiquer to communicate

compagnie *f.* company; **compagnie aérienne** airline; **en compagnie de** in the company of

compagnon (compagne) *m., f.* companion

comparaison *f.* comparison; **en comparaison de** in comparison with

comparatif (-ive) *adj.* comparative

comparer to compare

compatriote *m., f.* fellow countryman, countrywoman

compenser to compensate

complainte *f., A.* plaint, lament

se complémenter to complement (one another)

complet (complète) *adj.* complete; whole; filled

compléter (je complète) to complete, finish

comportement *m.* behavior

comporter to include; **se comporter** to behave; to conduct oneself

composante *f.* component, element

composé *adj.* composed; **passé** *(m.)* **composé** *Gram.* present perfect

composer to compose; to make up; **se composer de** to be made, composed of

compositeur (-trice) *m., f.* composer

compréhensif (-ive) *adj.* understanding

comprendre *(like* **prendre**) *irreg.* to understand; to comprise, include

comprirent *p.s. of* **comprendre**

compris *adj.* included; *p.p. of* **comprendre**; **y compris** including

comprit *p.s. of* **comprendre**

compte *m.* account; **compte rendu** *m.* report, summary; **équilibrer ses comptes** to balance one's accounts; **se rendre compte de/que** to realize (that); **tenir compte de** to take into account; **tout compte fait** all things considered

compter to count; to include; **compter sur** to plan on; to intend

comptoir *m.* counter; bar *(in café)*

comte (comtesse) *m., f.* count, countess

concassé *adj.* crushed; ground

concentrer to concentrate

concepteur (-trice) *m., f.* creative director

conception *f.* idea, notion

concernant *prep.* concerning, regarding

concerner to concern; to interest; **en ce qui concerne** concerning, with regard to

concert *m.* concert; **billet** *(m.)* **de concert** concert ticket; **salle** *(f.)* **de concert** concert hall

conclu *p.p. of* **conclure**

conclure *(p.p.* **conclu**) *irreg.* to conclude; to transact

conclurent *p.s. of* **conclure**

conclut *p.s. of* **conclure**

concours *m.* competition; competitive exam

conçu *adj.* conceived, designed

concurrence *f.* competition; **faire concurrence à** to compete with *(s.o.)*

condamné(e) *m., f.* convict(ed) (person); *adj.* convicted; condemned

condamner to condemn; to convict

condition *f.* condition; situation; social class; **à condition de/que** provided that

conditionnement *m.* conditioning

conducteur (-trice) *m., f.* driver

conduire *(p.p.* **conduit**) *irreg.* to drive; to take; to conduct; to lead; **permis** *(m.)* **de conduire** driver's license

conduisirent *p.s. of* **conduire**

conduisit *p.s. of* **conduire**

conduit *p.p. of* **conduire**

conduite *f.* behavior; driving; guidance

confectionné *adj.* created, concocted

conféré *adj.* conferred

conférence *f.* lecture; conference

confesser to confess

confesseur *m.* confessor *(church)*

confiance *f.* confidence; **avoir confiance en** to have confidence in; to trust; **faire confiance à** to trust

confiant *adj.* confident

confidence *f.* secret

confidentiel(le) *adj.* confidential

confier to confide; to give

confirmer to strengthen; to confirm

confiture *f.* jam, preserves

confondre to confuse

confondu *adj.* confused; mingled

conformer to conform

confort *m.* comfort; amenities

confrère *m.* colleague, fellow-member

congé *m.* leave *(from work)*, vacation; **jour** *(m.)* **de congé** holiday, day off

congélateur *m.* freezer

congratuler *lit.* to congratulate (excessively)

conjoint(e) *m., f.* spouse

conjoncture *f.* conjuncture; contingency

connaissance *f.* knowledge; acquaintance; consciousness; **faire connaissance** to get acquainted; **faire la connaissance de** to meet *(for the first time)*

connaître *(p.p.* **connu**) *irreg.* to know; to be familiar with; **se connaître**

to get to know one another; to meet *(for the first time)*

connu *adj.* known; famous; *p.p. of* **connaître**

connurent *p.s. of* **connaître**

connut *p.s. of* **connaître**

conquérir *(p.p.* **conquis**) *irreg.* to conquer

conquirent *p.s. of* **conquérir**

conquis *adj.* conquered; *p.p. of* **conquérir**

conquit *p.s. of* **conquérir**

consacrer to consecrate; to devote

conscience *f.* conscience; consciousness; **avoir conscience de** to be aware of; **prendre conscience de** to become aware of

conscient (de) *adj.* conscious (of)

conseil *m.* *(piece of)* advice; council; **tenir conseil** to hold *(royal)* council

conseiller (de) to advise (to)

conseiller (-ère) *m., f.* advisor; counselor

conséquent: par conséquent *conj.* therefore, accordingly

conservateur (-trice) *m., f., adj.* conservative; **conservateur (-trice) de musée** *m., f.* museum curator

conserve *f.* preserve(s), canned food

conserver to conserve, preserve

considérer (je considère) to consider

consister (à, en) to consist (in, of)

consolider to consolidate

consommateur (-trice) *m., f.* consumer

consommation *f.* consumption; consumerism; drink *(in a restaurant)*

consommé *m.* clear soup, consommé; *adj.* consumed

consommer to consume

constamment *adv.* constantly

constant *adj.* constant, unceasing

constatation *f.* observation; verification; proof

constater to notice; to remark

constituer to constitute

construire *(like* **conduire**) *irreg.* to construct, build

construisirent *p.s. of* **construire**

construisit *p.s. of* **construire**

construit *adj.* constructed, built; *p.p. of* **construire**

consulter to consult

consumérisme *m.* consumerism, consumers' movements

contact *m.* contact; **avoir des contacts** to have contacts; **être en contact avec** to be in contact with

contemporain(e) *m., f., adj.* contemporary

contenir (*like* **tenir**) *irreg.* to contain

content *adj.* happy, pleased; **être content(e) de** + *inf.* to be happy about

contenter to please, make happy; **se contenter de** to be content with, satisfied with

contenu *m.* contents; *adj.* contained, included; *p.p. of* **contenir**

contestataire *adj.* contestant, opposing

contestation *f.* dispute, contestation

continrent *p.s. of* **contenir**

contint *p.s. of* **contenir**

continuel(le) *adj.* continual

continuer (**à, de**) to continue

contrainte *f.* constraint

contraire *adj.* opposite, contrary; *m.* opposite; **au contraire** on the contrary

contrairement (**à**) *adv.* contrarily, contrary (to)

contraster to contrast

contravention *f.* traffic ticket; minor violation

contre *prep.* against; contrasted with; **par contre** on the other hand, in contrast; **pour ou contre** for or against

contredanse *f., A.* quadrille, country dance

contrepoids *m.* counterweight

contre-pouvoir *m.* counterforce

contretemps *m.* contretemps, mishap, inconvenience

contribuer to contribute

contrôle *m.* check-point; inspection

contrôlé *adj.* controlled; **appellation** (*f.*) **d'origine contrôlée (AOC)** guaranteed vintage (*wine*)

contrôler to inspect, monitor; to control

controverse *f.* controversy

controversé *adj.* controversial

convaincant *adj.* convincing

convaincre (*like* **vaincre**) (**de**) *irreg.* to convince (*s.o. to do s.th.*)

convaincu *adj.* convinced; *p.p. of* **convaincre**

convainquirent *p.s. of* **convaincre**

convainquit *p.s. of* **convaincre**

convenir (*like* **venir**) *irreg.* to fit; to be suitable; **en convenir** to admit

convenu *adj.* agreed (upon), stipulated; *p.p. of* **convenir**

convinrent *p.s. of* **convenir**

convint *p.s. of* **convenir**

convive *m., f.* guest

convoi *m.* convoy, train (*of goods*)

convoquer to summon, invite, convene

coopérer to cooperate

copain (**copine**) *m., f., fam.* friend, pal

copier to copy

copieux (**-ieuse**) *adj.* copious, abundant

coque *f.* (egg)shell; **œuf** (*m.*) **à la coque** soft-boiled egg

cornet *m.* cone; paper twist (*for fries, etc.*)

corniaud *m.* mastiff-hound cross (*dog*)

corporel(le) *adj.* bodily, body

corps *m.* body; **corps gras** *pl.* fats (*in cooking*); **esprit** (*m.*) **de corps** esprit de corps, collective feeling

correspondance *f.* correspondence; connection, change (*of trains*)

correspondre to correspond

corriger (**nous corrigeons**) to correct

corrompirent *p.s. of* **corrompre**

corrompit *p.s. of* **corrompre**

corrompre (*like* **rompre**) *irreg.* to corrupt

corrompu *adj.* corrupted; *p.p. of* **corrompre**

Corse *f.* Corsica

cortège *m.* procession

costume *m.* (*man's*) suit; costume

côte *f.* coast

Côte d'Azur *f.* French Riviera

Côte-d'Ivoire *f.* Ivory Coast

côté *m.* side; **à côté (de)** *prep.* by, near, next to; at one's side; **à mes (ses) côtés** at my (his/her) side; **de votre (son) côté** from your (his/her) point of view

côtoyer (**il côtoie**) to keep close to; to border on; **se côtoyer** to exist side by side, rub elbows

cou *m.* neck

couchant *adj.* lying down

couche *f.* layer; stratum; **couche d'ozone** ozone layer

coucher to put to bed; to sleep; *m.* going to bed; **chambre** (*f.*) **à coucher** bedroom; **se coucher** to go to bed

couchette *f.* sleeping compartment, berth (*on a train*)

couffin *m.* (*baby's*) bassinet

se couler to glide; to slip

couleur *f.* color; **boîte** (*f.*) **à couleurs** paintbox

couloir *m.* corridor, hall(way)

coup *m.* blow; coup; (gun)shot; influence; **après coup** too late, after the event; **coup de maître** master stroke; **coup d'essai** first attempt; **coup d'état** government overthrow, coup d'état; **coup de téléphone** *fam.* telephone call; **coup de tête** impulsive act; **tout à coup** suddenly

coupable *adj.* guilty

coupé *adj.* cut (up); divided

coupon *m.* coupon; ticket stub; **coupon de réduction** store coupon

cour *f.* (*royal*) court; yard

courageux (**-euse**) *adj.* courageous

courant *adj.* general, everyday; *m.* current; **être au courant de** to be up (to date) with; **tenir (quelqu'un) au courant** to keep (s.o.) informed

coureur (**-euse**) *m., f.* runner

courir (*p.p.* **couru**) *irreg.* to run; **courir des risques** to run risks

courrier *m.* mail; **faire son courrier** to answer one's mail

cours *m.* course; class; exchange rate; price; **au cours de** during, in the course of; **cours d'eau** river, stream

course *f.* race; errand; **faire les courses** to do errands; to shop

court *adj.* short, brief (*not used for people*); *m.* (*tennis*) court; **court métrage** short subject, documentary (*film*)

courtisan *m.* courtier (*to the king*)

couru *p.p. of* **courir**

coururent *p.s. of* **courir**

courut *p.s. of* **courir**

cousin(e) *m., f.* cousin

coût *m.* cost; **coût de la vie** cost of living

coûter to cost; **coûter cher** to be expensive

coutume *f.* custom

couturier *m.* fashion designer; **couturier (-ière)** *m., f.* dressmaker

couvert *m.* table setting; *p.p. of* **couvrir; couvert (de)** *adj.* covered (with);

couverture *f.* cover; blanket; coverage

couvre-feu *m.* curfew

couvrir (*like* **ouvrir**) *irreg.* to cover; **couvrir un événement** to cover an event (*journalism*)

couvrirent *p.s. of* **couvrir**

couvrit *p.s. of* **couvrir**

cow-boy *m.* cowboy; **jouer au cow-boy** to play cowboys

craignirent *p.s. of* **craindre**

craignit *p.s. of* **craindre**

craindre (*p.p.* **craint**) *irreg.* to fear

craint *p.p. of* **craindre**

crainte *f.* fear

cran *m.* notch, cog, peg

crayon *m.* pencil

créateur (-trice) *m., f.* creator; *adj.* creative

créatif (-ive) *adj.* creative

crèche *f.* day-care center

crédit *m.* credit; *pl.* funds, investments

créer to create

crème *f.* cream; **crème fouettée** whipped cream; **crème glacée** ice cream

crevé *adj., fam.* dead; tired out, exhausted

crever (**je crève**) *fam.* to die; to burst

crevette *f.* shrimp

crier to cry out; to shout

crise *f.* crisis; (*economic*) recession; depression

critique *f.* criticism; critique; *m., f.* critic; *adj.* critical

critiquer to criticize

Croatie *f.* Croatia

croire (*p.p.* **cru**) (**à**) *irreg.* to believe (in)

croissance *f.* growth, development

croissant *adj.* growing; *m.* croissant (*roll*)

croix *f.* cross

croque-monsieur *m.* grilled cheese and ham sandwich

croyance *f.* belief

cru *adj.* raw; crude

cru *p.p. of* **croire**

cruauté *f.* cruelty

crurent *p.s. of* **croire**

crut *p.s. of* **croire**

cuisant *adj.* stinging, bitter

cuisine *f.* cooking; food, cuisine; kitchen; **chef** (*m.*) **de cuisine** head cook, chef; **faire la cuisine** to cook; **nouvelle cuisine** light, low-fat cuisine

cuisiné *adj.* cooked

cuisinier (-ière) *m., f.* cook

cuisse *f.* thigh; leg

cuit *adj.* cooked

culinaire *adj.* culinary, cooking

culpabiliser to blame, make guilty

culpabilité *f.* guilt

culte *m.* cult; religion

cultiver to cultivate; to farm

culture *f.* education; culture; agriculture

culturel(le) *adj.* cultural

cumuler to cumulate; to pluralize

curé *m.* priest, parish priest

curieux (-ieuse) *adj.* curious

cyclable: piste (*f.*) **cyclable** bike path, cycle track

cycle *m.* cycle; fad, fashion; **doctorat** (*m.*) **de troisième cycle** university doctorate (*degree*)

cyclisme *m.* cycling

D

d'abord *adv.* first, first of all, at first

d'accord *interj.* O.K., agreed

daigner to deign, condescend

d'ailleurs *adv.* besides, moreover

dalmatien(ne) *m., f.* Dalmatian (*dog*)

dame *f.* lady, woman

dangereux (-euse) *adj.* dangerous

dans *prep.* within, in; **dans quatre jours** in four days

danse *f.* dance; dancing

danser to dance

date *f.* date (*time*); **de longue date** of long standing

dater de to date from

d'autres *pron.* others

davantage *adv.* more

de (d') *prep.* of, from, about

débarquer to disembark, alight, land

se débarrasser de to get rid of; to rid oneself of

débat *m.* debate

débattirent *p.s. of* **débattre**

débattit *p.s. of* **débattre**

débattre (*like* **battre**) *irreg.* to debate, discuss

débattu *adj.* discussed; *p.p. of* **débattre**

déboucher to uncork; to open; **déboucher sur** to emerge, open out onto

débouler to fall head over heels; to roll downstairs

debout *adv.* standing; up, awake; **se tenir debout** to stand up, hold oneself up

se débrouiller to manage; to get along, get by

début *m.* beginning; **au début (de)** at the beginning (of)

débutant(e) *m., f.* beginner

débuter (par) to begin (with)

décalage *m.* (time) difference; gap

décathlonien(ne) *m., f.* decathlete

décembre December

décemment *adv.* decently

décence *f.* decency

décentralisé *adj.* decentralized

décerné *adj.* granted, awarded

déchirer to tear; to divide

décider (de) to decide (to)

déclamer to declaim, rant

déclarer to declare; to name

décliné *adj.* named, presented (*list of elements*)

décoller to take off (*airplane*)

décomposé *adj.* split up, analyzed

décongelé *adj.* thawed

décontracté *adj.* relaxed

décor *m.* decor; scenery; decoration

décortiqué *adj.* husked; hulled; taken apart

découpage *m.* cutting up, carving up

découpé *adj.* cut up

découvert *adj.* uncovered, bare; discovered; *p.p. of* **découvrir**

découverte *f.* discovery; **faire la découverte de** to discover, learn about

découvrir (*like* **ouvrir**) *irreg.* to discover; to learn

découvrirent *p.s. of* **découvrir**

découvrit *p.s. of* **découvrir**

décrié *adj.* disparaged, discredited

décrire (*like* **écrire**) *irreg.* to describe

décrit *adj.* described; *p.p. of* **décrire**

décrivirent *p.s. of* **décrire**

décrivit *p.s. of* **décrire**

décroissant *adj.* decreasing, diminishing

dedans *prep., adv.* within, inside; **au-dedans** within (it)

dédier to dedicate

défaillance *f.* lapse; weakness

se défaire de (*like* **faire**) to get rid of

défait *adj.* untied, unmade; *p.p. of* **défaire**

défaite *f.* defeat

défaut *m.* fault, flaw; **à défaut de** for lack of

défendre to defend; to forbid

défense *f.* defense; prohibition

défenseur *m.* defender

déferlante *f.* unfurling, outpouring

défi *m.* challenge

défiance *f.* distrust, suspicion

défilé *m.* parade; procession

défini *adj.* defined; definite

définir to define

définitivement *adv.* definitively; permanently

défirent *p.s. of* **défaire**

défit *p.s. of* **défaire**

déformer to deform, warp, distort; **déformer les faits** to distort the facts

dégoulinant *adj., fam.* trickling, dripping

dégoûter to disgust

déguster to taste; to relish; to eat, drink

dehors *adv.* outdoors; outside; **au-dehors** outside (it), without; **en dehors de** outside of, besides

déjà *adv.* already

déjeuner to have lunch; *m.* lunch; **petit déjeuner** breakfast

delà: au-delà de *prep.* beyond

délaissé *adj.* neglected, friendless

délaisser to forsake, abandon

se délasser to rest, relax

délayer (je délaie) to add water to; to thin (down)

délégué(e) *m., f.* delegate

délicat *adj.* delicate; touchy, sensitive

délicieux (-ieuse) *adj.* delicious

délirant *adj.* delirious, raving

délivrer to set free, deliver

demain *adv.* tomorrow

demande *f.* request; application

demander to ask (for), request; **se demander** to wonder

démarquer to demonstrate; to copy; to remove identification from

démarrer to start (*a car*); to take off

se dématérialiser to become dematerialized, abstract

déménagement *m.* moving (*a household*)

déménager (nous déménageons) to move (*house*)

démesuré *adj.* huge, beyond measure, excessive

demeurer to stay, remain

demi *m., adj.* half

demi-heure *f.* half-hour

démocratie *f.* democracy

démodé *adj.* out of style, old-fashioned

démontrer to demonstrate

dénoncer (nous dénonçons) to denounce, expose

dent *f.* tooth; **aux dents longues** *fam.* grasping, greedy

dentaire *adj.* dental

dépanner *fam.* to tide over, help out

départ *m.* departure; beginning

département *m.* department; district (*of France*)

dépassement *m.* overtaking, surpassing

dépasser to go beyond, exceed; to pass, surpass

dépaysé *adj.* disoriented, out of one's element

dépendance *f.* dependency; outbuilding

dépendre (de) to depend (on)

dépense *f.* expense; spending

dépenser to spend (*money*)

dépit *m.* spite; scorn; **en dépit de** in spite of

déplacement *m.* moving, change of place; travel

se déplacer (nous nous déplaçons) to move around, go somewhere

déplaisant *adj.* disagreeable, unpleasant

déployer (je déploie) to deploy; to spread out

déporté *adj.* deported

déposer to deposit

dépositaire *m., f.* depositary, holder

dépouillé (de) *adj.* stripped (of)

dépouillement *m.* stripping; spareness

dépression *f.* depression; (nervous) breakdown

déprimer to depress

déprogrammer to deprogram

depuis (que) *prep.* since, for

député *m.* delegate, deputy

déranger (nous dérangeons) to bother, disturb

dérapage *m.* skid, skidding; side-slip

dernier (-ière) *adj.* last; most recent; past; *m., f.* the latter

se dérouler to unfold, develop; to take place

derrière *prep.* behind

des *contr. of* **de** + **les**

dès *prep.* from (*then on*); **dès que** *conj.* as soon as

désaccord *m.* disagreement, dissension

désaffection *f.* disenchantment

désastreux (-euse) *adj.* disastrous

descendre to go down; to get off; to take down

descente *f.* descent; **descente de lit** bedside rug

désespérant *adj.* that drives one to despair

désespéré *adj.* desperate, without hope

se déshabiller to get undressed

désigner to designate, refer to

désinformation *f.* disinformation, misleading information

désinvolture *f.* ease, easy manner

désirer to desire, want; **laisser à désirer** to leave s.th. to be desired

désobéir (à) to disobey

désobéissance *f.* disobedience

désopilant *adj., fam.* screamingly funny

désormais *adv.* henceforth

dessein *m.* plan, scheme, project

desserrer to loosen, relax

dessin *m.* drawing; **dessin animé** (*film*) cartoon, animated film

dessinateur (-trice) *m., f.* designer; sketcher

dessiné *adj.* drawn, sketched; **bande** (*f.*) **dessinée** comic strip; *pl.* comics

dessiner to draw; to design

dessous *adv.* under, underneath; **au-dessous** below, underneath (it); **ci-dessous** below

dessus *adv.* above; over; on; *m.* doily; **au-dessus** above (it); **ci-dessus** above, previously

déstabiliser to destabilize

destin *m.* fate

destiné (à) *adj.* designed (for), aimed (at)

se détacher de to separate; to break loose

détendre to relax

détente *f.* relaxation; detente

détenu *adj.* detained; imprisoned

déterminer to determine

détester to detest, hate

détriment: au détriment de to the detriment, prejudice of

détruire (*like* **conduire**) *irreg.* to destroy

détruisirent *p.s. of* **détruire**

détruisit *p.s. of* **détruire**

détruit *adj.* destroyed; *p.p. of* **détruire**

dette *f.* debt

deuil *m.* mourning, bereavement

deuxième *adj.* second

deuxièmement *adv.* second(ly)

se dévaluer to become devaluated

devant *prep.* before, in front of; *m.* front

développement *m.* development; **sous-développement** *m.* underdevelopment

développer to spread out, expand; to develop

devenir (*like* **venir**) *irreg.* to become

devenu *adj.* become; *p.p. of* **devenir**

deviner to guess

devinette *f.* riddle, conundrum

devinrent *p.s. of* **devenir**

devint *p.s. of* **devenir**

devise *f.* motto, slogan

dévoilé *adj.* uncovered; unveiled

devoir (*p.p.* **dû**) *irreg.* to owe; to have to, be obliged to; *m.* duty; homework; **faire ses devoirs** to do one's homework

dévoré *adj.* devoured

diabolique *adj.* devilish, diabolical

diaboliser to turn (*s.o.*) into a devil

diagnostic *m.* diagnosis

dialoguer to dialogue, discuss

dictionnaire *m.* dictionary

diététique *f.* dietetics, nutrition; *adj.* dietetic

dieu *m.* god

(se) différencier (de) to differentiate; to be different (from)

différer (je diffère) to postpone, defer

difficile *adj.* difficult

difficilement *adv.* with difficulty

diffuser to broadcast; to disseminate

diffuseur *m.* broadcaster

diffusion *f.* broadcasting; broadcast

digne *adj.* worthy; deserving

diligence *f., A.* coach, stagecoach

dimanche *m.* Sunday

diminuer to lessen, diminish

diminution *f.* decrease, reduction

dinde *f.* turkey; **dinde rôtie** roast turkey

dîner to dine, have dinner; *m.* dinner

diptère *m.* dipteran (*fly or mosquito*)

dire (*p.p.* **dit**) *irreg.* to say, tell; **à vrai dire** actually; **c'est-à-dire** that is to say, namely; **entendre dire que** to hear (it said) that; **pour tout dire** in a word; **vouloir dire** to mean, signify

direct *adj.* direct, straight; live (*broadcast*); through, fast (*train*); **en direct** live (*broadcasting*)

directeur (-trice) *m., f.* manager, head; director, CEO

direction *f.* direction; management; leadership; **secrétaire** (*m., f.*) **de direction** executive secretary

dirent *p.s. of* **dire**

diriger (nous dirigeons) to direct; to govern, control; **se diriger vers** to go, make one's way toward

discerner to discern, make out

discours *m.* speech; discourse

discret (discrète) *adj.* discreet; considerate; unobtrusive

discuter (de) to discuss

disparaître (*like* **connaître**) *irreg.* to disappear

disparition *f.* disappearance

disparu *adj.* missing; dead; *p.p. of* **disparaître**

disparurent *p.s. of* **disparaître**

disparut *p.s. of* **disparaître**

se disperser to disperse, scatter

disponible *adj.* available

disposer de to have (available); to dispose, make use of

disposition *f.* disposition; ordering; **à votre (sa) disposition** at your (his/her) disposal

disque *m.* disk; record

disquette *f.* disk, diskette

dissous (dissoute) *adj.* dissolved

distanciation *f.* distancing

distinctif (-ive) *adj.* distinctive

distinguer to distinguish

distraction *f.* recreation; entertainment; distraction

se distraire (*like* **traire**) *irreg.* to have fun, enjoy oneself

distrait *adj.* distracted, absent-minded; *p.p. of* **distraire**

distribuer to distribute

distributeur (-trice) *m., f.* distributor; *m.* vending machine; **distributeur automatique (DAB)** automatic teller (ATM)

dit *adj.* called; so-called; *p.p. of* **dire**; *p.s. of* **dire**; **non-dit** *m.* what is left unsaid

divan *m.* sofa, couch, divan

divers *adj.* changing; varied, diverse; **fait** (*m.*) **divers** news item, incident

divertir to amuse, divert

divertissement *m.* amusement, pastime

diviser to divide

divorcé(e) *m., f.* divorced person; *adj.* divorced

divulguer to divulge

dixième *adj.* tenth

dizaine *f.* about ten

doctorat *m.* doctoral degree, Ph.D.; **doctorat de troisième cycle** university doctorate

doigt *m.* finger

domicile *m.* domicile, residence, home; **à domicile** at home

dominer to rule

dominical *adj.* pertaining to Sunday(s)

dommage *m.* damage; pity; too bad; **c'est dommage** it's too bad, what a pity

donc *conj.* then; therefore

données *f. pl.* data

donner to give; to supply; **donner la parole** to give one's word; **donner lieu à** to give rise to; **donner un cours** to teach a class; **se donner rendez-vous** to meet; to make an appointment to meet

dont *pron.* whose, of which, of whom, from whom, about which

dopage *m.* doping (*administering narcotics to athletes, racehorses, etc.*)

dormir (*p.p.* **dormi**) *irreg.* to sleep

dormirent *p.s. of* **dormir**
dormit *p.s. of* **dormir**
dortoir *m.* dormitory
dorure *f.* gilding
doser to give a dose; to proportion, titrate
dossier *m.* file, record; case history
doté de *adj.* endowed with
doublage *m.* doubling, folding over
doublé *adj.* dubbed (*film*); doubled
doucement *adv.* gently, softly; sweetly; slowly
douceur *f.* softness; gentleness; sweetness
douche *f.* shower (*bath*); **prendre une douche** to take a shower
doué *adj.* talented, gifted; bright
doute *m.* doubt; **sans doute** probably, no doubt
douter (de) to doubt; **se douter de (que)** to suspect (that)
doux (douce) *adj.* sweet, kindly, pleasant; soft, gentle; **doux-amer (douce-amère)** bittersweet; **eau (f.) douce** fresh water
douzaine *f.* dozen; about twelve
draconien(ne) *adj.* Draconian, harsh, severe
draguer *fam.* to cruise (*to pick up dates*)
dragueur *m.* pick-up artist
dramaturge *m.* playwright
dressé *adj.* set up, standing up
drogue *f.* drug
droit *m.* law; right, privilege; **avoir le droit de** to be allowed, have the right, to; **droits civils (civiques)** civil rights; **études** (*f. pl.*) **de droit** legal studies
droit *adj.* right; straight; *adv.* straight on; **droite** *f.* right; right hand; **à droite (de)** on, to the right (of); **de droite** on the right, right-hand; **en droite ligne** in a direct line; **Rive** (*f.*) **droite** Right Bank (*of the Seine in Paris*)
drôle (de) *adj.* funny, odd
du *contr. of* **de** + **le**
dû (due) *adj.* due, owing to; *p.p. of* **devoir**
dubitatif (-ive) *adj.* uncertain, inclined to doubt
duc (duchesse) *m., f.* duke, duchess
duquel *contr. of* **de** + **lequel**
dur *adj., adv.* hard; difficult; **œuf** (*m.*) **dur** hard-boiled egg

durant *prep.* during
durée *f.* duration, length
durement *adv.* hard; harshly, severely
durent *p.s. of* **devoir**
durer to last, continue
dut *p.s. of* **devoir**

E

eau *f.* water; **cours** (*m.*) **d'eau** watercourse, stream, river; **eau douce** fresh (*not salt*) water; **eau minérale** mineral water
ébénisterie *f.* cabinetwork
ébranlé *adj.* shaken, upset
s'écarter to draw apart; to move aside
échafaud *m.* scaffold, gallows
échange *m.* exchange; interaction
échantillon *m.* sample
échappée *f.* escape; glimpse; burst
échapper (à) to escape (from); **échapper belle** to have a narrow escape
échéance *f.* date, deadline (*of payment*); **à longue échéance** long-term; long-dated bill
échec *m.* failure; checkmate; *pl.* chess
échelle *f.* scale; ladder
éclairage *m.* light, electricity
éclat *m.* outburst, blaze, display; **rire aux éclats** to laugh heartily, roar with laughter
éclater to break out; to explode, burst out
éclipser to eclipse, overshadow; to obscure
école *f.* school
écolier (-ière) *m., f.* primary school student
économie (*fam.* **éco**) *f.* economics; economy; *pl.* savings; **économie de marché** market economy
économique *adj.* economic; financial; economical
écossais *adj.* Scottish; (Scotch) plaid; **Écossais(e)** *m., f.* Scottish person
Écosse *f.* Scotland; **Nouvelle-Écosse** *f.* Nova Scotia
écouler to sell (off), dispose of
écouter to listen to
écran *m.* screen
s'écrier to cry out, exclaim
écrire (*p.p.* **écrit**) (**à**) *irreg.* to write (to)
écrit *adj.* written; *m.* writing, written part; *p.p. of* **écrire**; **par écrit** in writing

écrivain *m.* writer
écrivirent *p.s. of* **écrire**
écrivit *p.s. of* **écrire**
écume *f.* foam, froth
édition *f.* publishing; edition
éducateur (-trice) *m., f.* educator, teacher
éducatif (-ive) *adj.* educational
éducation *f.* upbringing; breeding; education
éduquer to bring up; to educate
effacer (nous effaçons) to erase, obliterate; **s'effacer** to fade, disappear
effaroucher to startle, frighten (away)
s'effectuer to happen; to carry out
effet *m.* effect; **en effet** as a matter of fact, indeed
efficacité *f.* efficiency
s'effondrer to collapse
s'efforcer (nous nous efforçons) to make an effort
effort *m.* effort; attempt; **faire un effort (pour)** to try, make an effort (to)
effrayer (j'effraie) to frighten
égal *adj.* equal; **cela (ça) m'est égal** I don't care, it's all the same to me; **sans égal** unequaled
également *adv.* equally; likewise, also
égaler to equal, be equal to
égalité *f.* equality
égard *m.* consideration; **à votre égard** about you
église *f.* (*Catholic*) church
égorger (nous égorgeons) to cut the throat of; to butcher, massacre
égrené *adj.* picked off, counted (one by one)
eh! *interj.* hey!; **eh bien!** well! well then!
élaboré *adj.* elaborate; complex
élan *m.* moose; elk
élargir to widen, broaden, get bigger
électronique *f. s.* electronics; *adj.* electronic
élégance *f.* elegance
élevage *m.* rearing, raising (*of livestock*)
élève *m., f.* pupil, student
élever (j'élève) to raise; to lift up
éleveur (-euse) *m., f.* (*animal*) breeder
éliminer to eliminate
élire (*like* **lire**) *irreg.* to elect

elle *f. s. pron.* she; her; **elle-même** *f. s. pron.* herself; **elles** *pron., f. pl.* they; them

éloigné (de) *adj.* distant, remote (from)

éloigner to remove to a distance; to push back

élu(e) *m., f., adj.* elected, chosen (*person*); *p.p. of* **élire**

élurent *p.s. of* **élire**

élut *p.s. of* **élire**

émailler to enamel; to punctuate

émanation *f.* emanation; product

émancipé *adj.* liberated

s'embarquer to get into (*a train, plane*)

embaumer to perfume, scent

embellir to beautify, embellish; to grow beautiful

embranchement *m.* branch, branching; junction

embrasser to kiss; to embrace; to accept, adopt (*an opinion*)

embryon *m.* embryo

émerger (nous émergeons) to emerge

emeute *f.* riot

émigrer to emigrate

éminemment *adv.* eminently, to a high degree

émission *f.* television show, program

emmener (j'emmène) to take (*s.o. somewhere*); to take along

émotif (-ive) *adj.* emotive; emotional

émouvant *adj.* moving, touching; thrilling

émouvoir (*p.p.* **ému**) *irreg.* to move, touch (*emotionally*)

empêcher (de) to prevent (*s.o.*) (from) (*doing s.th.*); to preclude; **(il) n'empêche** nevertheless, all the same

emplacement *m.* location

emplir to fill (up)

emploi *m.* use; job, employment, position; **emploi du temps** schedule; **prêt(e) à l'emploi** ready to use

employé(e) *m., f.* employee; white-collar worker; *adj.* used, employed

employer (j'emploie) to use; to employ

emprisonner to imprison

emprunt *m.* loan

emprunter (à) to borrow (from)

ému *adj.* moved, touched (*emotionally*); *p.p. of* **émouvoir**

émurent *p.s. of* **émouvoir**

émut *p.s. of* **émouvoir**

en *prep.* in; to; within; into; at; like; in the form of; by; *pron.* of him, of her, of it, of them; from him, by him, etc.; some of it; any; **en ce qui concerne** concerning; **en jeu** at stake

encadré *m.* box, boxed material

enceinte *f. adj.* pregnant

enchaîné *adj.* chained, fettered

enchantement *m.* magic, spell, charm

encore *adv.* still, yet; again; even; more; **ne... pas encore** not yet

encourager (nous encourageons) (à) to encourage (to)

endormi *adj.* asleep; sleepy; *p.p. of* **endormir**

endormir to put to sleep, make sleepy

endormirent *p.s. of* **endormir**

endormit *p.s. of* **endormir**

endroit *m.* place, spot

endurer to endure, bear

énergique *adj.* energetic

énerver to irritate (*s.o.*)

enfance *f.* childhood

enfant *m., f.* child

enfer *m.* hell

enfiler to slip on, put on

enfin *adv.* finally, at last

enfumé *adj.* smoky, smoke-filled

engagé *adj.* hired; committed; politically active

engager (nous engageons) to hire, take on; to engage, encourage; **s'engager (vers)** to commit oneself (to)

engloutir to swallow up, devour

engranger (nous engrangeons) to garner, gather in

engrenage *m.* gear assembly

énigme *f.* riddle, enigma

enivrant *adj.* dizzying, intoxicating

enlèvement *m.* kidnapping, abduction

enlever (j'enlève) to remove, take off; to take away

ennemi(e) *m., f.* enemy

ennoblir to ennoble; to elevate

ennui *m.* trouble; problem; worry; boredom

ennuyer (j'ennuie) to bother; to bore

ennuyeux (-euse) *adj.* boring; annoying

énoncer (nous énonçons) to state; to pronounce

énorme *adj.* huge, enormous

énormément *adv.* enormously; hugely; **énormément de** a great deal (of); a great many (of)

enquête *f.* inquiry; investigation

enregistrable *adj.* recordable

enregistrement *m.* registration; recording

enregistrer to register; to record; to check in

enrichir to enrich

s'enrôler to enlist

s'enrouler to wind, coil

enseignant(e) *m., f.* teacher, instructor

enseignement *m.* teaching; education

enseigner (à) to teach (how to)

ensemble *adv.* together; *m.* ensemble; whole, general effect; harmony; **dans l'ensemble** on the whole

ensoleillé *adj.* sunny

ensuite *adv.* then, next

ensuivi *p.p. of* **s'ensuivre**

s'ensuivit *p.s. of* **s'ensuivre**

s'ensuivre (*like* **suivre**) (**il s'ensuit que**) (*used only in third person*) *irreg.* to follow, ensue, result

entamer to begin, undertake

entasser to pile up

entendre to hear; to understand; **entendre dire que** to hear (it said) that; **entendre parler de** to hear (*s.th.*) (talked) about

enterrer to bury

entier (-ière) *adj.* entire, whole, complete; **en entier** entirely

entièrement *adv.* entirely

entourage *m.* circle of friends, set

entourer (de) to surround (with)

entraide *f.* mutual aid

entraînement *m.* (*athletic*) training, coaching

entraîner to carry along; to drag; **s'entraîner** to work out; to train; to practice

entraîneur (-euse) *m., f.* (*athletic*) coach

entre *prep.* between, among

entrée *f.* entrance, entry; admission; first course (*meal*)

entremets *m.* sweet; dessert

entrepreneur (-euse) *m., f.* entrepreneur; contractor

entreprise *f.* business, company; **chef** (*m.*) **d'entreprise** company head, top manager, boss

entrer (dans) to enter; **entrer en jeu** to enter into play

entretenir (*like* **tenir**) *irreg.* to maintain, keep up; to support (*s.o.*); **s'entretenir** to stay in shape; to converse with

entretenu *p.p. of* **entretenir**

entretien *m.* maintenance; upkeep; conversation

entretinrent *p.s. of* **entretenir**

entretint *p.s. of* **entretenir**

énumérer (**j'énumère**) to enumerate; to count up

envahir to invade

envahissant *adj.* invasive; overwhelming

envelopper to wrap; to envelop

envers *prep.* to; toward; in respect to

envie *f.* desire; **avoir envie de** to want; to feel like

environ *adv.* about, approximately; *m. pl.* neighborhood, surroundings; outskirts

environnant *adj.* surrounding

environnement *m.* environment; milieu

s'envoler to fly away; to take off

envoyer (**j'envoie**) to send; **envoyer promener** *fam.* to send (*s.o.*) packing

épais(se) *adj.* thick; dense, dull-witted

éparpillé *adj.* scattered

épée *f.* sword

éperdument *adv.* madly

épicerie *f.* (*corner*) grocery store

épinards *m. pl.* spinach

époque *f.* period, era, time, epoch

époux (épouse) *m., f.* spouse; husband, wife; *m. pl.* married couple

épreuve *f.* test; trial; examination

éprouver to feel, experience

épuisement *m.* exhaustion; draining

épuiser to exhaust; to use up

équateur *m.* equator

équilibrer to balance; **équilibrer ses comptes** to balance one's accounts

équipe *f.* team; working group; **chef** (*m.*) **d'équipe** team leader

s'équiper de to get equipped with

équitation *f.* horseback riding

équivaloir (*like* **valoir**) to be equivalent, equal in value

équivalu *p.p. of* **équivaloir**

équivalurent *p.s. of* **équivaloir**

équivalut *p.s. of* **équivaloir**

ère *f.* era

s'éreinter *fam.* to exhaust oneself; to drudge, toil

escargot *m.* snail; escargot

escient: à bon escient *adv.* deliberately, with full knowledge

escrimeur (-euse) *m., f.* fencer

espace *m.* space

Espagne *f.* Spain

espagnol *adj.* Spanish; *m.* Spanish (*language*); **Espagnol(e)** *m., f.* Spanish (*person*)

espèce *f.* species; cash; **une espèce de** a kind of

espérer (**j'espère**) to hope (to)

espion(ne) *m., f.* spy

espoir *m.* hope

esprit *m.* mind; spirit; wit; **esprit de corps** esprit de corps, collective feeling

esprit-de-vin *m.* ethyl alcohol

essai *m.* trial; experiment; attempt; **coup** (*m.*) **d'essai** first attempt

essayer (**j'essaie**) (**de**) to try on; to try (*to do s.th.*)

essence *f.* gasoline, gas; essence

essentiel(le) *adj.* essential; *m.* the important thing

essor *m.* flight; rise

s'essouffler to get out of breath, winded

est *m.* east

estampe *f.* print, engraving

estimation *f.* estimate

estimer to consider; to believe; to estimate

estomac *m.* stomach

s'estomper to become blurred, dimmed

estrade *f.* dais, platform

estudiantin *adj.* student

et *conj.* and

étable *f.* cattle shed; stable

établir to establish, set up; **s'établir** to settle; to set up

établissement *m.* settlement; establishment

étage *m.* floor (*of building*); **premier (deuxième) étage** second (third) floor (U.S.)

étal (*pl.* **étaux**) *m.* (*market*) stand, stall

étape *f.* phase, stage; stopping place

état *m.* state; shape; **chef** (*m.*) **d'état** head of state; **coup** (*m.*) **d'état** government overthrow, coup d'état

étatique *adj.* under state control

États-Unis *m. pl.* United States (of America)

étayage *m.* support, backup

été *p.p. of* **être**

été *m.* summer

éteignirent *p.s. of* **éteindre**

éteignit *p.s. of* **éteindre**

éteindre (*like* **craindre**) *irreg.* to put out; to turn off; **s'éteindre** to die, pass away

éteint *adj.* extinguished; dead; *p.p. of* **éteindre**

étendre to stretch, extend; to spread (out)

ethnie *f.* ethnic group

ethnologue *m., f.* ethnologist, anthropologist

étincelle *f.* spark

étiquette *f.* etiquette; label

étonnant *adj.* astonishing, surprising

étonner to surprise, astonish

étouffant *adj.* stifling, suffocating

étrange *adj.* strange

étranger(-ère) *adj.* foreign; *m., f.* stranger; foreigner; **à l'étranger** abroad, in a foreign country

être (*p.p.* **été**) *irreg.* to be; *m.* being; **être à l'aise** to be comfortable; **être assis(e)** to be seated; **être d'accord** to agree; **être en bonne (mauvaise) santé** to be in good (bad) health; **être en tête des ventes** to be at the top of the charts; **être en train de** to be in the process, in the middle, of; **être** (*m.*) **humain** human being; **être prêt(e) à** to be ready to; **peut-être** perhaps, maybe

étroit *adj.* narrow, tight

étude *f.* study; *pl.* studies; **faire des études** to study

étudiant(e) *m., f., adj.* student

étudier to study

eu *p.p. of* **avoir**

eurent *p.s. of* **avoir**

européen(ne) *adj.* European; **Européen(ne)** *m., f.* European (*person*)

eut *p.s. of* **avoir**

eux *m. pl. pron.* them; **eux-mêmes** *m. pl. pron.* themselves

s'évader to escape, run away

évaluer to evaluate; to estimate

évasion *f.* escape

éveiller to awaken

événement *m.* event; **couvrir un événement** to cover an event (*journalism*)

éventuel(le) *adj.* possible

éventuellement *adv.* possibly

évidemment *adv.* obviously, evidently

évident *adj.* obvious, clear

éviter to avoid

évoluer to evolve, advance

évoquer to evoke, call to mind

exagérer (j'exagère) to exaggerate

examen (fam. exam) *m.* test, exam; examination; **passer un examen** to take an exam

examiner to examine; to study

exaspérer (j'exaspère) to exasperate

exception *f.* exception; **à l'exception de** with the exception of

exceptionnel(le) *adj.* exceptional

excessif (-ive) *adj.* excessive

excité *adj.* excited

exclu *adj.* excluded; *p.p. of* **exclure**

exclure (like conclure) irreg. to exclude

exclurent *p.s. of* **exclure**

exclusif (-ive) *adj.* exclusive

exclut *p.s. of* **exclure**

exécuter to carry out, perform, execute

exécution *f.* execution; carrying out

exemplaire *m.* copy (*of book, statue*); *adj.* exemplary

exemple *m.* example; **par exemple** for example

exercer (nous exerçons) to exercise; to practice

exhaustif (-ive) *adj.* exhaustive

exigence *f.* demand

exiger (nous exigeons) to require, demand

existence *f.* life, existence

exister to exist

exode *m.* exodus; flight

exorciser to exorcise

exotisme *m.* exoticism

expédition *f.* shipping

expérience *f.* experience; experiment

expérimenter to experiment

explication *f.* explanation

expliquer to explain

exploitation *f.* farm, plantation; exploitation

explorateur (-trice) *m., f.* explorer

explorer to explore

exposé *adj.* shown, displayed; *m.* presentation, oral report; **faire un exposé** to present a report

exposer to expose, show; to display

exposition *f.* exhibition; show

exprimer to express

exquis *adj.* exquisite

extérieur *m.* exterior; *adj.* outside; foreign

extrait *m.* excerpt; extract

extraterrestre *m.* extraterrestrial (*being*)

extrême *adj.* extreme; **d'extrême justesse** *adv.* very narrowly

F

fabrication *f.* manufacture

fabriquer to manufacture, make

face *f.* face; façade; **face à** in the face of; **faire face à** to confront

facile *adj.* easy

faciliter to facilitate

façon *f.* way (*of doing s.th.*), manner, fashion; **à votre (sa) façon** in your (his/her) own way; **de façon (logique)** in a (logical) way; **de la même façon** in the same way; **de toute façon** anyhow, in any case

façonner to fashion

faculté *f.* ability

faible *adj.* weak; small

faiblesse *f.* weakness

faillir + inf. to be on the point of; to almost do (*s.th.*)

faim *f.* hunger; **avoir faim** to be hungry

faire (p.p. fait) to do; to make; to form; to be; **faire allusion à** to allude to; **faire attention (à)** to be careful (of); to watch out (for); **faire concurrence à** to compete with; **faire confiance à** to trust; **faire connaissance avec** to get acquainted with; **faire correspondance avec** to connect with; **faire de la peine à** to distress (*s.o.*); **faire de la voile** to go sailing; **faire des études** to study; **faire de son mieux** to do one's best; **faire du chagrin à** to make trouble for; to sadden; **faire du ski (alpin)** to ski; **faire du sport** to participate in or do sports; **faire du vélo** to go biking, cycling; **faire face à** to face, confront; **faire faire** to have done, make (*s.o. do s.th.*); **faire fausse route** to take the wrong road; **faire florès** *lit.* to be greatly successful; **faire la cuisine** to cook; **faire la fête** to party; **faire la part** to favor; to share emphasis; **faire le moulinet** to twirl; **faire le procès de** to accuse, condemn; **faire le résumé** to summarize; **faire les courses** to run errands; **faire mal (à)** to hurt; **faire mieux de** to do better (to); **faire mousser quelqu'un** *fam.* to make s.o. flare up, crack up; **faire nombre** to fill out the crowd; **faire partie de** to be part of, belong to; **faire peur à** to scare, frighten; **faire plaisir à** to please; **faire preuve de** to give proof of; to show; **faire rage** to rage, be raging; **faire ses devoirs** to do one's homework; **faire son courrier** to tend to one's mail; **faire une causerie** to give an informal lecture; **faire un effort (pour)** to try (to); **faire un exposé** to give an oral report; **faire un voyage** to take a trip; **faire valoir** to make the most of, to set (*s.th.*) off to advantage; **se faire du mouron** *fam.* to worry oneself stiff; **se faire du souci** to worry

fait *m.* fact; *adj.* made; *p.p. of* **faire**; **déformer les faits** to distort the facts

falloir (p.p. fallu; used only in third person) irreg. to be necessary, have to; to be lacking

fallu *p.p. of* **falloir**

fallut *p.s. of* **falloir**

familial *adj.* (*related to*) family

se familiariser avec to familiarize oneself with

famille *f.* family

fan(a) *m., f.* fan, fanatic

fanatique *adj.* fanatical

fanatisme *m.* fanaticism

fantassin *m.* foot-soldier, infantryman

farce *f.* practical joke

farine *f.* flour

farouche *adj.* fierce, wild; timid

fasciné *adj.* fascinated

fatigué (de) *adj.* tired (of)

faubourg *m.* suburb

faune *f.* fauna, animal life

faussaire *m., f.* forger

faut: il faut (falloir) it is necessary to; one needs

faute *f.* fault, mistake; **faute de (quoi)** for lack of (which)

fauteuil *m.* armchair, easy chair

faux (fausse) *adj.* false; **faire fausse route** to take the wrong road

faveur *f.* favor; **en faveur de** supporting, backing

favori(te) *adj.* favorite

favoriser to favor

fébrile *adj.* febrile; feverish

femelle *adj.* female

féminité *f.* femininity

femme *f.* woman; wife; **sage-femme** midwife

fenêtre *f.* window

fente *f.* crack, crevice; coin slot

fer *m.* iron

ferme *adj.* firm; *f.* farm

fermer to close

féroce *adj.* ferocious

fervent(e) *m., f.* enthusiast, devotee

fête *f.* holiday; celebration, party; feast; **faire la fête** to party

feu *m.* fire; traffic light; **arme** (*f.*) **à feu** firearm; **couvre-feu** *m.* curfew; **feu de joie** bonfire; **pot-au-feu** *m.* pot roast, pot-au-feu

feuille *f.* leaf; sheet

feuillu *adj.* leafy

feutier *m., A.* servant who lights the fire

février February

fiable *adj.* reliable

fibre *f.* fiber, filament; **fibre de verre** fiberglass

fiche *f.* index card; form (*to fill out*); deposit slip

se ficher de *fam.* not to give a damn

fiction *f.* fiction; **film** (*m.*) **de science-fiction** science-fiction movie

fidèle *adj.* faithful

fier (fière) *adj.* proud

fièrement *adv.* proudly

fierté *f.* pride

figue *f.* fig

figurant(e) *m., f.* extra, walk-on role (*film, theater*)

figuration *f. s.* extras (*theater*)

figure *f.* face; figure; **faire figure de** to play the part of

figurer to appear

fil *m.* thread; cord; **au fil des jours** day after day

filer *fam.* to fly, speed along; to spin (*thread*)

filigrane *m.* filigree

fille *f.* girl; daughter; **jeune fille** girl, young woman

film *m.* movie, film; **film de science-fiction** science fiction movie

filmer to film

fils *m.* son

filtrer to filter

fin *adj.* delicate; fine, thin

fin *f.* end; purpose; **à la fin (de)** at the end (of); **mettre fin à** to put an end to; **prendre fin** to come to an end

financer (nous finançons) to finance

financier (-ière) *adj.* financial

finir (de) to finish; **finir par** to end, finish by (*doing s.th.*)

firent *p.p.* of **faire**

fit *p.s.* of **faire**

fixe *adj.* fixed; permanent; **à heure fixe** at stated times

fixer to stare; to fix; to make firm; **se fixer** to move in, settle

flamboyer (il flamboie) to blaze, flame, flare

flanc *m.* flank, side; (mountain)side

flanqué *adj.* flanked

flèche *f.* arrow

fleur *f.* flower

fleuri *adj.* flowered, decorated with flowers

fleuve *m.* (*large*) river

flic *m., fam.* cop, police officer

florès: faire florès *lit.* to be greatly successful

flou *adj.* blurred; fuzzy; *m.* fuzziness

flûté *adj.* flute-like, piping

foi *f.* faith; **en (toute) bonne foi** in (all) sincerity

foin *m.* hay, straw

foire *f.* fair; show

fois *f.* time, occasion; times (*arithmetic*); **à la fois** at the same time; **il était une fois** once upon a time; **la première (dernière) fois** the first (last) time

folie *f.* madness

folk *m.* folksong

fonction *f.* function; job; use, office; **(en) fonction de** (as) a function of; according to

fonctionnel(le) *adj.* functional, practical

fonctionner to function, work

fond *m.* background; end; bottom; **à fond** thoroughly, completely; **au fond** basically; **faire du ski de fond** to go cross-country skiing; **toile** (*f.*) **de fond** backdrop, background

fondateur (-trice) *m., f.* founder; *adj.* founding

fondation *f.* founding, settlement

fondement *m.* foundation, base

fonder to found, establish

fondue *f.* fondue (*Swiss melted cheese dish*)

fontaine *f.* fountain

football (*fam.* **foot**) *m.* soccer

footing *m.* walk(ing) (*exercise*)

force *f.* strength, force; **à force de (l'entendre)** by (hearing it) constantly

forcément *adv.* necessarily

forêt *f.* forest

forger (nous forgeons) to forge

formation *f.* instruction; education, training

forme *f.* form; shape; figure; **en (bonne, pleine) forme** physically fit; **garder la forme** to stay in shape

formel(le) *adj.* formal

former to form, shape; to train

formidable *adj.* great, wonderful; formidable

fort *adj.* strong; heavy; loud; *adv.* strongly; loudly; very; often; a lot; *m.* strong point; fort

fortifié *adj.* fortified

fosse *f.* pit, hole

fou (fol, folle) *adj.* crazy, mad; wild

fouetté *adj.* whipped; **crème** (*f.*) **fouettée** whipped cream

fouillé *adj.* elaborate, detailed

foule *f.* crowd

foulée *f.* stride; tread; track

four *m.* oven; **four à micro-ondes** microwave oven

fourbir to furbish, polish
fourche *f.* pitchfork
fourneau *m.* furnace; oven
fourni *adj.* thick, rich
fourré *adj., fam.* stuffed, crammed; *m.* hut, shelter
foyer *m.* source; center; hearth; home
fracassé *adj.* smashed, shattered
fraîcheur *f.* freshness; coolness; scent; bloom
frais *m. pl.* fees; expense(s); **frais d'expédition** shipping costs
frais (fraîche) *adj.* cool; fresh
français *adj.* French; *m.* French (*language*); **Français(e)** *m., f.* Frenchman, Frenchwoman
francophone *m., f., adj.* French; French-speaking (*person*)
francophonie *f.* French-speaking world
franc-parler *m.* frankness, candor
frapper to strike; to hit
fraterniser to fraternize
frayeur *f.* fear, terror
frêle *adj.* frail, weak; fragile
frémir to quiver
frénésie *f.* frenzy
fréquenter to frequent, visit frequently
frère *m.* brother; **beau-frère** brother-in-law; stepbrother
frigidaire (*fam.* **frigo**) *m.* refrigerator
frileusement *adv.* cozily, snugly
frire (*p.p.* **frit**) to fry; **poêle** (*f.*) **à frire** frying pan
frisson *m.* shiver, chill
frissonner to shiver
frites *f. pl.* French fries
froid *adj.* cold; *m.* cold (*weather, food*); **garder son sang-froid** to keep one's cool
fromage *m.* cheese; **fromage blanc** white, unripened cheese
front *m.* forehead; front
frontière *f.* frontier; border
frousse *f., fam.* funk, fear
fruit *m.* fruit; **jus** (*m.*) **de fruits** fruit juice
frustré *adj.* frustrated
fugitif (-ive) *adj.* fleeting
fuite *f.* flight, escape; **prendre la fuite** to take flight, escape
fumer to smoke
fumier *m.* manure
fun *m.* funboard, small sailboat

funérailles *f. pl.* funeral
furent *p.s. of* **être**
furieux (-ieuse) *adj.* furious
fusée *f.* rocket; spaceship
fuselé *adj.* slender; streamlined
fusil *m.* gun; rifle
fut *p.s. of* **être**
futé *adj.* sharp, smart, crafty
fuyant *adj.* fleeting; shifty

G

gâcher to spoil, bungle
gagnant *adj.* winning
gagner to win; to earn; to reach; **gagner sa vie** to earn one's living
gagneur (-euse) *m., f.* winner; ambitious person
gai *adj.* gay, cheerful
galoche *f.* clog; overshoe
gamme *f.* range, gamut; **bas** (*m.*) **de gamme** bottom of the line
garant(e) *m., f.* authority; guarantor
garçon *m.* boy; waiter; young man
garde *f.* watch; care; *m., f.* guard; **être de garde** to be on watch; **garde du corps** bodyguard
garder to keep, retain; to take care of; **garder son sang-froid** to keep one's cool
gardien(ne) *m., f.* guard; watchman
gare *f.* station; train station
gastronome *m., f.* gourmet; *adj.* food-loving
gâteau *m.* cake
gauche *adj.* left; *f.* left; **à gauche (de)** on the, to the left (of); **de gauche** on the left; **Rive** (*f.*) **gauche** Left Bank (*of the Seine in Paris*)
gaufre *f.* waffle
Gaulois(e) *adj.* Gallic, of Gaul; *m., f.* Gallic (*person*)
se gaver *fam.* to gorge, stuff oneself
géant(e) *m., f., adj.* giant
gelée *f.* frost; aspic; jelly
gênant *adj.* annoying; embarrassing
gendarme *m.* gendarme (*French state police officer*)
gêne *f.* embarrassment
gêner to annoy; to embarrass
général *m., adj.* general; **en général** in general
généraliser to generalize
génération *f.* generation
genou (*pl.* **genoux**) *m.* knee
genre *m.* gender; kind, type, sort

gens *m. pl.* people; **petites gens** *f. pl.* simple people, peasants
gentil(le) *adj.* nice, pleasant; kind
gentilhomme (*pl.* **gentilshommes**) *m., A.* gentleman
géographie (*fam.* **géo**) *f.* geography
géométrisation *f.* geometricizing
gérer (**je gère**) to manage, administer
germe *m.* germ; bud
geste *m.* gesture; movement
gibier *m.* game (*hunting*)
glace *f.* ice cream; ice; mirror; ***hockey** (*m.*) **sur glace** ice hockey; **patin** (*m.*) **à glace** ice skate
glacé *adj.* iced; frozen; **crème** (*f.*) **glacée** ice cream
gland *m.* acorn
glisser to slide; to slip
gloire *f.* glory, fame
glorieux (-ieuse) *adj.* glorious
glorifier to glorify; to praise
goinfre *m., fam.* guzzler
golfe *m.* gulf (*geography*)
gorge *f.* throat; gorge
gouffre *m.* chasm, abyss
goulag *m.* gulag (*Soviet system of forced labor camps*)
gousse *f.* pod, shell; **gousse d'ail** garlic clove
goût *m.* taste; **bon (mauvais) goût** good (bad) taste
goûter (à) to taste
goutte *f.* drop
gouverner to rule; to govern
grâce *f.* grace; pardon; **grâce à** *prep.* thanks to
gradé *m.* noncommissioned officer (*military*)
grain *m.* grain; (*coffee*) bean; dash, touch
graisse *f.* grease, fat
grand *adj.* great; large, tall; big; **à grand-peine** with great difficulty; **grande surface** *f.* superstore; **grand magasin** *m.* department store; **grand ouvert** wide open; **grand titre** *m.* headline (*news*); **pas grand-chose** not much
Grande-Bretagne *f.* Great Britain
grandeur *f.* size, height; grandeur
grandir to grow (up)
grandissant *adj.* growing
grand-mère *f.* grandmother

grand-père *m.* grandfather

grands-parents *m. pl.* grandparents

graphologue *m., f.* graphologist, handwriting analyst

gras(se) *adj.* fatty; greasy, oily; **corps gras** *m. pl.* fats

gratte-ciel (*pl.* **des gratte-ciel**) *m., inv.* skyscraper

gratuit *adj.* free (of charge)

gré: au gré de at the mercy of

grec(que) *adj.* Greek; *m.* Greek (*language*); **Grec(que)** *m., f.* Greek (*person*)

Grèce *f.* Greece

grège: soie (*f.*) **grège** raw silk

grenouille *f.* frog; **cuisse** (*f.*) **de grenouille** frog leg

grève *f.* strike, walkout; *lit.* shore, beach

grignotage *m.* nibbling, snacking

grignoter to nibble; to snack

grisaille *f.* grayness

gros(se) *adj.* big; fat; thick

groseille *f.* gooseberry; currant

grossesse *f.* pregnancy

grossir to get fat(ter), gain weight

gruau *m.* (fine) wheat flour; groats, oatmeal

gruyère *m.* Gruyère (*Swiss cheese*)

guère *adv.* but little; **ne... guère** scarcely, hardly

guérir to cure

guerre *f.* war; **guerre civile** civil war; **Première (Deuxième) Guerre mondiale** First (Second) World War

guetter to watch (out) for

guetteur *m.* watch, sentinel

gueule *f.* mouth, muzzle (*of an animal*)

guide *m.* guide; guidebook; instructions

guider to guide

Guyane française *f.* French Guyana

gymnase *m.* gymnasium

gymnastique (*fam.* **gym**) *f.* gymnastics; exercise

gyrophare *m.* revolving light (*on vehicle*)

H

habilement *adv.* cleverly

habillé *adj.* dressed; dressed up; formal

habillement *m.* clothing

habiller to dress

habit *m.* clothing, dress; suit

habitant(e) *m., f.* inhabitant; resident

habitation *f.* lodging, housing

habiter to live; to inhabit

habitude *f.* habit; **avoir l'habitude de** to be accustomed to; **comme d'habitude** as usual; **d'habitude** usually, habitually

habitué (à) *adj.* accustomed (to); **habitué(e)** *m., f.* habitué

habituel(le) *adj.* habitual, usual

s'habituer à to get used to, accustomed to

*****haché** *adj.* ground; chopped up (*food*)

*****hagard** *adj.* haggard, wild-looking

*****haï** *p.p. of* *****haïr**

*****haine** *f.* hatred

*****haïr** (*p.p.* *****haï**) *irreg.* to hate, detest

*****haïrent** *p.s. of* *****haïr**

*****haïssable** *adj.* hateful, abominable

*****haït** *p.s. of* *****haïr**

*****halle** *f.* covered market

haltérophile *m., f.* weight lifter

*****handicapant** *adj.* handicapping, incapacitating

*****hanter** to haunt, obsess

*****harceler** (**je harcèle**) to harass; to worry, torment

*****hargne** *f.* peevishness, ill temper

harmonieux (-ieuse) *adj.* harmonious

harmoniser to harmonize

*****hasard** *m.* chance, luck; **au hasard** randomly; **par hasard** by accident, by chance

*****hâtif (-ive)** *adj.* hasty, hurried; premature

*****hausse** *f.* rise

*****haut** *adj.* high; higher; tall; upper; *m.* top; height; **à haute voix** out loud; **tenir le haut du pavé** *fam.* to be in a high position; to lord it (*over others*)

*****haut-parleur** (*pl.* *****haut-parleurs**) *m.* speaker, loudspeaker

hebdomadaire (*fam.* **hebdo**) *m., adj.* weekly (*periodical*)

hégémonie *f.* hegemony, domination

*****hélas!** *interj.* alas!

herbe *f.* grass; **en herbe** budding, in embryo

*****hérissé** *adj.* bristling

héritage *m.* inheritance; heritage

héritier (-ière) *m., f.* heir, heiress

héroïne *f.* heroine

héroïque *adj.* heroic

héroïsme *m.* heroism

*****héros (héroïne)** *m., f.* hero, heroine

hésiter (à) to hesitate (to)

heure *f.* hour; time; **à l'heure** on time; per hour; by the hour; **à quelle heure** what time; **demi-heure** *f.* half-hour; **tout à l'heure** in a short while; a short while ago

heureusement *adv.* fortunately, luckily

heureux (-euse) *adj.* happy; fortunate

hier *adv.* yesterday

*****hiérarchie** *f.* hierarchy

*****hiérarchique** *adj.* hierarchical

*****hiérarchisé** *adj.* graded; organized hierarchically

se *****hisser to raise, hoist oneself up

histoire *f.* history; story

historique *adj.* historical

hiver *m.* winter

*****hockey** *m.* hockey; **hockey sur glace** *m.* ice hockey

hommage *m.* homage, respects

homme *m.* man; **homme d'affaires** businessman

honnête *adj.* honest

honnêteté *f.* honesty

honneur *m.* honor

honorer to honor

*****honte** *f.* shame; **avoir honte (de)** to be ashamed (of)

*****honteux (-euse)** *adj.* shameful; ashamed

hôpital *m.* hospital

horaire *m.* schedule, timetable

horloge *f.* clock

*****hormis** *prep.* except, but, save

horreur *f.* horror; **avoir horreur de** to hate, detest

*****hors de** *prep.* out of, outside of; **hors de propos** ill-timed, irrelevant; **hors la loi** *adj.* outlaw(ed); **hors (de) pair** unrivaled, peerless

*****hors-d'œuvre** *m.* appetizer

*****hôte (hôtesse)** *m., f.* host, hostess; guest

hôtel *m.* hotel; **maître** (*m.*) **d'hôtel** maître d'; head waiter

hôtelier (-ière) *m., f.* hotel-keeper

hôtesse *f.* hostess

*****hublot** *m.* porthole

huile *f.* (cooking) oil; **huile d'olive** olive oil

huilé *adj.* oiled

huître *f.* oyster

*__hululement__ *m.* ululation; hooting

humain *adj.* human; *m.* human being; **être** (*m.*) **humain** human being

humaniste *m., f., adj.* humanist; humanistic

humanitaire *adj.* humanitarian

humeur *f.* disposition; mood

humide *adj.* humid; damp

*__hurlant__ *adj.* howling; roaring

hygiène *f.* health; sanitation

hypermarché *m.* big supermarket, superstore

hypothèque *f.* mortgage

hypothèse *f.* hypothesis

I

ici *adv.* here; **jusqu'ici** up to, until here; until now

idée *f.* idea

identifier to identify

ignorer to not know; to be ignorant of

il *m. s. pron.* he; it; there; **il y a** there is/are; ago; **il y a... que** for + *period of time*; it's been . . . since; **ils** *m. pl. pron.* they

île *f.* island

illégitime *adj.* illegitimate, illegal

illustrer to illustrate

imaginatif (-ive) *adj.* imaginative

imaginer to imagine

imbiber to soak, saturate; to imbue

imiter to imitate

immatériel(le) *adj.* immateriel

immédiat *adj.* immediate

immense *adj.* immense, huge

immergé *adj.* immersed, sunk

immeuble *m.* (*apartment, office*) building

immigrant(e) *m., f., adj.* immigrant

immigré(e) *adj.* immigrated; *m., f.* immigrant

immobilier *m.* real estate; **immobilier (-ière)** *adj.* (*pertaining to*) real estate

imparfait *m., Gram.* imperfect (*tense*)

impensable *adj.* unthinkable

impitoyablement *adv.* pitilessly, unmercifully

implorer to beg, implore

importance *f.* importance; size

important *adj.* important; large, sizeable

importer to be important; to matter; **n'importe** any, no matter which; **n'importe où** anywhere; **n'importe quel(le)** any, no matter which; **n'importe qui** anyone; **n'importe quoi** anything (at all); **peu importe que** it matters little whether

imposer to impose; to require; **s'imposer** to be necessary; to assert oneself

impôt *m.* (direct) tax

impression *f.* impression; **avoir l'impression de** to have the impression that

impressionnant *adj.* impressive

impressionner to impress

imprévisible *adj.* unforeseeable

imprévu *adj.* unforeseen, unexpected

imprimerie *f.* printing; printshop

imprimeur *m.* (book) printer

impuissance *f.* helplessness; weakness

impuissant *adj.* impotent, powerless

impulsion *f.* impulse; **d'impulsion** impulsive

impuni *adj.* unpunished

inachevé *adj.* unfinished, incomplete

inactif (-ive) *adj.* inactive

inaltérable *adj.* unalterable; unfailing

inattendu *adj.* unexpected

inaugurer to usher in, inaugurate

incendie *m.* fire; house fire

incertain *adj.* uncertain, unsure

incertitude *f.* uncertainty, doubt

inciter to incite, provoke

incomplet (incomplète) *adj.* incomplete

inconciliable *adj.* irreconcilable, incompatible

inconfort *m.* discomfort

incongru *adj.* incongruous; foolish

inconnu *m.* (the) unknown; **inconnu(e)** *m., f.* stranger; *adj.* unknown

inconscient *adj.* unconscious

inconvénient *m.* disadvantage

incroyable *adj.* unbelievable, incredible

Inde(s) *f.* (*pl.*) India

indescriptible *adj.* indescribable

indien(ne) *adj.* Indian; **Indien(ne)** *m., f.* Indian (*person*)

indiquer to show, point out

indiscutable *adj.* indisputable

individu *m.* individual, person

individuel(le) *adj.* individual; private

individuellement *adv.* individually; personally

industriel(le) *adj.* industrial

inédit *adj.* unpublished; original; unprecedented

inefficace *adj.* inefficient

inégal *adj.* unequal

inégalité *f.* inequality

inférieur *adj.* inferior; lower

infesté *adj.* infested

infirmier (-ière) *m., f.* nurse

influencer (nous influençons) to influence

influent *adj.* influential

informatif (-ive) *adj.* informative

information *f.* information, data; *pl.* news (*broadcast*)

informer to inform; **s'informer** to become informed

ingénieur *m.* engineer

ingrat *adj.* ungrateful

inhabituel(le) *adj.* unusual

inné *adj.* innate

innombrable *adj.* innumerable

innover to innovate

inondation *f.* flood, inundation

inquiet (inquiète) *adj.* worried

inquiétant *adj.* disturbing, worrisome

inquiéter to worry (*s.o.*)

inquiétude *f.* worry

inscrire (*like* **écrire**) *irreg.* to inscribe; **s'inscrire (à)** to join; to enroll; to register

inscrit *adj.* enrolled; inscribed; *p.p. of* **inscrire**

inscrivirent *p.s. of* **inscrire**

inscrivit *p.s. of* **inscrire**

insensible *adj.* insensitive

insignifiant *adj.* insignificant

insolite *adj.* unusual

insondable *adj.* fathomless; unfathomable

insouciant *adj.* carefree, insouciant

inspirateur (-trice) *adj.* inspiring

inspirer to inspire; **s'inspirer de** to take inspiration from

installation *f.* moving in; installation

installer to install; to set up; **s'installer (à, dans)** to get settled; to settle down (at, in)

instantané *adj.* instantaneous

institué *adj.* established

instituteur (-trice) *m., f.* elementary, primary school teacher

instruire (*like* **conduire**) to teach, instruct

instruisirent *p.s. of* **instruire**

instruisit *p.s. of* **instruire**

instruit *adj.* learned, instructed; *p.p. of* **instruire**

instrument *m.* instrument; **jouer d'un instrument** to play a musical instrument

insuccès *m.* failure

insulaire *adj.* insular, isolated

insulter to insult

s'insurger (**nous nous insurgeons**) to rise up; to revolt

intégrale *f.* (complete) work

intégrer (**j'intègre**) to integrate; **s'intégrer** (**à, dans**) to integrate oneself, become assimilated (into)

intégriste *m., f.* orthodox (*in religion, ideology*)

intellectuel(le) *adj.* intellectual; *m., f.* intellectual (*person*)

intelligemment *adv.* intelligently

interdire (*like* **dire,** *exc.* **vous interdisez**) (**de**) *irreg.* to forbid (to)

interdirent *p.s. of* **interdire**

interdit *adj.* forbidden, prohibited; *p.p. of* **interdire;** *p.s. of* **interdire**

intéressant *adj.* interesting

intéresser to interest; **s'intéresser à** to be interested in

intérêt *m.* interest, concern

interglaciaire *adj.* interglacial

intérieur *adj.* interior; *m.* interior; **à l'intérieur** inside, within

intermédiaire *m., f.* intermediary

interprète *m., f.* interpreter

interpréter (**j'interprète**) to interpret

interrogé *adj.* interrogated, questioned

interrompirent *p.s. of* **interrompre**

interrompit *p.s. of* **interrompre**

interrompre (*like* **rompre**) *irreg.* to interrupt

interrompu *adj.* interrupted; *p.p. of* **interrompre**

intervenir (*like* **venir**) *irreg.* to intervene; to become involved in

intervention *f.* intervention; speech; (*surgical*) operation

intervenu *p.p. of* **intervenir**

interviewer to interview

intervinrent *p.s. of* **intervenir**

intervint *p.s. of* **intervenir**

intime *adj.* intimate; private; **journal** (*m.*) **intime** diary

intimité *f.* intimacy; privacy

intrépide *adj.* reckless, intrepid

intrigant *adj.* intriguing, scheming

intrigue *f.* plot; intrigue

introduire (*like* **conduire**) *irreg.* to introduce

introduisirent *p.s. of* **introduire**

introduisit *p.s. of* **introduire**

introduit *adj.* introduced; *p.p. of* **introduire**

intrus(e) *m., f.* intruder

intuitif (-ive) *adj.* intuitive

inutile *adj.* useless

inventer to invent

inventeur (-trice) *m., f.* inventor

inverse *m.* opposite; **à l'inverse de** contrary to; **dans le sens inverse** in the opposite direction

inversement *adv.* inversely

investi (de) *adj.* invested (with)

investissement *m.* investment

invité(e) *m., f.* guest; *adj.* invited

inviter (**à**) to invite (to)

invraisemblable *adj.* unlikely, improbable

invraisemblance *f.* improbability

irakien(ne) *adj.* Iraqi; **Irakien(ne)** *m., f.* Iraqi (*person*)

iranien(ne) *adj.* Iranian; **Iranien(ne)** *m., f.* Iranian (*person*)

irlandais *adj.* Irish; **Irlandais(e)** *m., f.* Irish (*person*)

irrationnel(le) *adj.* irrational

irriter to irritate

islam *m.* Islam, Moslem religion

islamique *adj.* Islamic

islamisme *m.* Islamism (*political movement*)

islamiste *m., f., adj.* Islamist

isolement *m.* isolation; loneliness

isoler to isolate; to insulate; **s'isoler** to withdraw, isolate oneself

israélien(ne) *adj.* Israeli; **Israélien(ne)** *m., f.* Israeli (*person*)

italien(ne) *adj.* Italian; *m.* Italian (*language*); **Italien(ne)** *m., f.* Italian (*person*)

italique *m.* italic; **en italique** in italics

ivresse *f.* drunkenness, intoxication; elation

J

jaillir to shoot forth; to spout up

jalonner to mark out, stake out

jamais (**ne... jamais**) *adv.* ever, never

jambe *f.* leg

jambon *m.* ham

janvier January

japonais *adj.* Japanese; *m.* Japanese (*language*); **Japonais(e)** *m., f.* Japanese (*person*)

jardin *m.* garden

jaune *adj.* yellow; **jaune** (*m.*) **d'œuf** egg yolk

jaunir to yellow; to fade

je (**j'**) *pron.* I

jeter (**je jette**) to throw (away); **se jeter** (**sur**) to throw, fling oneself (upon)

jeu (*pl.* **jeux**) *m.* game; play; game show; act, stage business; **en jeu** at issue, at stake; **jeu de boules** bocce ball, lawn bowling; **jeu de paume** (*type of*) tennis; **jeux Olympiques** Olympic Games

jeudi *m.* Thursday

jeune *adj.* young; *m. pl.* young people, youth; **jeune fille** *f.* girl, young woman; **jeunes gens** *m. pl.* young men; young people

jeunesse *f.* youth

(La) Joconde *f.* the Mona Lisa

joie *f.* joy

joignirent *p.s. of* **joindre**

joignit *p.s. of* **joindre**

joindre (*like* **craindre**) *irreg.* to join; to attach

joint *adj.* joined, linked; assembled; *p.p. of* **joindre; à pieds joints** with feet (tied) together; **ci-joint** attached

joli *adj.* pretty

jongleur (-euse) *m., f.* juggler

joue *f.* cheek

jouer to play; **jouer à** to play (*a sport or game*); to play at (*being*); **jouer au cow-boy** to play cowboys and Indians; **jouer de** to play (*a musical instrument*); **jouer de main de maître** to play masterfully; **jouer le rôle de** to play the role of; **jouer profil bas** to keep a low profile

jouet *m.* toy

joueur (-euse) *m., f.* player

jouir de to enjoy; to be in full possession of

jouissance *f.* pleasure, enjoyment

jour *m.* day; **de nos jours** these days, currently; **par jour** per day, each day; **tous les jours** every day

journal (*pl.* **journaux**) *m.* newspaper; journal, diary; **journal intime** (*personal*) diary; **journal télévisé (de vingt heures)** TV news; **présentateur (-trice) du journal télévisé** *m., f.* TV news anchor

journalier (-ière) *adj.* daily

journée *f.* (*whole*) day; day(time)

juger (nous jugeons) to judge

juif (juive) *adj., m., f.* Jewish; Jew

juillet July

juin June

jumeau (jumelle) *m., f.* twin

jupe *f.* skirt

jus *m.* juice; **jus de fruits** fruit juice

jusqu'à (jusqu'en) *prep.* until, up to; **jusqu'à ce que** *conj.* until; **jusqu'alors** up until then; **jusqu'au bout** until the end; **jusqu'ici** up to here, up to now

juste *adj.* just; right, exact; *adv.* just, precisely; accurately; **mot** (*m.*) **juste** the right (exact) word

justement *adv.* justly; exactly

justesse *f.* accuracy, perfection; **de justesse** *adv.* narrowly

justifier to justify

K

kidnappage *m.* kidnapping

kidnappé *adj.* kidnapped

kilo(gramme) (kg) *m.* kilogram

kilomètre (km) *m.* kilometer

kiosque *m.* kiosk; newsstand; **kiosque à journaux** newsstand

L

la (l') *f. s. art..* the; *f. s. pron.* it, her

là *adv.* there; **là-bas** over there

laboratoire (*fam.* **labo**) *m.* laboratory

laideur *f.* ugliness

laisser to let, allow; to leave (*behind*); **laisser à désirer** to leave (*s.th.*) to be desired; **laisser en paix** to leave alone; **laisser faire** to allow

lait *m.* milk

laitier (-ière) *adj.* dairy, milk; **produits** (*m., pl.*) **laitiers** dairy products

lame *f.* (*razor*) blade

lampadaire *m.* street lamp

lampe *f.* lamp; light fixture; **lampe à pétrole** kerosene lantern

lancé *adj.* thrown, tossed; put on the market

lancer (nous lançons) to launch; to throw, toss; to drop; **se lancer (dans)** to plunge (into); to dash off; to launch oneself

lanceur (-euse) *m., f.* thrower (*sports*)

langage *m.* language; (*specialized*) jargon

langoureux (-euse) *adj.* languid, languorous

langue *f.* language; tongue; **langue étrangère** foreign language; **langue maternelle** native language

languissant *adj.* languid, listless

laquelle. *See* **lequel**

large *adj.* wide, broad; **n'en pas mener large** *fam.* to be in a tight corner

largement *adv.* largely; widely

larme *f.* teardrop, tear; **verser des larmes de joie** to shed tears of joy

las(se) *adj.* tired, weary

latin *adj.* Latin *m.* (*language*); **Latin(e)** *m., f.* Latin, Roman (*person*)

laurier *m.* laurel, bay; glory; award

laverie (automatique) *f.* laundromat; laundry

le (l') *m.s. art.* the; *m.s. pron.* it, him

leader *m.* (*political*) leader

leçon *f.* lesson

lecteur (-trice) *m., f.* reader

lecture *f.* reading

légalisé *adj.* legalized

légende *f.* legend; caption

léger (légère) *adj.* light, light-weight

légitime *adj.* legitimate, legal

legs *m.* legacy, bequest

légume *m.* vegetable; legume

lendemain: le lendemain *m.* the next day, following day

lent *adj.* slow

lenteur *f.* slowness

lequel (laquelle, lesquels, lesquelles) *pron.* which one, who, whom, which

les *m., f. pl art.* the; *m., f. pl. pron.* them

lesquel(le)s. *See* **lequel**

lettre *f.* letter; *pl.* literature; humanities; **à la lettre** to the letter, literally; **avant la lettre** in advance, premature(ly); **boîte** (*f.*) **aux lettres** mailbox

leur(s) *m., f. poss. adj.* their; *m., f. pron.* to them; **le/la/les leur(s)** *pron.* theirs

levant: soleil (*m.*) **levant** dawn, rising sun

lever (je lève) to raise, lift; *m.* rising, getting up; **se lever** to get up; to get out of bed

lèvre *f.* lip

liane *f.* liana, (*tropical*) vine

Liban *m.* Lebanon

libanais *adj.* Lebanese; **Libanais(e)** *m., f.* Lebanese (*person*)

libérateur (-trice) *adj.* liberating

libérer (je libère) to free

librairie *f.* bookstore

libre *adj.* free; available; vacant; **temps** (*m.*) **libre** leisure time; **union** (*f.*) **libre** living together, common-law marriage

Libye *f.* Libya

lice *f.* (*sports*) track

licence *f.* French university degree (= *U.S. bachelor's degree*)

licenciement *m.* lay-off, firing (*from job*)

lié (à) *adj.* linked, tied (to)

lien *m.* link, tie, bond

lier to tie; to link; to bind

lieu *m.* place; **au lieu de** *prep.* instead of, in the place of; **avoir lieu** to take place; **en premier (dernier) lieu** in the first place (lastly); **lieu de naissance** birthplace

ligne *f.* line; bus line; figure (*body*)

ligoter to tie (*s.o.*) up

limite *f.* limit; boundary

limiter to limit, restrict

Limougeaud(e) *m., f.* native of Limoges

linguistique *f.* linguistics; *adj.* language; linguistic

lipide *m.* lipid, fat

lire (*p.p.* **lu**) *irreg.* to read

lisière *f.* edge, border, skirt

lit *m.* bed; **descente** (*f.*) **de lit** bedside rug; **se mettre au lit** to go to bed; **sortir du lit** to get out of bed

littéraire *adj.* literary

livre *m.* book

livrer to give, hand over; to betray; **se faire livrer à domicile** to have (*merchandise*) delivered; **se livrer (à)** to surrender, give oneself up (to)

location *f.* rental

loge *f.* concierge's apartment; box (*theater*)

logement *m.* lodging(s), place of residence

loi *f.* law; **hors la loi adj.* outlaw(ed)

loin (de) *adv., prep.* far (from); **loin de là** far from it

lointain *adj.* distant

loisir *m.* leisure; *pl.* leisure-time activities; **centre** (*m.*) **des sports et des loisirs** recreation center; **parc** (*m.*) **de loisirs** amusement park

Londres London

long(ue) *adj.* long; slow; **à longue échéance** long-term (*loan, deadline*); **de longue date** long-time; **le (au) long de** the length of; along, alongside

longtemps *adv.* long; (for) a long time

lorrain *adj.* from the province of Lorraine; **quiche lorraine** egg custard pie with bacon

lors de *prep.* at the time of

lorsque *conj.* when

louche *adj.* suspicious, shifty

loué *adj.* praised

louer to rent; to reserve

Louisiane *f.* Louisiana

loup (louve) *m., f.* wolf

lourd *adj.* heavy; **poids** (*m.*) **lourd** heavyweight

loyer *m.* rent (*payment*)

lu *adj.* read; *p.p. of* **lire**

lucratif (-ive) *adj.* lucrative

lui *m., f. pron.* he; it; to him; to her; to it; **lui-même** *m. s. pron.* himself

lumière *f.* light; lighting

lumineux (-euse) *adj.* light, bright, luminous

lundi *m.* Monday

lunettes *f. pl.* (eye)glasses

lurent *p.s. of* **lire**

lut *p.s. of* **lire**

lutte *f.* struggle, battle; wrestling

lutter to fight; to struggle

luxe *m.* luxury; **de luxe** luxury; first-class

lycée *m.* French secondary school

lycéen(ne) *m., f.* French secondary school student

lyrisme *m.* lyricisme

M

ma *f. s. poss. adj.* my

machine *f.* machine; **machine à moudre** mill, grinder

madame (Mme) (*pl.* **mesdames**) *f.* Madam, Mrs., Ms.

mademoiselle (Mlle) (*pl.* **mesdemoiselles**) *f.* Miss, Ms.

magasin *m.* store, shop; **grand magasin** department store

Maghreb *m.* Maghreb (*French-speaking North Africa*)

maghrébin *adj.* from French-speaking North Africa; **Maghrébin(e)** *m., f.* North African (*person*)

magicien(ne) *m., f.* magician

magie *f.* magic

magistrat *m.* judge, magistrate

magnétoscope *m.* videocassette recorder (VCR)

magnifier to magnify

magnifique *adj.* magnificent

mai May

maillage *m.* network, linking

main *f.* hand; **changer de mains** to change hands; **de main de maître** masterfully; **poignée** (*f.*) **de main** handshake

maint *adj., lit.* many

maintenant *adv.* now

maintenir (*like* **tenir**) *irreg.* to maintain; to keep up; **se maintenir** to last; to hold together

maintenu *adj.* maintained, upheld; *p.p. of* **maintenir**

maintinrent *p.s. of* **maintenir**

maintint *p.s. of* **maintenir**

mais *conj.* but; *interj.* why

maison *f.* house, home; family; company, firm; **à la maison** at home; **maison de commission** brokerage house

maître (maîtresse) *m., f.* master, mistress; primary school teacher; **coup** (*m.*) **de maître** master stroke; **de main de maître** masterfully; **maître d'hôtel** maître d'; head waiter; **tableau** (*m.*) **de maître** masterwork

maîtrisable *adj.* controllable

maîtriser to master; to control

majesté *f.* majesty; grandeur; **sa Majesté** His/Her Majesty

majestueusement *adv.* majestically

majeur *adj.* major

mal *adv.* badly; *m.* evil; pain, illness (*pl.* **maux**); **aller mal** to feel bad, ill; to go poorly, badly; **avoir du mal à** to have trouble, difficulty (with); **faire du mal à** to harm, hurt; **faire mal (à)** to ache; to be painful; **mal de tête** headache; **mal de vivre** depression, malaise; **tant bien que mal** somehow, after a fashion

malade *adj.* sick; *m., f.* sick person, patient

maladie *f.* illness, disease

malaise *m.* indisposition, discomfort

malfaiteur (-trice) *m., f.* malefactor, criminal

malgré *prep.* in spite of

malheur *m.* misfortune, calamity

malheureusement *adv.* unfortunately; sadly

malheureux (-euse) *m., f.* unfortunate (*person*); *adj.* unhappy; miserable

malhonnête *adj.* dishonest

malignité *f.* spitefulness, act of spite

Malouines (îles) *f. pl.* Falkland Islands

maman *f., fam.* mom, mommy

mamy (mami) *f., fam.* grandma

manche *f.* sleeve; *m.* handle; **outre-manche** across the English Channel, in England

mandarine *f.* tangerine

manger (nous mangeons) to eat; **salle** (*f.*) **à manger** dining room

manière *f.* manner, way; **à la manière de** like, in an imitation of

manifestation *f.* (*political*) demonstration, protest

manifester to show, display; to demonstrate (politically); **se manifester** to appear, show itself

manipuler to manipulate

mannequin *m.* (*fashion*) model; mannequin

manque (de) *m.* lack, shortage (of)

manquer (de) to miss; to be missing, lacking; to need; to fail; to lack, be lacking

manufacturé *adj.* manufactured

maquiller to (put on) makeup
marathonien(ne) *m., f.* marathon runner
marchand(e) *m., f.* merchant, shopkeeper; *adj.* commercial
marche *f.* walking; march
marché *m.* market; **bon marché** *adj. inv.* inexpensive, cheap
marcher to walk; to work, go (*device*)
mardi *m.* Tuesday
maréchal *m.* (*military*) marshal
marginalisé *adj.* marginalized
mari *m.* husband
mariage *m.* marriage; wedding
marier (avec) to link, join (with); **se marier (avec)** to get married (to), marry (*s.o.*)
marin *adj.* ocean, maritime, of the sea; **plongée** (*f.*) **sous-marine** skin diving
marine *f.* navy; *m.* U.S. Marine
Maroc *m.* Morocco
marocain *adj.* Moroccan; **Marocain(e)** *m., f.* Moroccan (*person*)
marquant *adj.* outstanding, prominent
marque *f.* mark; trade name, brand; **de marque** designer (*label*)
marquer to mark; to indicate
mars March
marteau *m.* hammer
martyre *m.* martyrdom
masque *m.* mask; **masque à oxygène** oxygen mask
masse *f.* mass(es), quantity
se masser to mass, form a crowd
massif *m.* massif, mountain range
match *m.* game; **match de foot (de boxe)** soccer game (boxing match)
matérialiste *adj.* materialistic
matériau (*pl.* **matériaux**) *m.* material; building material
matériel *m.* material, working stock; tools; **matériel(le)** *adj.* material
maternel(le) *adj.* maternal; **langue** (*f.*) **maternelle** native language
mathématiques (*fam.* **maths**) *f. pl.* mathematics
matière *f.* academic subject; matter; material; **en matière de** in the matter of; **table** (*f.*) **des matières** table of contents
matin *m.* morning; **dix heures du matin** ten A.M.

matinal *adj.* morning
matinée *f.* morning (*duration*)
matrice *f.* matrix; womb
maudit(e) *m., f., adj.* cursed, damn(ed) (person)
mauvais *adj.* bad; wrong; **mauvais goût** bad taste
maximal *adj.* maximum
maximum *m.* maximum; **au maximum** at a maximum
me (m') *pron.* me; to me
mec *m., fam.* fellow, guy
mécanicien(ne) *m., f.* mechanic; technician
mécanique *adj.* mechanical, power
méchant *adj.* naughty, bad; wicked
mèche *f.* (*candle*) wick
mécontentement *m.* dissatisfaction, discontent
médaille *f.* medal; award
médecin *m.* doctor, physician
médecine *f.* medicine (*study, profession*); A. medication
médias *m. pl.* media
médiateur (-trice) *m., f.* mediator, intermediary
médicament *m.* medication; drug
médiéval *adj.* medieval
méditer to meditate
Méditerranée: mer (*f.*) **Méditerranée** Mediterranean sea
méfiance *f.* distrust, suspicion
méfiant *adj.* suspicious
se méfier de to be suspicious of; to distrust
mégère *f.* shrew
meilleur *adj.* better; **le/la meilleur(e)** the best
mélancolique *adj.* melancholy, dejected
mélange *m.* mixture, blend
mélanger (nous mélangeons) to mix together; to mingle
mélomane *m., f.* music lover
même *adj.* same; itself; very same; *adv.* even; **de la même façon** in the same way; **de même** similarly, likewise; **elle-même (lui-même,** etc.) herself (himself, etc.); **en même temps** at the same time; **le/la/les même(s)** the same one(s); **même si** even if; **quand même** anyway; even though
mémère *f., fam.* grandmother, granny
mémoire *f.* memory; *pl.* memoirs

menaçant *adj.* threatening, menacing
menace *f.* threat
menacé *adj.* threatened
ménage *m.* housekeeping; household; married couple
ménager(-ère) *adj.* household; **appareil** (*m.*) **ménager** household appliance
mener (je mène) to take; to lead; **mener une vie intéressante** to lead an interesting life; **n'en pas mener large** *fam.* to be in a tight corner
mensuel(le) *adj.* monthly
menthe *f.* mint; **thé** (*m.*) **à la menthe** mint tea
mentionner to mention
mépris *m.* scorn
mer *f.* sea, ocean; **fruits** (*m., pl.*) **de mer** seafood; **mer Méditerranée** Mediterranean Sea
merci *interj.* thank you
mercredi *m.* Wednesday
mère *f.* mother; **grand-mère** grandmother
mériter to deserve
merveille *f.* marvel
merveilleux (-euse) *adj.* marvelous
mes *m., f. pl. poss. adj.* my
messe *f.* (*Catholic*) Mass
mesure *f.* measure; extent; **à mesure que** (in proportion) as; **dans une certaine mesure** to a certain extent; **prendre des mesures** to take measures
mesurer to measure
métier *m.* job; trade; profession
métrage *m.* footage, length; **court métrage** short subject (*film*)
mètre *m.* meter
mets *m. s.* food, dish
metteur (-euse) en scène *m., f.* stage director
mettre (*p.p.* **mis**) *irreg.* to place; to put on (*clothing*); to turn on; to take (*time*); **mettre au point** to put into shape; **mettre fin (à)** to end, put an end (to); **mettre l'accent sur** to emphasize, highlight; **se mettre à** + *inf.* to begin to (*do s.th.*); **se mettre à (quatre)** to put themselves in groups of (four); **se mettre à table** to sit down to eat; **se mettre au lit** to go to bed; **se mettre d'accord** to reach an

agreement; **se mettre en appétit** to whet one's appetite

meurtrier (-ière) *m., f.* murderer

Mexique *m.* Mexico; **Nouveau-Mexique** *m.* New Mexico

micro-onde *f.* microwave; **four** (*m.*) **à micro-ondes** microwave oven

micro-ordinateur (*fam.* **micro**) *m.* personal computer

midi *m.* noon; **à midi** at noon; **après-midi** *m., f.* afternoon

(le/la/les) mien(ne)(s) *pron.* mine

miette *f.* crumb

mieux *adv.* better, better off; **bien, mieux, le mieux** good, better, the best; **faire de son mieux** to do one's best; **tant mieux** so much the better; **valoir mieux** to be better

milieu *m.* environment; milieu; middle; **au milieu de** in the middle of

militaire *adj.* military; *m.* soldier

millénaire *adj.* millennial; *m.* one thousand years; millennium

milliard *m.* billion

millier *m.* (*around*) a thousand

minable *adj., fam.* sorry, shabby; disappointing

mince *adj.* thin; slender

minéral *n., adj.* mineral; **eau** (*f.*) **minérale** mineral water

minimum *m.* minimum; **au minimum** at the minimum

ministère *m.* ministry

ministre *m.* minister, cabinet member; **premier ministre** prime minister

Minitel *m.* Minitel (*French personal communications terminal*)

minoritaire *adj.* minority

minuit *m.* midnight

minute *f.* minute; **en dix minutes** within, in ten minutes

mirent *p.s. of* **mettre**

miroir *m.* mirror

mis *adj.* put; *p.p. of* **mettre**

mise *f.* putting; **mise à pied** layoff (*work*); **mise en cause** summons, questioning; **mise en place** establishment; **mise en route** start-up, setting out; **mise en scène** production, staging, setting; direction

misérable *m., f., adj.* poor, wretched (*person*)

misère *f.* misery, poverty

mit *p.s. of* **mettre**

mixte *adj.* coed (*school*); interracial

mixture *f.* mixture (*of drugs*)

mobiliser to mobilize

mode *m.* method, mode; directions; *Gram.* mood; **mode de vie** lifestyle

mode *f.* fashion, style; **à la mode** in style; **suivre la mode** to keep in fashion

modèle *m.* model; pattern

moderniste *adj.* modernistic

modifier to modify, transform

mœurs *f. pl.* mores, morals, customs

moi *pron. s.* I, me; **chez moi** at my place; **moi-même** *pron. s.* myself

moindre *adj.* less, smaller, slighter

moins (de) *adv.* less (than); fewer (than); minus; **à moins que** *conj.* unless; **à tout le moins** at the very least; **au moins** at least; **de moins en moins** less and less; **du moins** at least; **le moins** the least; **plus ou moins** more or less

mois *m.* month; **par mois** per month

moitié *f.* half

moment *m.* moment; **à ce moment-là** then, at that moment; **à tout moment** always; at any time; **au moment de** at the time when, of; **au moment où** when; **en ce moment** now, currently

mon (ma, mes) *poss. adj.* my

mondain *adj.* worldly; pertaining to social life

monde *m.* world; people; company; society; **le Nouveau Monde** the New World; **tout le monde** everybody, everyone

mondial *adj.* world; worldwide; **Deuxieme (Première) Guerre** (*f.*) **mondiale** Second (First) World War

monsieur (M.) (*pl.* **messieurs**) *m.* Mister; gentleman; Sir; **croque-monsieur** *m.* grilled cheese and ham sandwich

monstrueux (-euse) *adj.* monstrous; huge

mont *m.* hill; mountain

montagne *f.* mountain

montant *m.* sum, amount; total; *adj.* rising

montée *f.* rise, ascent; going up

monter (dans) *intrans.* to climb into; to get in; to go up; *trans.* to take up; to turn up; to climb

Montpelliérain(e) *m., f.* native of Montpellier

montrer to show; **se montrer** to appear (*in public*)

montreur (-euse) *m., f.* animal trainer

se moquer de to make fun of; to mock

moral *adj.* moral; psychological

morale *f.* moral; morals

morceau *m.* piece

morcelé *adj.* cut up (*into small pieces*)

mordre to bite; **s'en mordre les doigts** *fam.* to bitterly regret *s.th.*

morgeline *f.* pimpernel; chickweed (*plant*)

mort *f.* death

mort(e) *m., f.* dead person; *adj.* dead; *p.p. of* **mourir**; **mourir de sa belle mort** to die a natural death

Mossoul: tissu (*m.*) **de Mossoul** muslin (*textile, originally from Musol, Northern Iraq*)

mot *m.* word; note; **mot-clé** *m.* key word; **mot d'ordre** countersign, keynote

moteur *m.* motor; engine; **bateau** (*m.*) **à moteur** motor boat

motif *m.* design, pattern; motive, incentive

motivé *adj.* motivated

mou (mol, molle) *adj.* soft; flabby

mouche *f.* fly; housefly

moudre (*like* **résoudre**) *irreg.* to grind (*coffee*); to mill (*corn*)

moulage *m.* casting, mold

moule *f.* mussel (*shellfish*)

mouler to mold

mouleur *m.* caster, molder

moulière *f.* mussel bed

moulin *m.* (*flour, coffee*) mill; **moulin à café** coffee grinder; **moulin à paroles** *fam.* talkative person; **moulin à vent** windmill

moulinage *m.* grinding, milling; throwing (*of silk*)

mouliner to throw (*silk*)

moulinet *m.* twirl; winch; reel; **faire le moulinet** to twirl (*a stick, a baton*)

moulineur (-euse), moulinier (-ière) *m., f.* (*silk*) thrower

moult *adv., A.* much, greatly

moulu *adj.* ground, powdered; *p.p. of* **moudre; avoir le corps moulu** *fam.* to be physically exhausted

moulure *f.* profile; (*ornamental*) molding

moulurer to install, cut molding

moulurent *p.s. of* **moudre**

moulut *p.s. of* **moudre**

mourant *adj.* dying; feeble

mourir (*p.p.* **mort**) *irreg.* to die; **mourir de sa belle mort** to die a natural death; **se mourir** to be dying

mouron *m.* pimpernel; chickweed (*plant*); **se faire du mouron** *fam.* to worry oneself sick

moururent *p.s. of* **mourir**

mourut *p.s. of* **mourir**

mousmé *f., A.* young Japanese woman; *fam.* girl, chick

mousquet *m., A.* musket

mousquetaire *m., A.* musketeer

mousse *f.* moss; foam; cream (*shaving, styling*); *m., A.* cabin boy; **mousse** (*f.*) **au chocolat** chocolate mousse (*dessert*); **mousse** (*f.*) **de platine** platinum sponge (*chemistry*)

mousse *adj.* blunt, dull; dull-witted

mousseau (moussot): pain (*m.*) **mousseau (moussot)** fine wheat bread

mousseline *f.* chiffon; muslin (*textile*); **verre** (*m.*) **mousseline** muslin glass, mousseline

mousser to froth, foam; **faire mousser quelque chose** *fam.* to boost, boast about s.th.; **se faire mousser** *fam.* to boast; to score (*at s.o.'s expense*)

mousseron *m.* St. George's agaric (edible mushroom)

mousseux (-euse) *adj.* foamy, frothy; **vin** (*m.*) **mousseux** sparkling wine

moussoir *m.* egg beater, whisk

mousson *m.* monsoon

moussu *adj.* mossy

moustache *f.* mustache; whisker

moustachu *m., adj.* (s.o.) wearing a mustache

Moustérien(ne) *m., f.* inhabitant of Moustier (Dordogne); Mousterian (*ref. to Paleolithic culture*)

moustiquaire *m.* mosquito netting

moustique *m.* mosquito

moutarde *f.* mustard

mouton *m.* mutton; sheep

mouvement *m.* movement

moyen *m.* mean(s); way

moyen(ne) *adj.* average; medium; intermediate; **classe** (*f.*) **moyenne** middle class; **moyen âge** *m. s.* Middle Ages; **Moyen-Orient** *m.* Middle East

moyenâgeux (-euse) *adj.* medieval

moyenne *f.* average; **en moyenne** on average

moyennement *adv.* moderately, fairly

Moyen-Orient *m.* Middle East

mule *f.* slipper, mule

multiplier to multiply

multitâche *adj.* multitasking (*computer*)

muni (de) *adj.* supplied, equipped (with)

mur *m.* wall

muraille *f.* wall, fence; **la Grande Muraille** the Great Wall (*of China*)

mûrir to ripen, mature

murmurer to murmur, whisper

musculation (*fam.* **muscu**) *f.* muscle building

musée *m.* museum; **conservateur (-trice)** (*m., f.*) **de musée** museum curator

muséum *m.* natural history museum

musical *adj.* musical; **comédie** (*f.*) **musicale** musical comedy

musicien(ne) *m., f.* musician

musulman *adj.* Moslem

mutation *f.* change, alteration

mutuel(le) *adj.* mutual

mystérieusement *adv.* mysteriously

mystérieux (-ieuse) *adj.* mysterious

N

nageur (-euse) *m., f.* swimmer

naguère *adv.* a short time ago, lately

naïf (naïve) *adj.* naïve; simple

naissance *f.* birth; **lieu** (*m.*) **de naissance** place of birth

naître (*p.p.* **né**) *irreg.* to be born

naquirent *p.s. of* **naître**

naquit *p.s. of* **naître**

natal *adj.* native

natation *f.* swimming

nationalisé *adj.* nationalized

nationaliste *m., f.* nationalist; *adj.* nationalistic

naturaliser to naturalize

nature *f.* nature; type; *adj.* plain (*food*)

naturel(le) *adj.* natural

naufrage *m.* shipwreck

naufragé(e) *m., f.* shipwrecked person

navette *f.* shuttle; shuttle bus; **navette spatiale** space shuttle

ne (n') *adv.* no; not; **ne... aucun(e)** none, not one; **ne... jamais** never, not ever; **ne... ni... ni** neither . . . nor; **ne... nulle part** nowhere; **ne... pas** no; not; **ne... pas du tout** not at all; **ne... pas encore** not yet; **ne... personne** no one; **ne... plus** no more, no longer; **ne... point** not at all; **ne... que** only; **ne... rien** nothing; **n'est-ce pas?** isn't it (so)? isn't that right?; **n'importe** any, no matter which; **n'importe quoi** anything at all

né(e) *adj.* born; *p.p. of* **naître**

néanmoins *adv.* nevertheless

nécessaire *adj.* necessary; **il est nécessaire que** + *subj.* it's necessary that

nécessité *f.* need

néfaste *adj.* luckless; evil

négatif (-ive) *adj.* negative

négociant(e) *m., f.* merchant, dealer

neige *f.* snow

nerf *m.* nerve; **avoir les nerfs à vif** to have frayed nerves

nerveux (-euse) *adj.* nervous

nervosité *f.* irritability

net(te) *adj.* neat, clear; clean; **bénéfice** (*m.*) **net** clear profit

neuf (neuve) *adj.* new, brand-new; **Terre-Neuve** *f.* Newfoundland

neutre *adj.* neuter; neutral

nez *m.* nose

ni *conj.* neither; nor; **ne... ni... ni** neither . . . nor

niveau *m.* level; **au niveau de** at the level of

noblesse *f.* nobility

noctambule *m., f., fam.* night-prowler; sleepwalker

nocturne *adj.* nocturnal, nighttime

Noël *m.* Christmas

noir *adj.* black; **pied-noir** *m.* Algerian of European origin; **tableau** (*m.*) **noir** blackboard, chalkboard

nom *m.* name; noun

nombre *m.* number; quantity

nombreux (-euse) *adj.* numerous

nommer to name; to appoint

non *interj.* no; not; **non plus** neither, not . . . either

non-dit *m.* what is left unsaid

nord *m.* north

normal *adj.* normal; **il est normal que** + *subj.* it's normal that

normand *adj.* from the Normandy region of France; **Normand(e)** *m., f.* native of Normandy

Normandie *f.* Normandy

nos *poss. adj., pl.* our; **de nos jours** these days, currently

notamment *adv.* notably; especially

notation *f.* grading; notation

note *f.* note; grade (*in school*); bill; **prendre des notes** to take notes

noter to notice; to note down; **à noter** worth remembering

notion *f.* notion, idea; knowledge

notre *poss. adj.* our

(le/la/les) nôtre(s) *pron.* ours

nouer to knot; to tie

nourrice *f.* nurse; nanny

nourrir to feed, nourish

nourriture *f.* food

nous *pron., pl.* we; us

nouveau (nouvel, nouvelle [nouveaux, nouvelles]) *adj.* new; **de nouveau** (once) again

Nouveau-Brunswick *m.* New Brunswick

nouveauté *f.* novelty; newness

nouvelle *f.* piece of news; short story; *pl.* news, current events; **nouvelle cuisine** *f.* new French cooking, light cooking

Nouvelle-Calédonie *f.* New Caledonia

Nouvelle-Écosse *f.* Nova Scotia

nouvellement *adv.* newly, recently

novembre November

nu *adj.* naked; bare

nuage *m.* cloud

nuageux (-euse) *adj.* cloudy

nuisances *f. pl.* causes of harm, harmful effects

nuit *f.* night; **boîte** (*f.*) **de nuit** nightclub; **bonnet** (*m.*) **de nuit** A. night-cap

nul(le) *adj., pron.* no, not any; null; **ne... nulle part** *adv.* nowhere

numéro *m.* number

nutritif (-ive) *adj.* nutritive, nourishing

O

objectif (-ive) *adj.* objective

objet *m.* objective; object; **objet d'art** piece of artwork

obligatoire *adj.* obligatory; mandatory

obligé *adj.* obliged, required; **être obligé(e) de** to be obliged to

obliger (nous obligeons) (à) to oblige (to); to compel (to)

obscur *adj.* dark; obscure

obscurantisme *m.* obscurantism, withholding information

obséder (j'obsède) to obsess

obsèques *f. pl.* funeral

obséquieux (-ieuse) *adj.* obsequious

observateur (-trice) *m., f.* observer

observer to observe

obstacle: faire obstacle à to stand in the way of

obtenir (*like* **tenir**) *irreg.* to obtain, get

obtenu *adj.* gotten, obtained; *p.p. of* **obtenir**

obtinrent *p.s. of* **obtenir**

obtint *p.s. of* **obtenir**

obtus *adj.* blunt, dull, obtuse

occasion *f.* opportunity; occasion; bargain; **à l'occasion de** on the occasion of; **donner l'occasion de** to offer the opportunity to

occasionnellement *adv.* occasionally

occident *m.* west

occidental *adj.* western, occidental

occupé *adj.* occupied; held; busy

occuper to occupy; **s'occuper de** to take care of (*s.o. or s.th.*); to look after

octobre October

odeur *f.* odor, smell

odorat *m.* (sense of) smell

œil (*pl.* **yeux**) *m.* eye; look

œil-de-bœuf (*pl.* **œils-de-bœuf**) *m.* small circular window

œuf *m.* egg; **jaune** (*m.*) **d'œuf** egg yolk; **œuf à la coque** soft-boiled egg; **œuf dur** hard-boiled egg

œuvre *f.* work; artistic work; *m.* (*life's*) work; **chef-d'œuvre** (*pl.* **chefs-d'œuvre**) *m.* masterpiece; ***hors-d'œuvre** *m. inv.* hors-d'œuvre, appetizer; **œuvre** (*f.*) **d'art** work of art

offert *adj.* offered; *p.p. of* **offrir**

office *m.* religious service; (*administrative*) bureau

officiel(le) *adj.* official

offre *f.* offer; **offre d'emploi** job offer

offrir (*like* **ouvrir**) *irreg.* to offer

offrirent *p.s. of* **offrir**

offrit *p.s. of* **offrir**

oignon *m.* onion; **oignon nouveau** spring onion, scallion

oiseau *m.* bird; **mouron** (*m.*) **des oiseaux** chickweed (*plant*)

oisiveté *f.* idleness, sloth

olive *f.* olive; **huile** (*f.*) **d'olive** olive oil

olympique *adj.* Olympic; **jeux** (*m., pl.*) **Olympiques** Olympics, Olympic Games

ombre *f.* shadow, shade

on *pron.* one, they, we, people

onde *f.* wave; **micro-onde** *f.* microwave

opérer (j'opère) to operate; to perform; **s'opérer** to take place, come about

opposé *adj.* opposing; opposite

opposer to oppose; **s'opposer à** to be opposed to, clash with

opprimé(e) *m., f.* oppressed (*person*)

opprimer to oppress

or *m.* gold; *conj.* now; well; **la règle d'or** the Golden Rule

orange *adj. inv.* orange; *m.* orange (*color*); *f.* orange (*fruit*)

orchestre *m.* orchestra; (jazz) band; **chef** (*m.*) **d'orchestre** orchestra conductor

ordinaire *adj.* ordinary, regular; **à l'ordinaire** usually; **vin** (*m.*) **ordinaire** house wine

ordinateur *m.* computer; **micro-ordinateur** *m.* personal computer

ordonné *adj.* organized, in order

ordre *m.* order; command; **en ordre** orderly, neat; **mot** (*m.*) **d'ordre** countersign, keynote; **par ordre (de)** in order (of)

oreille *f.* ear; **de bouche à oreille** confidentially

oreillette *f.* ear-flap

organisateur (-trice) *m., f.* organizer

organiser to organize; **s'organiser** to get organized

orient *m.* Orient, East; **Moyen-Orient** Middle East

oriental *adj.* oriental, eastern

originaire (de) *adj.* originating (from); native (of); original

original *adj.* eccentric; original

origine *f.* origin; **pays** (*m.*) **d'origine** native country

orner to decorate

orthographe *f.* spelling

oser to dare

otage *m.* hostage; **prendre un otage** to take a hostage

ôter to take off

ou *conj.* or; either; **ou bien** or else

où *adv.* where; *pron.* where, in which, when; **où est... ?** where is . . . ?

oubli *m.* forgetfulness; forgetting

oublier (de) to forget (to)

oubliette *f., A.* (secret) dungeon

ouest *m.* west

oui *interj.* yes; **mais oui** (but) of course

ouïe *f.* (sense of) hearing

ourdi *adj.* woven; hatched (*plot*)

ours *m.* bear

outre *prep.* beyond, in addition to; **en outre** in addition

outré *adj.* exaggerated, extravagant

outre-Manche *adv.* in England, on the other side of the Channel

ouvert *adj.* open; frank; *p.p. of* **ouvrir**

ouverture *f.* opening

ouvrage *m.* (piece of) work; literary work

ouvrier (-ière) *m., f.* (manual) worker

ouvrir (*p.p.* **ouvert**) *irreg.* to open

ouvrirent *p.s. of* **ouvrir**

ouvrit *p.s. of* **ouvrir**

oxygène *m.* oxygen; **masque** (*m.*) **à oxygène** oxygen mask

ozone *m.* ozone; **couche** (*f.*) **d'ozone** ozone layer

P

paille *f.* straw

pain *m.* bread; **petit pain** (*dinner*) roll

pair *adj.* even (*not odd*); *****hors (de) pair** peerless, unrivaled

paire *f.* pair

paisible *adj.* peaceful, tranquil

paix *f.* peace

palabrer *fam.* to palaver, chat

palais *m.* palace

palmé *adj.* webbed; web-footed

pamplemousse *m.* grapefruit

panneau *m.* road sign; billboard; panel

panoplie *f.* panoply; armor

pape *m.* pope

papier *m.* paper

papy *m., fam.* grandpa

paquebot *m.* liner (*ship*); steamer

paquet *m.* package

par *prep.* by, through; per; **par chance** luckily, by good fortune; **par-ci, par-là** here and there; **par conséquent** consequently, as a result; **par contre** on the other hand; **par écrit** in writing; **par exemple** for example; **par jour (semaine, etc.)** per day (week, etc.); **par la suite** afterwards; **par ordre (de)** in order (of); **par rapport à** with regard to, in relation to

parachever (**je parachève**) to complete; to perfect

parachutiste (*fam.* **para**) *m., f.* parachutist

paradoxalement *adv.* paradoxically

paraître (*like* **connaître**) *irreg.* to appear; to seem

parc *m.* park; **parc de loisirs** amusement park

parce que *conj.* because

parchemin *m.* parchment

parcimonie *f.* parsimony, thrift

parcimonieux (-ieuse) *adj.* parsimonious, stingy

parcourir (*like* **courir**) *irreg.* to travel through, traverse; to skim (*in reading*)

parcouru *adj.* covered; *p.p. of* **parcourir**

parcoururent *p.s. of* **parcourir**

parcourut *p.s. of* **parcourir**

paré *adj.* dressed up, adorned

parent(e) *m., f.* parent; relative; *m. pl.* parents; **beaux-parents** *m. pl.* in-laws; **grands-parents** *m. pl.* grandparents; **parent(e) proche** close relative

paresse *f.* laziness, idleness

paresseux (-euse) *adj.* lazy

parfait *adj.* perfect

parfois *adv.* sometimes

parfum *m.* perfume; odor; flavor

parfumé *adj.* flavored

parisien(ne) *adj.* Parisian; **Parisien(ne)** *m., f.* Parisian (*person*)

parking *m.* parking lot

parlement *m.* parliament

parler (à, de) to speak (to, of); to talk (to, about); *m.* speech; **à proprement parler** strictly speaking; **entendre parler de** to hear (*s.th.*) (talked) about; **franc-parler** *m.* frankness, candor

Parme Parma; **jambon** (*m.*) **de Parme** Parma ham

parmi *prep.* among

parole *f.* word; **moulin** (*m.*) **à paroles** talkative, chatty person; **porte-parole** *m.* spokesperson; **prendre (donner, demander) la parole** to take (to give, ask for) the floor

part *f.* share, portion; role; **d'autre part** on the other hand; **de part et d'autre** on both sides, here and there; **faire la part** to favor; to share emphasis; **ne... nulle part** nowhere; **pour ma part** in my opinion, as for me

partage *m.* division, sharing

partager (nous partageons) to share

partenaire *m., f.* partner

parti *p.p. of* **partir**

parti *m.* (*political*) party; **parti pris** *m.* set purpose; bias, prejudice

participer à to participate in

particulier (-ière) *adj.* particular, special; **en particulier** particularly

particulièrement *adv.* particularly

partie *f.* part; game, (*sports*) match; outing; **faire partie de** to be part of, belong to

partir (*like* **dormir**) (**à, de**) *irreg.* to leave (for, from); **à partir de** *prep.* starting from

partirent *p.s. of* **partir**

partit *p.s. of* **partir**

partout *adv.* everywhere

paru *adj.* appeared, published; *p.p. of* **paraître**

parurent *p.s. of* **paraître**

parut *p.s. of* **paraître**

parution *f.* appearance, publication

parvenir (*like* **venir**) **à** *irreg.* to attain; to succeed in

parvenu *p.p. of* **parvenir**

parvinrent *p.s. of* **parvenir**

parvint *p.s. of* **parvenir**

pas (ne... pas) not; **ne... pas encore** not yet; **pas du tout** not at all; **pas grand-chose** not much; **pas**

mal not bad(ly); **pas mal de** quite a few

passage *m.* passage; passing; **être de passage** to be passing through

passager (-ère) *m., f.* passenger; *adj.* fleeting, ephemeral

passant *adj.* busy (*of street*)

passé *m.* past; *adj.* spent; past, gone, last; **passé composé** *Gram.* present perfect

passer to pass, spend (*time*); **passer (du temps) à** to spend (time); **passer en revue** to review, rethink; **passer un examen** to take an exam; **se passer** to happen, take place; to go

passerelle *f.* foot-bridge, cat-walk

passe-temps *m.* pastime, hobby

passif (-ive) *adj.* passive

passionné *adj.* passionate, intense

passionnément *adv.* passionately

pâte *f.* dough

paternel(le) *adj.* paternal

pâtes *f. pl.* pasta, noodles

patient(e) *m., f.* (*hospital*) patient; *adj.* patient

patin *m.* skate, ice-skate; **faire du patin à glace** to go ice-skating

pâtisserie *f.* pastry; pastry shop

pâtissier (-ière) *m., f.* pastry shop owner; pastry chef

patrie *f.* country; homeland, native land

patrimoine *m.* legacy, patrimony

patron(ne) *m., f.* boss, employer; manager

patte *f.* paw; foot (*of animal*)

paume *f.* palm (*of hand*); **jeu de paume** (*type of*) tennis

paumé *adj., fam.* lost, confused, "out of it"

pause-thé *f.* tea break

pauvre *adj.* poor; unfortunate; *m. pl.* the poor

pauvreté *f.* poverty

pavé *m.* slab, chunk; paving stone; *adj.* paved; **battre le pavé** to roam the streets; **tenir le haut du pavé** *fam.* to be in a high position; to lord it (*over others*)

payé *adj.* paid; **congé** (*m.*) **payé** paid vacation

payer (je paie) to pay, pay for

pays *m.* country, nation

paysage *m.* landscape, scenery

paysager: jardin (*m.*) **paysager** landscape garden

paysagiste *m., f.* landscape painter

paysan(ne) *m., f., adj.* peasant

peau *f.* skin; hide

pêche *f.* fishing; peach; **canne** (*f.*) **à pêche** fishing rod

pêcheur (-euse) *m., f.* fisherman, fisherwoman; **pêcheur (-euse) à la ligne** angler

pédestre *adj.* pedestrian, on foot

peigner to comb

peignirent *p.s. of* **peindre**

peignit *p.s. of* **peindre**

peindre (*like* **craindre**) *irreg.* to paint

peine *f.* bother, trouble; sorrow, pain; **à grand-peine** with great difficulty; **à peine** hardly; **faire de la peine à quelqu'un** to cause s.o. grief; **prendre la peine de** to go to the trouble of; **sous peine de** on pain of

peint *adj.* painted; *p.p. of* **peindre**

peintre *m.* painter

peinture *f.* paint; painting

Pékin Beijing

pendant *prep.* during

pénétrant *adj.* penetrating

pénétrer (je pénètre) to penetrate; to reach

pénible *adj.* difficult; painful

péniche *f.* barge (*boat*)

pensée *f.* thought

penser to think; to reflect; to expect, intend; **penser à** to think of, about; **penser de** to think of, have an opinion about; **que pensez-vous de... ? (qu'en pensez-vous?)** what do you think of . . . ? (what do you think about it?)

pension *f.* pension, allowance; boardinghouse

pente *f.* slope

perçant *adj.* piercing

perche *f.* (*thin*) pole; **saut** (*m.*) **à la perche** pole-vaulting

percutant *adj.* forceful, incisive

perdre to lose; to waste

perdu *adj.* lost; wasted; anonymous; remote

père *m.* father; **grand-père** grandfather

performant *adj.* (well) performing

période *f.* period (*of time*); **en période de** during a time of

permanence *f.* permanence; **en permanence** permanently

permettre (*like* **mettre**) **(à)** *irreg.* to permit, allow, let

permirent *p.s. of* **permettre**

permis *adj.* permitted; *p.p. of* **permettre**; *m.* permit; **permis** (*m.*) **de conduire** driver's license

permit *p.s. of* **permettre**

perpétuel(le) *adj.* perpetual

perruque *f.* wig

perruquier *m.* wigmaker

persécuter to persecute

persil *m.* parsley

personnage *m.* (*fictional*) character; personage

personnalité *f.* personality

personne *f.* person; *pl.* people

personnel(le) *adj.* personal

persuadé *adj.* persuaded, convinced

perte *f.* loss

pertinent *adj.* relevant

peser (je pèse) (sur) to weigh (heavily on)

peste *f.* nuisance; plague

petit *adj.* small, little; short; very young; *m. pl.* young ones; little ones; **petit(e)-bourgeois(e)** *m., f.* member of lower middle class; **petit déjeuner** *m.* breakfast; **petit pain** *m.* (*dinner*) roll

pétrole *m.* oil, petroleum

peu *adv.* little; few; not very; hardly; **à peu près** nearly; approximately; **peu à peu** little by little; **un peu (de)** a little (of)

peuple *m.* nation; people (*of a country*)

peuplé *adj.* populated

peur *f.* fear; **avoir peur (de)** to be afraid (of); **faire peur à** to scare, frighten

phallocrate *m.* male chauvinist

pharmaceutique *adj.* pharmaceutical

pharmacien(ne) *m., f.* pharmacist

phénomène *m.* phenomenon

philosophie (*fam.* **philo**) *f.* philosophy

phorique *adj., lit.* carrying, bearing

photo *f.* picture, photograph

photographe *m., f.* photographer

phrase *f.* sentence

physicien(ne) *m., f.* physicist

physique *adj.* physical; *m.* physical appearance; *f.* physics; **éducation** (*f.*) **physique** physical education

phytosanitaire *adj.* referring to plant care, health

piano *m.* piano; *adv.* softly

pièce *f.* piece; room (*of a house*); coin; each; (*theatrical*) play; **deux-pièces** *m.* two-room apartment (*not including kitchen*)

pied *m.* foot; **à pieds joints** with feet (tied) together; **mise** (*f.*) **à pied** (*work*) layoff

pied-noir *m.* Algerian of European origin

piège *m.* trap

pierre *f.* stone

piéton(ne) *adj., m., f.* pedestrian; **voie** (*f.*) **piétonne** pedestrian lane, street

piler to pound, grind, crush

pilori *m.* pillory (*device for public punishment*)

piloter to pilot

pilule *f.* pill; birth control pill

pinceau *m.* paintbrush

pincée *f.* pinch

piquer to prick; **piquer une frayeur** *fam.* to have an attack of fright

pire *adj.* worse; **le/la pire** the worst

piscine *f.* swimming pool

piste *f.* path, trail; course; slope; **piste cyclable** bike path

pistolet *m.* pistol

pitié *f.* pity; **avoir pitié de** to have pity on

pittoresque *adj.* picturesque

placard *m.* cupboard, cabinet; closet

place *f.* place; position; parking place; (*public*) square; seat; **mettre en place** to put into place; **place assise** seat in theater

placer (nous plaçons) to find a seat for; to place; to situate

plage *f.* beach

plaie *f.* wound

plaignirent *p.s. of* **plaindre**

plaignit *p.s. of* **plaindre**

plaindre (*like* **craindre**) *irreg.* to pity; **se plaindre (de)** to complain (of, about)

plaint *p.p. of* **plaindre**

plaintif (-ive) *adj.* plaintive, sorrowful

plaire (*p.p.* **plu**) **à** *irreg.* to please; **s'il te (vous) plaît** *interj.* please

plaisant *adj.* funny; pleasant

plaisanterie *f.* joke; trick

plaisir *m.* pleasure; **faire plaisir à** to please

plan *m.* city map; plan; diagram; level; **premier plan** foreground (*painting*); **sur le plan (personnel)** on a (personal) level

planche *f.* board; **planche à voile** sailboard, windsurfer

planifier to plan

planter to plant; to set, situate

plat *adj.* flat; *m.* dish (*of food*); course (*meal*); **plat principal** main course

plateau *m.* tray; plateau

platine *m.* platinum; **mousse** (*f.*) **de platine** platinum sponge (*chemistry*)

play-back *m., inv.* lip-synching

plébiscite *m.* plebiscite; referendum

plein (de) *adj.* full (of); **à plein temps** full-time (*work*); **en plein** fully, precisely; in the middle of

pleurer to cry, weep

pleutre *m., fam.* cad, churl; coward

plongée *f.* diving; dive; immersion; **en plongée** in a dive; **faire de la plongée sous-marine** to go skin diving, scuba-diving

plonger (nous plongeons) to dive; to dip, immerse

plu *adj.* pleased; *p.p. of* **plaire**

pluie *f.* rain; **pluie acide** acid rain

plume *f.* feather; fountain pen; **poids** (*m.*) **plume** featherweight (*boxing*); **prendre la plume** to take up the pen, write

plupart: la plupart (de) most, the majority (of)

plurent *p.s. of* **plaire**

pluri-culturel(le) *adj.* multicultural

pluri-ethnique *adj.* multi-ethnic

plus (de) *adv.* more; plus; more than + *number*, **d'autant plus (que)** especially, particularly (because); **de plus** in addition; **de plus en plus** more and more; **en plus (de)** in addition (to); **le/la/les plus** + *adj. or adv.* the most; . . . **ne... plus** no longer, not anymore; **non plus** neither, not . . . either; **plus ou moins** more or less; **plus... que** more . . . than

plusieurs (de) *adj., pron.* several (of)

plut *p.s. of* **plaire**

plutôt *adv.* instead; rather; on the whole

poêle (*f.*) (**à frire**) frying pan

poids *m.* weight; **poids lourd/plume** heavyweight, featherweight (*boxing*)

poignée *f.* handful; **poignée de main** handshake

poil *m.* hair; bristle

point *m.* point; dot; period (*punctuation*); **point de vue** point of view

pointe *f.* peak; point; touch, bit

poisson *m.* fish

poivre *m.* pepper; **moulin** (*m.*) **à poivre** pepper mill; **poivre concassé** crushed pepper

poivron *m.* green pepper

poli *adj.* polite; polished

police *f.* police; **agent** (*m.*) **de police** police officer

politesse *f.* politeness; good breeding

politicien(ne) *m., f.* politician (*sometimes pejorative*)

politique *f.* politics; policy; *adj.* political

Pologne *f.* Poland

Polynésie *f.* Polynesia

pomme *f.* apple; **pomme de terre** potato

pompe *f.* pomp, ceremony

pompier *m.* firefighter

pont *m.* bridge

populaire *adj.* popular; common; of the people

portatif (-ive) *adj.* portable

porte *f.* door; gate; **porte blindée** armored, timbered door

porté *adj.* worn; carried; turned, disposed

porte-avions *m.* aircraft carrier

porte-parole *m.* spokesperson; mouthpiece

porter to wear; to carry; **porter un regard à** to see, look at; **prêt-à-porter** *m.* ready-to-wear clothing

porteur (-euse) *m., f.* carrier, bearer; (*luggage*) porter

portugais *adj.* Portuguese; **Portugais(e)** *m., f.* Portuguese (*person*)

poser to put (down); to state; to pose; to ask; **poser sa candidature (à)** to apply (for); to run (for) (*office*); **poser une question** to ask a question

positif (-ive) *adj.* positive

posséder (je possède) to possess
possession *f.* possession; **prendre possession de** to take possession of
possible *adj.* possible; **il est possible que** + *subj.* it's possible that
postal *adj.* postal, post; **bureau** (*m.*) **postal** post office; **case** (*f.*) **postale** post office box
poste *m.* position, employment; *f.* post office, postal service; **poste** (*m.*) **de télévision** TV set
pot-au-feu *m.* pot roast with vegetables
potin *m., fam.* chatter, gossip
pouce *m.* thumb; inch
poudre *f.* powder
poulet *m.* chicken
pour *prep.* for; in order to; **pour autant** for all that; **pour la plupart** for the most part; **pour ma part** in my opinion, as for me; **pour que** *conj.* so that, in order that; **pour tout dire** in a word
pourcentage *m.* percent, percentage
pourquoi *adv., conj.* why
poursuite *f.* pursuit
poursuivi *p.p. of* **poursuivre**
poursuivirent *p.s. of* **poursuivre**
poursuivit *p.s. of* **poursuivre**
poursuivre (*like* **suivre**) *irreg.* to pursue; to continue
pourtant *adv.* however, yet, still, nevertheless
pourvu *adj.* provided, supplied; **pourvu que** *conj.* provided that
poussé *adj.* elaborate, advanced; exhaustive
poussée *f.* growth; thrust; upsurge
pousser to push; to encourage; to emit; to grow
pouvoir (*p.p.* **pu**) *irreg.* to be able; *m.* power, strength; **contre-pouvoir** *m.* counterforce
pratique *adj.* practical; *f.* practice; participation
pratiquement *adv.* practically, almost
pratiquer to practice; to exercise (*a sport*); **pratiquer un sport** to engage in a sport
pré *m.* meadow; field
précaire *adj.* precarious
précédent *adj., m.* preceding; *m.* precedent; **sans précédent** unprecedented

précéder (je précède) to precede
prêcher to preach
précieux (-ieuse) *adj.* precious
se précipiter to hurry, rush over; to hurl oneself
précis *adj.* precise, fixed, exact
précisément *adv.* precisely, exactly
préciser to state precisely; to specify
précision *f.* precision; detail
précurseur *m.* precursor, forerunner
prédilection *f.* predilection, preference
préféré *adj.* favorite, preferred
préférer (je préfère) to prefer, like better
préfigurer to prefigure, foreshadow
préjudiciable (à) *adj.* prejudicial, detrimental (to)
préjugé *m.* prejudice
premier (-ière) *adj.* first; principal; former; **la Première Guerre mondiale** *f.* the First World War; **premier ministre** *m.* prime minister; **premier plan** foreground (*painting*)
premièrement *adv.* first, first of all
prendre (*p.p.* **pris**) *irreg.* to take; to have (to eat); **prendre conscience de** to realize, become aware of; **prendre des mesures (pour)** to take steps (to); **prendre des notes** to take notes; **prendre des risques** to take risks; **prendre des vacances** to take a vacation; **prendre du poids** to gain weight; **prendre en charge** to take responsibility for; **prendre fin** to come to an end; **prendre la fuite** to escape, take flight; **prendre la parole** to begin speaking, take the floor; **prendre la peine de** to go to the trouble of; **prendre la plume** to write, take up the pen; **prendre le petit déjeuner** to have breakfast; **prendre le relais** to take a shift, to relay; **prendre le temps (de)** to take the time (to); **prendre plaisir (à)** to take pleasure (in); **prendre possession de** to take possession of; **prendre soin de** to take care of; **prendre une douche** to take a shower; **prendre un otage** to take a hostage

prénom *m.* first name, given name
se préoccuper de to concern, preoccupy oneself with
préparation *f.* preparation
préparer to prepare
près (de) *adv.* near, close to; **à peu près** around, approximately; **de près** closely
prescrire (*like* **écrire**) *irreg.* to prescribe
prescrit *adj.* prescribed; *p.p. of* **prescrire**
prescrivirent *p.s. of* **prescrire**
prescrivit *p.s. of* **prescrire**
présent *m.* present; *adj.* present; **à présent** nowadays
présentateur (-trice) *m., f.* announcer, host; **présentateur (-trice) du journal télévisé** TV news anchor; **présentateur (-trice) vedette** talk show host
présenter to present; to introduce; to put on (*a performance*); **se présenter (à)** to present, introduce oneself (to); to appear; to arrive at
préserver to preserve, conserve; **se préserver de** to protect oneself from
président(e) *m., f.* president
présider to preside (over)
presque *adv.* almost, nearly
presse *f.* press (*media*)
se presser to hurry, make haste; to rush (up)
pression *f.* pressure; tension
prestigieux (-ieuse) *adj.* prestigious
prêt *adj.* ready; *m.* loan; **être prêt(e) à** to be ready to
prêt-à-porter *m.* ready-to-wear clothing
prétendre to claim, maintain; to require
prétentieux (-ieuse) *adj.* pretentious
prêtre *m.* priest
preuve *f.* proof; **à preuve** witness, as proven by; **faire preuve de** to prove
prévenir (*like* **venir**) *irreg.* to warn, inform; to prevent, avert
prévenu *p.p. of* **prévenir**
prévinrent *p.s. of* **prévenir**
prévint *p.s. of* **prévenir**
prévu *adj.* expected, anticipated
prier to pray; to beg, entreat; to ask (*s.o.*)

prière *f.* prayer
primer to take precedence; to excel
primulacée *f.* primulaceae, primrose
prince (princesse) *m., f.* prince, princess
princier (-ière) *adj.* princely
principal *adj.* principal, most important; **plat** (*m.*) **principal** main course
principe *m.* principle
printemps *m.* spring
prirent *p.s. of* **prendre**
pris *adj.* occupied; *p.p. of* **prendre**; **parti pris** *m.* set purpose; bias, prejudice
prise *f.* taking; **prise des notes** notetaking
prisonnier (ière) *m., f.* prisoner
prit *p.s. of* **prendre**
privé *adj.* private; **être privé(e) de** to be deprived of
priver de to deprive of
privilégié *adj.* privileged; *m., f.* privileged, fortunate person
privilégier to favor
prix *m.* price; prize
procédé *m.* process, method
procéder (je procède) to proceed
procès *m.* lawsuit; trial
prochain *adj.* next; near; immediate
proche (de) *adj., adv.* near, close (to); **parent(e)** (*m., f.*) **proche** close relative; **proche de** *prep.* near; on the verge of
procuration *f.* proxy; procuration
procurer to furnish; to obtain
producteur (-trice) *m., f.* producer
produire (*like* **conduire**) *irreg.* to produce, make; **se produire** to occur, happen, arise
produisirent *p.s. of* **produire**
produisit *p.s. of* **produire**
produit *m.* product; *p.p. of* **produire**
proférer (je profère) to utter
professeur (*fam.* **prof**) *m.* professor; teacher
professionnel(le) (*fam.* **pro**) *m., f., adj.* professional
profil *m.* profile; outline; cross-section; **jouer profil bas** to keep a low profile
profit *m.* profit, benefit; **au profit de** on behalf of, for the benefit of
profiter de to take advantage of, profit from

profond *adj.* deep, profound
profondément *adv.* deeply
profondeur *f.* depth
programmation *f.* programming
programme *m.* program; design, plan; agenda
programmeur (-euse) *m., f.* (*computer*) programmer
progresser to progress
progression *f.* progress, advancement
progressivement *adv.* progressively
projet *m.* project; plan; **faire des projets** to make plans
prolétaire *m., f., adj.* proletarian
se prolonger (nous nous prolongeons) to continue; to be extended, stretch out
promenade *f.* walk; ride; promenade (*avenue*)
promener (je promène) to take out walking; **envoyer promener** *fam.* to send (*s.o.*) packing; **se promener** to go for a walk, drive, ride
promeneur (-euse) *m., f.* stroller, walker
promesse *f.* promise
promettre (*like* **mettre**) **(de)** *irreg.* to promise (to)
promirent *p.s. of* **promettre**
promis *p.p. of* **promettre**
promit *p.s. of* **promettre**
pronom *m., Gram.* pronoun
prononcer (nous prononçons) to pronounce
propos *m.* talk; *pl.* utterance, words; **à propos de** with respect to; ***hors de propos** ill-timed, irrelevant
proposer to propose, suggest
propre *adj.* own; proper; clean
proprement *adv.* properly; absolutely; **à proprement parler** strictly speaking
propriétaire *m., f.* owner; landlord
propriété *f.* property; propriety, correctness
protecteur (-trice) *m., f.* protector; *adj.* protecting; protective
protéger (je protège, nous protégeons) to protect; **se protéger de** to protect oneself against
protestataire *adj.* protest
protestation *f.* protest; objection
protester to protest; to declare

prouver to prove
provenir (*like* **venir**) **de** *irreg.* to proceed, result, arise from
provenu *p.p. of* **provenir**
provincial(e) *m., f., adj.* provincial (*person*); *referring to provinces*
provinrent *p.s. of* **provenir**
provint *p.s. of* **provenir**
provoquer to provoke, incite
proximité *f.* proximity, closeness
psychanalyse *f.* psychoanalysis
psychanalyser to psychoanalyze
psychiatre *m., f.* psychiatrist
psychologie (*fam.* **psycho**) *f.* psychology
psychologue *m., f.* psychologist
psychothérapeute *m., f.* psychiatric therapist
pu *p.p. of* **pouvoir**
public (publique) *m.* public; audience; *adj.* public; **chaîne** (*f.*) **publique** public (*radio, TV*) station; **jardin** (*m.*) **public** public park; **opinion** (*f.*) **publique** public opinion; **pouvoirs** (*m., pl.*) **publics** public authorities
publicitaire *adj.* advertising; **annonce** (*f.*) **publicitaire** ad; commercial
publicité (*fam.* **pub**) *f.* commercial; advertisement; advertising
publier to publish
publiquement *adv.* publicly
puis *adv.* then, next; besides; *variant of* **peux (pouvoir)**; **et puis** and then; and besides
puisque *conj.* since, as, seeing that
puissance *f.* power
puissant(e) *m., f.* powerful (*person*); *adj.* powerful, strong
pulvériser to pulverize
punition *f.* punishment
purent *p.s. of* **pouvoir**
pureté *f.* purity
put *p.s. of* **pouvoir**

Q

quai *m.* quai; (*station*) platform
qualitatif (-ive) *adj.* qualitative
qualité *f.* (good) quality; characteristic; **gens** (*m. pl.*) **de qualité** well-bred people
quand *adv., conj.* when; **quand même** even though; anyway
quant à *prep.* as for
quantitatif (-ive) *adj.* quantitative

quart *m.* quarter; fourth; quarter of an hour; **et quart** quarter past (*the hour*); **trois quarts** three quarters

quartier *m.* neighborhood, quarter

quasi *adv.* almost

quasiment *adv., fam.* almost, to all intents and purposes

quatrième *adj.* fourth

que (qu') *interr.* what?; whom, that which; *adv.* how; why; how much; *conj.* that; than; *pron.* whom; that; which; what; **ne... que** *adv.* only; **parce que** because; **qu'est-ce que** what? (*object*); **qu'est-ce qui** what? (*subject*)

québécois *m.* Quebecois (*language*); *adj.* from, of Quebec; **Québécois(e)** *m., f.* person from Quebec, Quebecker

quel(le)(s) *interr. adj.* what, which; what a; **à quelle heure** at what time

quelconque *adj. indef.,* whatever, some

quelque(s) *adj.* some, any; a few; somewhat; **quelque chose** *pron.* something; **quelque part** *adv.* somewhere

quelquefois *adv.* sometimes

quelqu'un *pron., neu.* someone, somebody; **quelques-uns (-unes)** *pron.* some, a few

question *f.* question; **poser des questions (à)** to ask questions (of)

queue *f.* tail (*animal*); line (*of people*)

qui *pron.* who, whom; **qu'est-ce qui** what? (*subject*); **qui est-ce que** who? (*object*); **qui est-ce qui** whom? (*subject*)

quiche *f.* quiche (*egg custard pie*); **quiche lorraine** egg custard pie with bacon

quiétude *f.* peacefulness

quinzaine *f.* about fifteen

quinzième *adj.* fifteenth

quitter to leave (*s.o. or someplace*); to abandon, leave behind; **se quitter** to separate

quoi (à quoi, de quoi) *pron.* which; what; **en quoi** in what way; **n'importe quoi** anything at all; no matter what; **quoi que** *conj.* whatever

quoique *conj.* although

quotidien *m. daily newspaper;* **quotidien(ne)** *adj.* daily, everyday

R

rabattirent *p.s. of* **rabattre**

rabattit *p.s. of* **rabattre**

se rabattre (*like* **battre**) **sur** to fall back upon

rabattu *p.p. of* **rabattre**

rabbin *m.* rabbi

se raccrocher à to clutch hold of; to catch on to

se racheter (je me rachète) to atone, redeem oneself

racine *f.* root

raconter to tell, relate, narrate

radio *f.* radio; X ray

radiologique *adj.* pertaining to X rays

radio-réveil *m.* clock radio

rafler to sweep off, carry off

rage *f.* rage, anger; **faire rage** to rage; to be all the rage

raide *adj.* stiff; straight (*hair*)

raison *f.* reason; **à raison de** at a rate of; **avoir raison** to be right; **en raison de** by reason of, on account of; **raison d'être** object, justification (*for s.th.*), raison d'être

raisonnable *adj.* reasonable; rational

raisonner to reason

rajouter to add (*more of s.th.*)

se rallier à to rally to; to join

ramasser to pick up; to collect

rampe *f.* footlights (*theater*); **passer la rampe** *fam.* to get across; to affect (*an audience*)

ramper to crawl, creep

randonnée *f.* tour, trip; ride; hike; **randonnée pédestre** walking tour; **ski** (*m.*) **de randonnée** cross-country skiing

rang *m.* row, rank, line

se ranger (nous nous rangeons) to take sides; to identify oneself

rappel *m.* recall; reminder

rappeler (je rappelle) to remind; to recall; to call again; **se rappeler** to recall, remember

rapport *m.* connection; report; *pl.* relations, relationships; **être en rapport avec** to be related to; **par rapport à** concerning, regarding

rapporter to bring back; to return; to report

rasé *adj.* shaved

rassembler to gather, assemble

rassurer to reassure

rater to miss; to fail

rationnel(le) *adj.* rational

se rattacher à to be connected with

rattrapement *m.* overtaking, catching up

rattraper to recapture, catch up with

ravage (*m.*)**: faire des ravages** to work havoc

ravalé *adj.* reduced, lowered

ravisseur *m.* kidnapper

rayonnant *adj.* radiant, beaming

rayonner to radiate; to beam

réaffirmé *adj.* reaffirmed

réagir to react

réalisateur (-trice) *m., f.* film director; (TV) producer

réaliser to realize; to accomplish, produce, carry out

réaliste *m., f.,* realist; *adj.* realistic

réalité *f.* reality; **en réalité** in reality

rébarbatif (-ive) *adj.* grim, forbidding

récemment *adv.* recently, lately

recette *f.* recipe

recevoir (*p.p.* **reçu**) *irreg.* to receive; to entertain (*guests*)

recherche *f.* research; search; **à la recherche de** in search of

recherché *adj.* sought after; studied, affected

rechercher to seek; to search for

réciproquement *adv.* reciprocally

réclamer to demand; to clamor for; to claim

recommandé *adj.* recommended, advisable; registered (*mail*)

recommencement *m.* (new) beginning

reconnaissance *f.* gratitude; recognition

reconnaître (*like* **connaître**) *irreg.* to recognize

reconnu *adj.* recognized; *p.p. of* **reconnaître**

reconnurent *p.s. of* **reconnaître**

reconnut *p.s. of* **reconnaître**

reconstituer to reconstitute

record *m.* record (*peak performance*); **battre le record** to beat the record

recourir à to have recourse to

recouvert *adj.* covered, recovered; *p.p. of* **recouvrir**

recouvrir (*like* **ouvrir**) *irreg.* to cover up

recouvrirent *p.s. of* **recouvrir**

recouvrit *p.s. of* **recouvrir**

recréer to recreate

récrire (*like* **écrire**) *irreg.* to rewrite

récrit *p.p. of* **récrire**

récrivirent *p.p. of* **récrire**

récrivit *p.s. of* **récrire**

recrue *f.* recruit

recruter to recruit

rectifié *adj.* rectified, corrected

reçu *adj.* received; *p.p. of* **recevoir**

recueilli *adj.* collected, gathered

recul *m.* perspective, distance

reculer to fall back, retreat; to step back

récupérer (je récupère) to recover, get back

reçurent *p.s. of* **recevoir**

reçut *p.s. of* **recevoir**

rédaction *f.* (*piece of*) writing, draft

redécoller to take off again

rédiger (**nous rédigeons**) to draft (up), write (out)

redoubler to redouble, increase

réduire (*like* **conduire**) *irreg.* to reduce

réduit *adj.* reduced; *p.p. of* **réduit**

réécouter to listen to again

rééditer to republish; *fam.* to do over again

réel *m.* (the) real; **réel(le)** *adj.* real, actual

refaire (*p.p.* **refait**) to make again; to redo

refait *p.p. of* **refaire**

se référer (je me réfère) **à** to refer to

refirent *p.s. of* **refaire**

refit *p.s. of* **refaire**

réfléchir (**à**) to reflect; to think (about)

reflet *m.* reflection

refléter (je reflète) to reflect

réflexion *f.* reflection, thought

réformer to reform

refoulé *adj.* driven back, expelled

refroidir to cool (down) (*s.o. or s.th.*)

se réfugier dans to take refuge in

refuser (**de**) to refuse (to)

regagner to get back to

regard *m.* glance; gaze, look

regarder to look at; to watch

régime *m.* diet; régime

régional *adj.* local, of the district

régir to govern, rule

registre *m.* register; registry

règle *f.* rule; **la règle d'or** the golden rule

réglé *adj.* settled; ruled, ordered

régler (je règle) to regulate, adjust; to settle

règne *m.* reign

régner (je règne) to reign

regorger (**nous regorgeons**) to overflow, brim over

regression *f.* drop, decline, regression; **en regression** in decline, declining

regretter to regret, be sorry; to miss

régulier (**-ière**) *adj.* regular; **situation** (*f.*) **régulière** valid, legal status

réhabilitation *f.* rehabilitation; renovation

rein *m.* kidney; *pl., fam.* back

reine *f.* queen

rejet *m.* rejection

rejeter (je rejette) to reject

réjouissance *f.* celebration, rejoicing

relâché *adj.* released, let go

relais *m.* stop, coach stop; **prendre le relais** to take a shift; to relay

relatif (**-ive**) *adj.* relative

relation *f.* relation; relationship

relaxation *f.* relaxation; release

se relaxer to relax

relève *f.* changing (*of the guard*); relief

relié *adj.* tied, linked

relief *m.* relief, raised surface; mountain

relier to tie, link

religieux (**-ieuse**) *adj.* religious; **office** (*m.*) **religieux** religious service

relique *f.* relic (*of saint*)

relire (*like* **lire**) *irreg.* to reread

relu *p.p. of* **relire**

relurent *p.p. of* **relire**

relut *p.p. of* **relire**

remarquablement *adv.* remarkably

remarque *f.* remark; criticism; **faire des remarques** to criticize, make snide remarks

remarquer to remark; to notice

remède *m.* remedy; treatment

remettre (*like* **mettre**) *irreg.* to put back; to hand in, hand over; to postpone, put off; **remettre en question** to call into question, query, rethink

remirent *p.s. of* **remettre**

remis *adj.* given; recovered; *p.p. of* **remettre**

remise *f.* granting, awarding

remit *p.s. of* **remettre**

remplaçable *adj.* replaceable

remplacement *m.* replacement

remplacer (**nous remplaçons**) to replace

rempli *adj.* filled

remporter to carry off, achieve, win; **remporter sur** (**ses ennemis**) to triumph, win over (one's enemies)

renaître (*like* **naître**) *irreg.* to be born again

renaquirent *p.s. of* **renaître**

renaquit *p.s. of* **renaître**

rencontre *f.* meeting, encounter; professional meeting

rencontrer to meet, encounter, run into

rendement *m.* yield, return, profit

rendez-vous *m.* meeting, appointment; date; meeting place; **lieu** (*m.*) **de rendez-vous** meeting place; **se donner rendez-vous** to meet; to make an appointment to meet

rendre to give (back), return (*s.th.*); to render, make; **rendre** + *adj.* to make (*s.o.*) feel + *adj.*; **se rendre** (**à, dans**) to go to; **se rendre compte de/que** to realize (that)

rendu: compte (*m.*) **rendu** report, account

rené *adj.* born again; *p.p. of* **renaître**

renommée *f.* renown

renouer to renew, resume

renouveler (je renouvelle) to renovate; to renew

rénover to renovate, restore

renseignement *m.* (*piece of*) information

rentrer to return (*to a place*); to go home

renversement *m.* reversal; overthrow

renvoyé *adj.* sent back

réorganiser to reorganize

répandre to spread out, scatter

reparti *p.p. of* **repartir**

repartir (*like* **partir**) *irreg.* to leave (again)

repartirent *p.s. of* **repartir**

repartit *p.s. of* **repartir**

répartition *f.* apportionment, distribution

repas *m.* meal, repast

repasser to stop (by, into); to go over

repenser to rethink; to redo, remodel; **repenser à** to think about again

repère *m.* reference (*mark*), benchmark

répertoire *m.* repertory

répéter (je répète) to repeat

replié *adj.* retired; withdrawn; **replié(e) sur soi-même** introverted

réplique *f.* replica, counterpart; reply; retort

replonger (nous replongeons) to dive (down again)

répondre (à) to answer, respond

réponse *f.* answer, response

reportage *m.* reporting; commentary; **être en reportage** to be on assignment

reporter to report on

reporter *m.* (*news*) reporter

repos *m.* rest, repose; relaxation

se reposer to rest

repousser to push back; to repulse

reprendre (*like* **prendre**) *irreg.* to take (up) again; to continue

représentant(e) *m., f.* representative

représentatif (-ive) *adj.* representative

représentation *f.* show; performance

représenté *adj.* presented; represented; played

représenter to represent

reprirent *p.s. of* **reprendre**

repris *adj.* continued; revived; retaken; *p.p. of* **reprendre**

reprise *f.* retake; round; **à deux reprises** twice, two times

reprit *p.s. of* **reprendre**

reproche *m.* reproach; **faire des reproches à** to reproach (*s.o.*)

reprocher à to reproach

réseau *m.* network; system; net

réserve *f.* reservation; preserve; reserve; *pl.* storage

réserver to reserve; to keep in store

résidence *f.* residence; apartment building

résister (à) to resist

résolu *adj.* resolved; resolute; *p.p. of* **résoudre**

résolurent *p.s. of* **résoudre**

résolut *p.s. of* **résoudre**

résoudre (*p.p.* **résolu**) *irreg.* to solve, resolve

respecter to respect; to have regard for

respectif (-ive) *adj.* respective

responsabilité *f.* responsibility

responsable *m., f.* supervisor; staff member; *adj.* responsible

ressembler à to resemble; **se ressembler** to look alike, be similar

ressenti *adj.* (deeply) felt; *p.p. of* **ressentir**

ressentiment *m.* resentment

ressentir (*like* **partir**) *irreg.* to feel, sense

ressentirent *p.s. of* **ressentir**

ressentit *p.s. of* **ressentir**

ressource *f.* resource; resourcefulness; *pl.* resources; funds

ressusciter to revive, resuscitate

reste *m.* rest, remainder; *pl.* leftovers; remains

rester to stay, remain; to be remaining

résultat *m.* result

résumé *m.* summary; resumé

résumer to summarize

retard *m.* delay; **avoir une heure de retard** to be an hour late; **combler son retard** to make up for one's delay

retenu *adj.* reserved; retained

se retirer to retire; to withdraw (*from society*)

retour *m.* return; **être de retour** to be back (*from somewhere*); **retour en arrière** flashback, review of one's past

retourner to return; to go back

retracer (nous retraçons) to retrace

retraite *f.* retreat; retirement; pension

retrouver to find (again); to regain; to meet (*by prior arrangement*)

réunion *f.* meeting; reunion

réunir to unite, reunite; to gather, assemble

réussir (à) to succeed, be successful (in); to pass (*a test, a course*)

réussite *f.* success, accomplishment

revanche: en revanche on the other hand; in return

rêve *m.* dream

rêvé *adj.* dreamed of

réveil *m.* waking, awakening; *m.* alarm clock; **radio-réveil** *m.* clock radio

réveiller to wake, awaken (*s.o.*)

révélateur (-trice) *adj.* revealing, telling

révéler (je révèle) to reveal

revendicateur (-trice) *adj.* demanding, assertive

revenir (*like* **venir**) *irreg.* to return; to come back (*someplace*)

revenu *m.* personal income; *p.p. of* **revenir**

rêver (de, à) to dream (about, of)

revêtir (*like* **vêtir**) *irreg.* to put on (*clothing again*)

revêtirent *p.s. of* **revêtir**

revêtit *p.s. of* **revêtir**

revêtu *p.p. of* **revêtir**

revêtu de *adj.* dressed in; covered with

rêveur (-euse) *adj.* dreaming, dreamy

revinrent *p.s. of* **revenir**

revint *p.s. of* **revenir**

revirent *p.s. of* **revoir**

réviser to review, revise

revit *p.s. of* **revoir**

revoir (*like* **voir**) *irreg.* to see (again); to review; **au revoir** goodbye, see you soon

révolu *adj.* completed

revu *p.p. of* **revoir**

revue *f.* review

rhum *m.* rum

ri *p.p. of* **rire**

richesse *f.* wealth

rideau *m.* curtain

ridicule *adj.* ridiculous

rien *m.* trifle, mere nothing, **ne... rien** *pron.* nothing

rigolade *f., fam.* fun, lark, spree

rigoureux (-euse) *adj.* rigorous

rigueur *f.* rigor; harshness

rire (*p.p.* **ri**) *irreg.* to laugh; *m.* laughter; **rire aux éclats** to burst out laughing

rirent *p.s. of* **rire**

risque *m.* risk; **courir des risques** to run risks

risquer (de) to risk

rit *p.s. of* **rire**

rite *m.* ritual, rite

rituel *m.* ritual; **rituel(le)** *adj.* ritual

rivage *m.* riverbank, shore

rive *f.* (river)bank; **Rive gauche, droite** the Left, Right Bank (*of the Seine in Paris*)

rivière *f.* river, tributary

riz *m.* rice

robe *f.* dress; robe; **robe de chambre** bathrobe, dressing gown

rocher *m.* rock, crag

rocheux (-euse) *adj.* rocky; **montagnes** (*f. pl.*) **Rocheuses** Rocky Mountains

roi (reine) *m., f.* king, queen; **le Roi Soleil** the Sun King (Louis XIV)

rôle *m.* part, character, role; **à tour de rôle** in turn, by turns; **jouer le rôle de** to play the part of

romain *adj.* Roman

roman *m.* novel

romantisme *m.* Romanticism

rompirent *p.s. of* **rompre**

rompit *p.s. of* **rompre**

rompre (*p.p.* **rompu**) *irreg.* to break

rompu *adj.* broken; *p.p. of* **rompre**

rond *adj.* round

rondin *m.* (*wooden*) log; **cabane** (*f.*) **de rondins** log cabin

rongé *adj.* tormented, consumed

rose *adj., m.* pink

rôti *adj.* roast(ed); **dinde** (*f.*) **rôtie** roast turkey

rouge *adj., m.* red

rougir to blush, redden

roulant *adj.* rolling; sliding; **tapis** (*m.*) **roulant** treadmill

rouler to travel (along) (*by car, train*); to roll

route *f.* road, highway; **faire fausse route** to take the wrong road; **mise** (*f.*) **en route** start-up, setting out

royaume *m.* realm, kingdom

Royaume-Uni *m.* Great Britain, United Kingdom

ruban *m.* ribbon; tape; **ruban adhésif** adhesive, cellophane tape

rubrique *f.* heading; newspaper column or section

rude *adj.* harsh, difficult

rue *f.* street

ruiné *adj.* (*financially*) ruined

ruisseau *m.* stream, brook

rumeur *f.* rumor; hum; din

russe *adj.* Russian; *m.* Russian (*language*); **Russe** *m., f.* Russian (*person*)

Russie *f.* Russia

rustaud(e) *m., f.* boor, bumpkin

rythme *m.* rhythm

S

sa *f. s. poss. adj.* his, her, its, one's

sacré *adj.* sacred; holy

sage *adj.* good, well-behaved; wise

sage-femme (*pl.* **sages-femmes**) *f.* midwife

sagesse *f.* wisdom

saillie *f.* (*architectural*) projection

sain *adj.* healthy, well, sound; sane; **produit** (*m.*) **sain** healthful product

saint *adj.* holy; saintly; **saint(e)** *m., f.* saint

saisie *f.* seizure; (*mortgage*) foreclosure

saisissant *adj.* startling, striking; gripping

saison *f.* season

salade *f.* salad; lettuce

salaire *m.* salary; paycheck

salé *adj.* salted, salty

salle *f.* room; auditorium; **salle à manger** dining room; **salle de classe** classroom; **salle de concert** concert hall

salon *m.* exhibit; salon; living room

saluer to greet; to salute

salut *m.* greeting; salvation; blessing, benediction

samedi *m.* Saturday

sang *m.* blood

sang-froid *m.* coolness, self-control; **garder son sang-froid** to keep one's head, one's cool

sanglant *adj.* bloody

sans *prep.* without; **sans cesse** unceasingly; **sans doute** doubtless, for sure; **sans égal** unequaled, unparalleled

sans-abri *m. inv.* homeless (*person[s]*)

santé *f.* health; **en bonne (pleine) santé** in good (full) health

Sardaigne *f.* Sardinia

satirique *adj.* satirical

satisfaisant *adj.* satisfying

satisfait *adj.* satisfied; pleased

sauce *f.* sauce; gravy; salad dressing; **sauce béchamel** white cream sauce

saucisson *m.* sausage, salami

sauf *prep.* except

saut *m.* leap, jump; **saut à la perche** pole-vaulting

sauter to jump; to skip

sauvage *adj.* rough; undeveloped

sauver to rescue, save

savant *adj.* trained; learned

saveur *f.* flavor

Savoie *f.* Savoy (*eastern France*)

savoir (*p.p.* **su**) *irreg.* to know; to know how to; to find out; *m.* knowledge

savoir-faire *m.* ability, know-how; tact

savourer to savor; to relish

scène *f.* stage; scenery; scene; **metteur (-euse)** (*m., f.*) **en scène** stage director; **mise** (*f.*) **en scène** (stage) direction, staging

science *f.* science; knowledge; **science-fiction** *f.* science-fiction; **sciences sociales** social sciences

scientifique *m., f.* scientist; *adj.* scientific

scolaire *adj.* school, academic

scolarité *f.* school attendance

sculpteur *m.* sculptor

se (s') *pron.* oneself; himself; herself; itself; themselves; to oneself, etc.; each other

sec (sèche) *adj.* dry

sécher (je sèche) to dry; **sécher un cours** to cut class, play hooky

sécheresse *f.* drought

seconde *f.* second (*unit of time*)

secours *m.* help; assistance; rescue service

secret (secrète) *m.* secret; *adj.* secret, private

secte *m.* sect; religion

secteur *m.* sector

sécuriser to make (*s.o.*) feel secure

sécurité *f.* security; safety

séduire (*like* **conduire**) *irreg.* to charm, win over; to seduce

séduisant *adj.* attractive, alluring

séduisirent *p.s. of* **séduire**

séduisit *p.s. of* **séduire**

séduit *adj.* charmed, won over; *p.p. of* **séduire**

ségrégation *f.* segregation

seigneur *m.* lord

seigneurial *adj., A.* seigniorial, manorial

sein *m.* breast, bosom; **au sein de** in the lap of, the bosom of

sel *m.* salt

sélectionner to choose

selon *prep.* according to

semaine *f.* week; **par semaine** per week

semblable (à) *adj.* like, similar, such; *m. pl.* fellow men, fellow beings

sembler to seem; to appear

sempiternel(le) *adj.* sempiternal, neverceasing

sénat *m.* senate

sens *m.* meaning; sense; way, direction; **au sens où** in the sense that

sensationnaliste *adj.* sensationalistic

sensationnel(le) *adj.* sensational, marvelous

sensible (à) *adj.* sensitive (to); evident, discernable

sentencieux (-ieuse) *adj.* sententious, moralizing

senti *adj.* felt; *p.p. of* **sentir**

sentiment *m.* feeling

sentir (*like* **partir**) *irreg.* to feel; to sense; to smell (of); **se sentir (bien, mal)** to feel (good, bad)

sentirent *p.s. of* **sentir**

sentit *p.s. of* **sentir**

séparation *f.* separation, division

séparer to separate

septembre September

septentrional *adj.* northern

sérieux (-ieuse) *adj.* serious

serment *m.* oath, sworn statement

séropositif (-ive) *adj.* HIV positive

serré *adj.* tight, snug; tightly woven

serrurerie *f.* ironwork, metalwork

serveur (-euse) *m., f.* bartender; waiter, waitress

servi *adj.* served; *p.p. of* **servir**

service *m.* favor; service

servir (*like* **partir**) *irreg.* to serve; to wait on; to be useful; **servir à** to be of use in, be used for; **servir de** to serve as, take the place of; **se servir de** to use

servirent *p.s. of* **servir**

servit *p.s. of* **servir**

serviteur *m., A.* servant

ses *poss. adj. pl.* his; her; its; one's

seul *adj., adv.* alone; single; only; **tout(e) seul(e)** all alone

seulement *adv.* only

short *m. s.* (pair of) shorts

si *adv.* so; so much; yes (*response to negative*); *conj.* if; whether; **même si** even if; **s'il vous (te) plaît** please

Sicile *f.* Sicily

sida (SIDA) *m.* AIDS

sidatique *adj.* stricken with AIDS

siècle *m.* century

sied: cela vous sied it suits, becomes you (*conjugation of* **seoir**)

siège *m.* siege; seat; place; headquarters

siegle *m.* rye (*grain*)

(le/la/les) sien(ne)(s) *pron.* his, hers; **les siens** *m. pl.* close friends, relatives

signe *m.* sign; gesture

signer to sign; **se signer** to make the sign of the cross

signifier to mean

silencieux (-ieuse) *adj.* silent

simple *adj.* simple; **passé (*m.*) simple** *Gram.* simple (*historic, literary*) past tense

simuler to simulate, imitate

sincèrement *adv.* sincerely

sinistrose *f.* (*pathological*) pessimism; paranoia

sino-américain *adj.* Chinese-American

sinon *conj.* otherwise

situer to situate, place; **se situer** to be situated, located

sixième *adj.* sixth

Sixtine: la chapelle Sixtine the Sistine Chapel (*Vatican*)

ski *m.* skiing; *pl.* skis; **faire du ski** to ski; **ski alpin** downhill skiing; **ski de fond** cross-country skiing; **ski de randonnée** cross-country skiing

smicard(e) *m., f., fam.* minimum-wage worker

smoking *m.* tuxedo; dinner jacket

social *adj.* social; **sciences (*f. pl.*) sociales** social sciences; **Sécurité (*f.*) Sociale (SECU)** Social Security (*in France*)

société *f.* society; organization; company

sociologie (*fam.* **socio**) *f.* sociology

sœur *f.* sister

soi (**soi-même**) *pron., neu.* oneself; **il va de soi que** it stands to reason that

soie *f.* silk; **soie grège** raw silk

soif *f.* thirst

soigner to take care of; to treat

soigneusement *adv.* carefully

soin *m.* care; treatment; **prendre soin de** to take care of

soir *m.* evening; **hier soir** yesterday evening, last night

soirée *f.* party; evening

soit *subj. of* **être**; for instance; **soit... soit...** *conj.* either . . . or . . .

soixante-huitard(e) *m., f., adj. refers* to participants in the 1968 French student protest movement

sol *m.* soil; ground; floor; **sous-sol** *m.* basement, cellar

soldat *m.* soldier

solder to settle; to discharge, pay off

soldes *m. pl.* discount, clearance sale

soleil *m.* sun; **le Roi Soleil** the Sun King (Louis XIV)

solennel(le) *adj.* solemn

solidaire *adj.* interdependent

solide *adj.* sturdy

solitaire *adj.* solitary; alone; *m., f.* solitary person

sollicité *adj.* excited; incited

solliciter to request

solvant *m.* solvent

sombre *adj.* dark

sommaire *m.* summary; abstract, (table of) contents

somme *f.* sum, total; amount; **somme toute** all together, when all is said and done

sommeil *m.* sleep

sommeiller to doze

sommet *m.* summit, top; **au sommet de** at the top of

son (sa, ses) *poss. adj.* his, her, its; *m.* sound

sondage *m.* (opinion) poll; **faire un sondage** to conduct a survey

sonde *f.* plummet, sounding line

sonner to ring (*a bell*)

sonorité *f.* tone; resonance

sort *m.* destiny, fate

sorte *f.* sort, kind; manner; **de toutes sortes** of all types; **en quelque sorte** in some sense

sorti *p.p. of* **sortir**

sortie *f.* exit; outing, excursion; appearance (*book, film*)

sortir (*like* **partir**) *irreg.* to leave; to take out; to go out; **s'en sortir bien** to get out of *s.th.* successfully; **sortir du lit** to get up

sortirent *p.s. of* **sortir**

sortit *p.s. of* **sortir**

souci *m.* worry, care; **se faire du souci** *fam.* to worry

soudain *adj.* sudden; *adv.* suddenly

souffert *p.p. of* **souffrir**

souffler to blow

soufflet *m. s.* bellows

souffrance *f.* suffering

souffrant *adj.* suffering; ill

souffrir (*like* **ouvrir**) (**de**) *irreg.* to suffer (from)

souffrirent *p.s. of* **souffrir**

souffrit *p.s. of* **souffrir**

souhait *m.* wish

souhaiter to wish, desire

souiller to soil, dirty

souligner to underline; to emphasize

soumettre (*like* **mettre**) *irreg.* to submit; **se soumettre à** to submit oneself to

soumirent *p.s. of* **soumettre**

soumis *adj.* submissive, docile; submitted; *p.p. of* **soumettre**

soumit *p.s. of* **soumettre**

soupçonné *adj.* suspected

souper *A.* to sup, have supper; *m.* supper

souple *adj.* flexible; supple

souplesse *f.* suppleness

souri *p.p. of* **sourire**

souriant *adj.* smiling

sourire (*like* **rire**) *irreg.* to smile; *n. m.* smile

sourirent *p.s. of* **sourire**

souris *f.* mouse

sourit *p.s. of* **sourire**

sous *prep.* under, beneath; **sous peine de** on pain of

sous-développement *m.* underdevelopment

sous-estimer to underestimate

sous-marin *adj.* underwater

sous-sol *m.* basement, cellar

sous-titre *m.* subtitle (*movies*)

soustraire (*p.p.* **soustrait**) *irreg.* to subtract

soustrait *adj.* hidden, withdrawn; *p.p. of* **soustraire**

soutenable *adj.* bearable, supportable

soutenir (*like* **tenir**) *irreg.* to support; to assert

soutenu *p.p. of* **soutenir**

souterrain *adj.* underground

soutien *m.* support

soutinrent *p.s. of* **soutenir**

soutint *p.s. of* **soutenir**

souvenir *m.* memory, recollection; souvenir

se souvenir (*like* **venir**) **de** *irreg.* to remember

souvent *adv.* often

souvenu *p.p. of* **se souvenir de**

souveraineté *f.* sovereignty, independence

se souvinrent *p.s. of* **se souvenir**

se souvint *p.s. of* **se souvenir**

soviétique *m., f., adj.* Soviet

spacieux (-ieuse) *adj.* spacious

spatial *adj.* spatial; space; **navette** (*f.*) **spatiale** space shuttle

spécialisation *f.* specialization; (*academic*) major

se spécialiser (en) to specialize (in)

spécialité *f.* specialty (*usually in cooking*)

spectacle *m.* show, performance

spectateur (-trice) *m., f.* spectator; *m. pl.* audience

sphère *f.* sphere; domain

spirituel(le) *adj.* spiritual

spongieux (-ieuse) *adj.* spongy

spontanément *adv.* spontaneously

sport *m.* sport(s); **centre** (*m.*) **des sports et des loisirs** recreation center; **faire du sport** to do, participate in sports; **pratiquer un sport** to engage in a sport; **tenue** (*f.*) **de sport** sportswear

sportif (-ive) *m., f.* athletic person; *adj.* athletic; sports-minded; sports

spot *m.* TV commercial; spotlight

stade *m.* stadium

statistique *f.* statistic(s)

statut *m.* status

steamer *m., A.* steamboat

stellaire *f.* starwort, stitchwort (*plant*)

stéroïde *m.* steroid

stimuler to stimulate; to spur

stipuler to stipulate

stresser to stress

styliste *m., f.* fashion designer

su *p.p. of* **savoir**

subir to undergo; to endure

subjectif (-ive) *adj.* subjective

subjonctif *m., Gram.* subjunctive (*mood*)

subordonné *adj.* subordinate

subsister to subsist; to remain

substantiel(le) *adj.* substantial

substantif *m., Gram.* noun, substantive

substituer to substitute

subvenir (*like* **venir**) **à** *irreg.* to supply, provide for

subvenu *p.p. of* **subvenir**

subvinrent *p.s. of* **subvenir**

subvint *p.s. of* **subvenir**

suc *m.* sap, juice

succès *m.* success; **avoir du succès** to be successful; **chanson** (*f.*) **à succès** hit song

successif (-ive) *adj.* successive

sucre *m.* sugar

sucré *adj.* sweet; sugared

sucrer to sweeten, sugar

sucreries *f. pl.* sweets

sud *m.* south

sud-est *m.* southeast

sueur *f.* sweat, perspiration

suffi *p.p. of* **suffire**

suffire (*like* **conduire**) *irreg.* to suffice; **il suffit de** that suffices, it's enough (to)

suffisamment (de) *adv.* sufficient, enough

suffisant *adj.* sufficient

suffocant *adj.* suffocating

suggérer (je suggère) to suggest

suicidaire *adj.* suicidal

suicidé(e) *m., f.* suicide, person who commits suicide

se suicider to commit suicide

Suisse *f.* Switzerland; *m., f.* Swiss (*person*), **Suisse** *adj.* Swiss

suite *f.* continuation; series; result; **de suite** at once; in a row; **et ainsi de suite** and so on; **par la suite** later on, afterwards; **tout de suite** immediately, right away

suivant *adj.* following; *prep.* according to

suivi *p.p. of* **suivre; suivi (de)** *adj.* followed (by)

suivirent *p.s. of* **suivre**

suivit *p.s. of* **suivre**

suivre (*p.p.* **suivi**) *irreg.* to follow

sujet *m.* subject; topic; **à ce sujet** in this matter; **au sujet de** concerning

superficie *f.* surface

superficiel(le) *adj.* superficial

supérieur *m., f.* superior, boss; *adj.* superior; upper; advanced; **cadre** (*m.*) **supérieur** business executive

superlatif (-ive) *adj.* superlative; *m., Gram.* superlative

superlourd *adj.* ultra-heavyweight

supplémentaire *adj.* supplementary, additional

supplice *m.* torture; punishment

supplier to beg, entreat

supporter to endure, tolerate, bear
supposer to suppose; to imagine
suppression *f.* suppression, cancellation
suprématie *f.* supremacy
sur *prep.* on; in; on top; out of; about
sûr *adj.* sure, certain; safe; **bien sûr** of course
sûrement *adv.* certainly, surely
surent *p.s. of* **savoir**
surface *f.* surface; **grande surface** shopping mall, superstore
surgelé *adj.* frozen
surgir to come into view, appear
surhomme *m.* superman
surmonter to overcome, get over
se surpasser to overcome, transcend
surprenant *adj.* surprising
surprendre (*like* **prendre**) *irreg.* to surprise; to come across; **se surprendre à** to discover oneself (*doing s.th.*)
surprirent *p.p. of* **surprendre**
surpris *adj.* surprised; *p.p. of* **surprendre**
surprit *p.s. of* **surprendre**
sursaut *m.* start, jump; **se réveiller en sursaut** to wake up with a start
surtout *adv.* especially; above all
survécu *p.p. of* **survivre**
survécurent *p.s. of* **survivre**
survécut *p.s. of* **survivre**
surveillance *f.* supervision
surveiller to watch over, supervise
survenir (*like* **venir**) *irreg.* to happen, occur
survenu *adj.* happened; *p.p. of* **survenir**
survie *f.* survival
survinrent *p.s. of* **survenir**
survint *p.s. of* **survenir**
survivance *f.* relic; survival, outliving
survivre (*like* **vivre**) *irreg.* to survive
suspendu *adj.* suspended
sut *p.s. of* **savoir**
symboliser to symbolize
symétrique *adj.* symmetrical
sympathique (*fam.* **sympa**) *adj.* nice, likable
sympathiser to sympathize
syndicaliste *m., f.* union member; union activist
synonyme *m.* synonym; *adj.* synonymous
synthèse *f.* synthesis

T

ta *f. s. poss. adj., fam.* your
tabac *m.* tobacco; tobacco shop
tabatière *f.* snuff-box
table *f.* table; **se mettre à table** to sit down to eat; **table des matières** table of contents; **vin** (*m.*) **de table** house wine, table wine
tableau *m.* painting; chart; **tableau noir** blackboard, chalkboard
tablette *f.* cake, tablet; (chocolate) bar
tâche *f.* task
tag *m.* tagging, graffiti
tandis que *conj.* while; whereas
Tanger Tangiers (*Morocco*)
tant *adv.* so, so much; so many; **en tant que** as; insofar as; **tant bien que mal** somehow or other; **tant de** so many, so much; **tant mieux** so much the better; **tant... que** as much. . . as; **tant que** as long as
tantôt *adv.* soon, presently; **tantôt... tantôt...** sometimes . . . sometimes . . .
tapis *m.* rug; **tapis roulant** treadmill
tard *adv.* late; **plus tard** later
tartine *f.* bread and butter sandwich
tas *m.* lot, pile; **sur le tas** at work, in the field (*professionally*); **un tas de** a lot of
tasse *f.* cup
tâter to feel, touch
taux *m.* rate; **taux de chômage** unemployment rate
taxes *f. pl.* indirect taxes
Tchad *m.* Chad
te (**t'**) *pron., fam.* you; to you
technique *f.* technique; *adj.* technical
techniquement *adv.* technically
technologie *f.* technology
tel(le) *adj.* such; **tel(le) que** such as, like
télé *f., fam.* television
téléachat *m.* home shopping (*by TV*)
télécommande *f.* remote control (*device*)
téléphone *m.* telephone; **coup** (*m.*) **de téléphone** *fam.* phone call
téléspectateur (**-trice**) *m., f.* television viewer
télévisé *adj.* televised, broadcast; **journal** (*m.*) **télévisé** broadcast news; **présentateur** (**-trice**) **du**

journal télévisé *m., f.* TV news anchor
téléviseur *m.* television set
télévision (*fam.* **télé**) *f.* television
tellement (**de**) *adv.* so; so much, so many
témoignage *m.* evidence; testimony
témoigner (**de**) to witness, testify (to)
témoin *m.* witness
temporel(le) *adj.* temporal, pertaining to time
temps *m., Gram.* tense; time, era; weather; **à plein temps** full-time; **à temps** in time; **avoir le temps de** to have time to; **de temps en temps** from time to time; **emploi** (*m.*) **du temps** schedule; **en même temps** at the same time; **passer du temps à** to spend time (*doing*); **passe-temps** *m.* pastime; **prendre le temps (de)** to take the time (to); **temps libre** leisure time
tenace *adj.* tenacious
tendance *f.* tendency; trend; **avoir tendance à** to have a tendency to
tendre to offer, hand over; to stretch out; **tendre à** to tend, have a tendency to
tendresse *f.* tenderness
tenez *interj.* look here
tenir (*p.p.* **tenu**) *irreg.* to hold; to keep; to be contained; **se tenir** to stay, remain; to be kept; to take place; **tenir à** to cherish; to be anxious to; **(se) tenir au courant** to keep (oneself) informed; **tenir compte de** to take into account; **tenir le haut du pavé** *fam.* to be in a high position; to lord it (*over others*); **se tenir debout** to remain standing
tension *f.* tension; blood pressure
tenter to tempt; to try, attempt
tenu *adj.* held; *p.p. of* **tenir**; **tenu de sport** sportswear
tenue *f.* (*manner of*) dress, costume
terme *m.* term; end; **au bon sens du terme** in the good sense of the word; **en terme de** in terms of; **mener (un projet) à terme** to carry (a project) through
terminer to end; to finish
terrain *m.* ground; land; (playing) field

terrasse *f.* terrace; patio

terre *f.* land; earth; ground; **pomme (f.) de terre** potato

Terre-Neuve *f.* Newfoundland

terrestre *adj.* terrestrial, of the earth

terrible *adj.* terrible; *fam.* great, extraordinary

terrifier to terrify

tes *poss. adj., pl., fam.* your

tester to test

tête *f.* head; mind; *fam.* face; **casse-tête** *m., inv.* puzzle; **coup** (*m.*) **de tête** butt; sudden blow; **en faire à sa tête** to do as one pleases; **en tête** first; **être en tête des ventes** to be at the top of the charts; **mal** (*m.*) **de tête** headache

têter to nurse, suckle

thaïlandais *adj.* Thai; **Thaïlandais(e)** *m., f.* Thai (*person*)

thé *m.* tea; **thé à la menthe** mint tea

théâtral *adj.* theatrical

théâtre *m.* theater; **pièce** (*f.*) **de théâtre** (theatrical) play

théorique *adj.* theoretical

thérapeutique *adj.* therapeutic; *f.* therapy

thèse *f.* thesis; hypothesis

(le/la/les) tien(ne) (s) *pron., fam.* yours

tiercé *m.* forecast, prediction (*gambling*)

tiers *m.* one-third; *adj.* third

tige *f.* stem, stalk

timide *adj.* shy; timid

timonier *m., A.* helmsman

tinette *f.* soil-tub, sewage tank

tinrent *p.s. of* **tenir**

tint *p.s. of* **tenir**

tintement *m.* buzzing, ringing

tir *m.* shooting; **chasse** (*f.*) **au tir** (target) shooting

tirage *m.* printing, print run

tiré de *adj.* drawn, adapted from

tirer to pull (out); to draw; to shoot (*with a gun*)

tisane *f.* herbal tea

tissu *m.* material, fabric, cloth

titre *m.* title; degree; **grand titre** (news) headline; **sous-titre** *m.* subtitle (*movies*)

toi *pron., fam.* you; **toi-même** yourself

toile *f.* canvas; oil painting; **toile de fond** background, backdrop

toilette *f.* grooming; **cabinet** (*m.*) **de toilette** dressing room

toit *m.* roof

tolérer (je tolère) to tolerate

tomate *f.* tomato

tombeau *m.* tomb, monument

tomber to fall; **tomber amoureux (-euse) (de)** to fall in love (with); **tomber bien** to be lucky, a lucky coincidence; **tomber sur** to come upon

ton (ta, tes) *poss. adj., fam.* your; *m.* tone

tonne *f.* ton

toque *f.* cap; toque (*hat*)

tordre to twist

torsion *f.* torsion, twist

tort *m.* wrong; **à tort et à travers** at random, without rhyme or reason; **avoir tort** to be wrong

torturé *adj.* tortured; **torturé(e)** *m., f.* tortured person

tôt *adv.* early; **(au) plus tôt** earlier, at the earliest

totalitarisme *m.* totalitarianism

touchant *adj.* touching

toucher (à) to touch; to concern; to move

touffu *adj.* bushy, thick; involved

toujours *adv.* always; still

tour *f.* tower; *m.* walk, ride; turn; tour; trick; **à son (votre) tour** in his/her (your) turn; **à tour de rôle** in turn, by turns; **tour** (*f.*) **Eiffel** Eiffel Tower

tourbillon *m.* whirlwind

touriste *m., f.* tourist

touristique *adj.* tourist

tourmenté *adj.* uneasy; tortured

se tourmenter to fret, worry, be uneasy

tournant *m.* turning, street corner

tournée *f.* tour (*theater*)

tourner (à) to turn, turn into; **tourner autour de** to revolve around; **tourner un film** to make, shoot a movie

tourniquet *m.* turnstile; wheel, swivel

tournure *f.* turn (*of mind*), cast, face

tout(e) (pl. tous, toutes) *adj., pron.* all; every; everything; each; any; **à tout le moins** at the very least; **à tout moment** always; at any time; **avant tout** first of all, above all; **de tout** all sorts of things; **de toute façon** anyhow, in any case; **de toute(s) sorte(s)** of all kinds, types; **en tout (tous) cas** in any case, at all events; **en toute bonne foi** in all sincerity; **(ne...) pas du tout** not at all; **pour tout dire** in a word; **tous (toutes) les deux** both (of them); **tous les jours** every day; **tout à coup** suddenly; **tout à fait** completely, entirely; **tout à l'heure** in a while; a while ago; **tout autant** quite as much, quite as many; **tout compte fait** all in all; **tout de suite** immediately, right away; **toutes les deux semaines** every other week; **toutes sortes de** all sorts, types of; **tout juste** barely; **tout le monde** everybody, everyone; **tout le temps** all the time; **tout(e) seul(e)** all alone; **tout va bien** everything's going well

toutefois *adv.* however, nevertheless

toute-puissance *f.* omnipotence

trace *f.* trace; impression; footprint

traditionaliste *adj.* traditionalistic

traditionnel(le) *adj.* traditional

traduire (like conduire) *irreg.* to translate; **se traduire par** to make itself known by

traduisirent *p.s. of* **traduire**

traduisit *p.s. of* **traduire**

traduit *adj.* translated; *p.p. of* **traduire**

tragédie *f.* tragedy

trahir to betray

trahison *f.* betrayal

train *m.* train; **chef** (*m.*) **de train** train conductor; **en train** by train; **être en train de** to be in the process of

traînant *adj.* languid, listless; drawling

traité *adj.* treated; *m.* treaty

traiter to treat; to be about; **traiter de** to call (*by some name or other*)

trajet *m.* journey, distance (*to travel*)

tranchant *adj.* cutting, sharp

tranche *f.* slice; block, slab

tranquille *adj.* quiet, calm

tranquillité *f.* tranquility; calm

transcender to transcend

transféré *adj.* transferred

transfigurer to transfigure

transformer to transform; to change

Transsibérien *m.* Trans-Siberian (Railway)

transiter to cross; to be in transit

transmettre (*like* **mettre**) *irreg.* to transmit, pass on

transmirent *p.s. of* **transmettre**

transmis *adj.* transmitted; *p.p. of* **transmettre**

transmit *p.s. of* **transmettre**

transparence *f.* transparency

transport(s) *m.* transportation; **moyens** (*m. pl.*) **de transport** means of transportation

transporter to carry, transport

transversal *adj.* transverse, cross

trappeur *m.* trapper

travail (*pl.* **travaux**) *m.* work; project; job; employment; *pl.* public works

travailler to work

travers: à travers *prep.* through, throughout; **à tort et à travers** at random, without rhyme or reason

traverse *f.* short cut; crossroad

traversée *f.* crossing

traverser to cross

trembler to shake, tremble

trépidant *adj.* agitated; bustling

très *adv.* very; most; very much; **très bien** very well (good)

tréteau *m.* traveling stage, trestle

tribune *f.* forum; gallery, loft

trié *adj.* sorted (out)

triomphe *m.* triumph

triompher to triumph

tripler to triple

tristesse *f.* sadness

tristounet(te) *adj., fam.* a little sad, glooomy

troisième *adj.* third

se tromper (de) to be mistaken (about), make a mistake

tronqué *adj.* truncated

trop (de) *adv.* too much (of); too many (of)

trou *m.* hole

troubler to muddy; to disturb, interfere, trouble

troué *adj.* holey, having holes

trouille *f., fam.* stage fright

troupe *f.* troop, company

troupeau *m.* herd, flock

trouvaille *f.* (lucky) find; windfall

trouver to find; to deem; to like; **se trouver** to be; to be located

truchement *m.* go-between, spokesman, intermediary

tu *pron., s., fam.* you

tuer to kill

Tunisie *f.* Tunisia

type *m.* type; *fam.* guy

typique *adj.* typical

tyranniser to oppress, tyrannize

U

ubiquité *f.* ubiquity, ubiquitousness

Ukranien(ne) *m., f.* Ukrainian

un(e) *art., pron.* a; *adj.* one; **la une** *f.* front page (*of newspaper*); **l'un(e) l'autre** one another; **un(e) autre** another; **une fois** once; **une fois par semaine** once a week; **un jour** some day; **un peu** a little

uni *adj.* plain (*material*); united; close; **Royaume-Uni** *m.* United Kingdom, Great Britain

uniformisation *f.* uniformization, standardization

unilingue *adj.* unilingual

uniment *adv.* evenly; simply

union *f.* union; marriage; **union libre** living together, common-law marriage

unique *adj.* only, sole

unir to unite; **s'unir** to unite

universel(le) *adj.* universal

universitaire *adj.* (*of or belonging to the*) university

université *f.* university

urbain *adj.* urban, city

usage *m.* use; usage

utile *adj.* useful

utilisation *f.* utilization, use

utiliser to use, utilize

utilité *f.* utility, usefulness

V

vacances *f. pl.* vacation; **partir en vacances** to leave on vacation; **passer des vacances** to spend one's vacation; **prendre des vacances** to take a vacation

vache *f.* cow

vadrouille *f., fam.* outing, spree

vadrouilleur (-euse) *m., f., fam.* gadabout, wanderer

vague *f.* (*ocean*) wave; fad

vaincre (*p.p.* **vaincu**) *irreg.* to vanquish, conquer

vaincu *adj.* conquered; *p.p. of* **vaincre**

vainquirent *p.s. of* **vaincre**

vainquit *p.s. of* **vaincre**

valable *adj.* valid, good

valet (*m.*) **de chambre** valet, manservant

valeur *f.* value; worth; **jugement** (*m.*) **de valeur** value judgment

valider to validate; to ratify

vallée *f.* valley

valoir (*p.p.* **valu**) *irreg.* to be worth; to obtain, win; to cost; **faire valoir** to assert, enforce; **valoir mieux** to be better

valse *f.* waltz

valu *p.p. of* **valoir**

valurent *p.s. of* **valoir**

valut *p.s. of* **valoir**

vantard(e) *m., f.* braggart, boaster

vanter to praise, speak in praise of

varié *adj.* varied

variété *f.* variety; *pl.* variety show; **chanteur (chanteuse)** (*m., f.*) **de variété** popular singer

vaste *adj.* vast; wide, broad

vécu *adj.* lived; real-life; *p.p. of* **vivre**

vécurent *p.s. of* **vivre**

vécut *p.s. of* **vivre**

vedette *f.* star, celebrity; **présentateur (-trice) vedette** *m., f.* talk show host

végétarien(ne) *m., f., adj.* vegetarian

veille *f.* watch, vigil; the day (evening) before; eve

veiller to watch, be on the lookout

veilleur (-euse) *m., f.* watcher, keeper of the watch

veilleuse *f.* night-light

vélo *m., fam.* bike; **faire du vélo** to go biking

vendre to sell

vendredi *m.* Friday

venir (*p.p.* **venu**) *irreg.* to come; **venir de + inf.** to have just (*done s.th.*); **venir en aide** to come to the aid (of)

vent *m.* wind; **moulin** (*m.*) **à vent** windmill

vente *f.* sale; selling; **classement** (*m.*) **des ventes** pop chart; **être en tête des ventes** to be at the top of the charts

venu *adj.* arrived; *p.p. of* **venir**

ver *m.* worm, earthworm

verbe *m., Gram.* verb; language

vérifier to verify

véritable *adj.* true; real

vérité *f.* truth

verre *m.* glass; **fibre** (*f.*) **de verre** fiberglass

verrou *m.* bolt, bar (*lock*)

vers *prep.* around, about (*with time*); toward(s), to; about; *m.* line (*of poetry*)

verser to pour (in); to deposit (*to an account*); **verser des larmes de joie** to weep with joy

vert *adj.* green; (*politically*) "green"

vertu *f.* virtue

veste *f.* jacket, suit coat

vestimentaire *adj.* pertaining to clothing

vêtement *m.* garment; *pl.* clothes, clothing

vêtir (*p.p.* **vêtu**) *irreg.* to clothe, dress

vêtirent *p.s. of* **vêtir**

vêtit *p.s. of* **vêtir**

vêtu *adj.* dressed; *p.p. of* **vêtir**

viande *f.* meat

vibrisse *f.* (cat's) whisker

vide *adj.* empty

vidéo *f., fam.* video (cassette); *adj.* video; **cassette vidéo** *f.* videocassette; **jeu** (*m.*) **vidéo** video game

vidéocassette *f.* videocassette, video

vider to empty

vie *f.* life; **gagner sa vie** to earn one's living; **mener sa vie** to lead one's life; **mode** (*m.*) **de vie** lifestyle

vieillesse *f.* old age

vieillissement *m.* aging

vieux (vieil, vieille) *adj.* old

vif (vive) *adj.* lively, bright; **avoir les nerfs à vif** to have frayed nerves

ville *f.* city; **centre-ville** *m.* downtown

vin *m.* wine; **esprit-de-vin** *m.* ethyl alcohol; **vin de table** table wine, ordinary wine

vingtaine *f.* about twenty

vingtième *adj.* twentieth

vinrent *p.s. of* **venir**

vint *p.s. of* **venir**

viol *m.* rape

violon *m.* violin

violoncelle *m.* cello

violoncelliste *m., f.* cellist

virent *p.s. of* **voir**

virtuel(le) *adj.* virtual

visa *m.* visa; signature

visage *m.* face

vis-à-vis (de) *adv.* opposite, facing; towards

viser to aim (at)

visionnaire *m., f.* visionary

visite *f.* visit

visiter to visit (*a place*)

visiteur (-euse) *m., f.* visitor

visuel(le) *adj.* visual

vit *p.s. of* **voir**

vite *adv.* quickly, fast, rapidly

vitesse *f.* speed

vitre *f.* pane of glass; car window

vitrine *f.* display window, store window

vivant *adj.* living; alive

vive... ! *interj.* hurrah for . . . !

vivre (*p.p.* **vécu**) *irreg.* to live

vocalise *f.* vocalization exercise

voici *prep.* here is/are

voie *f.* way, road

voilà *prep.* there is/are

voile *m.* veil; *f.* sail; **bateau** (*m.*) **à voile** sailboat; **faire de la voile** to sail, go sailing; **planche** (*f.*) **à voile** sailboard, windsurfer

voilé *adj.* veiled

se voiler to wear the veil

voir (*p.p.* **vu**) *irreg.* to see

voisin(e) *m., f.* neighbor; *adj.* neighboring

voiture *f.* car, automobile; carriage, coach

voix *f.* voice; **à haute voix** out loud, aloud

vol *m.* flight

volaille *f.* fowl, poultry

volant *m.* steering wheel; **cerf-volant** *m.* (*paper*) kite

volcanologue *m., f.* vulcanologist

voler to fly

volet *m.* (*window*) shutter

voleur (-euse) *m., f.* thief

volley-ball (*fam.* **volley**) *m.* volleyball

volonté *f.* will; willingness; **en toute bonne volonté** in all sincerity

vos *poss. adj., pl.* your

vote *m.* vote; **bureau** (*m.*) **de vote** polling place; **droit** (*m.*) **de vote** right to vote

voter to vote

votre *poss. adj.* your

(le/la/les) vôtre(s) *pron.* yours

vouloir (*p.p.* **voulu**) *irreg.* to wish, want; to demand; **vouloir dire** to mean

voulu *adj.* desired, wished; *p.p. of* **vouloir**

voulurent *p.s. of* **vouloir**

voulut *p.s. of* **vouloir**

vous *pron.* you; yourself; to you; **chez vous** at your place; **vous-même** *pron.* yourself

voyage *m.* trip; **faire un voyage** to take a trip

voyager (nous voyageons) to travel

voyageur (-euse) *m., f.* traveler

vrai *adj.* true, real

vu *adj.* seen; *p.p. of* **voir**; **mal vu(e)** badly (*not well*) regarded

vue *f.* view; panorama; sight; **en vue de** in view of; **point** (*m.*) **de vue** point of view

W

W.C. *m. pl., fam.* toilet, restroom

wagon *m.* train car; **wagon-restaurant** *m.* dining car

week-end *m.* weekend

Y

y *pron., adv.* there; **il y a** there is/are; ago

yaourt *m.* yoghurt

yeux (*m. pl. of* **œil**) eyes; **à mes yeux** in my view

Z

zapper to switch, hop; to channel surf (*TV*)

zappeur (-euse) *m., f.* one who switches (*jobs, lifestyles, etc.*)

zapping *m.* channel surfing; switching

(*continued from page ii*)

Resource, N.Y.; **42** Photograph © Giraudon/Art Resource, N.Y.; **44** Photograph © Giraudon/Art Resource, N.Y.; **45** © Chad Ehlers/Tony Stone Images; **50** © R. Lucas/The Image Works; **54** © Sipa Press; **55** © Owen Franken; **58** © Owen Franken; **59** © Micheline Pelletier/Sygma; **60** © Germain Rey/Gamma-Liaison; **64** © Félix Gilbert/Fotogram/Tony Stone Images; **67** © Mike Mazzaschi/Stock, Boston; **69** © Mark Antman/The Image Works; **74** © Michel Thersiquel/Tony Stone Images; **78** © Lee Snider/The Image Works; **81 (top)** © Daniel Faure/Scope; **(bottom)** The Bettmann Archive; **88** © Philip & Karen Smith/Tony Stone Images; **89** © George Hunter/Tony Stone Images; **93 (left)** © Beryl Goldberg; **(right)** © Maurice Huser/Fotogram/Tony Stone Images; **94** © Beryl Goldberg; **104** © Abbas/Magnum; **105** © Pierre Boussel/Agence France-Presse; **106** © Reuters/Bettmann; **109** © R. Lucas/The Image Works; **110** © Stephen Homer/First Light, Toronto; **117** © Alexis Duclos/Gamma-Liaison; **119** © Frank W. Ockenfels III/Outline; **120** © UPI/Bettmann; **121** © UPI/Bettmann; **122** © UPI/Bettmann; **126** © Beryl Goldberg; **129** © David Madison; **131** © Bob Martin/Allsport; **137** © Sally Cassidy/The Picture Cube; **139** © Hugh Rogers/Monkmeyer Press Photos; **142** © Beryl Goldberg; **147** © Penny Tweedie/Tony Stone Images; **152** © Nadia Benchallal/Contact Press Images; **154** © Nadia Benchallal/Contact Press Images; **160** Claude Monet, *Rouen Cathedral* (in full sunlight; blue harmony and gold). Musée d'Orsay, Paris. Photograph © Erich Lessing/Art Resource, N.Y.; **164 (top)** Alfred Sisley, *La barque pendant l'inondation* (1876). Musée d'Orsay, Paris. Photograph © Giraudon/Art Resource, N.Y.; **(bottom)** Alfred Sisley, *L'inondation à Port-Marly* (1876). Courtesy the Fitzwilliam Museum, Cambridge; **165** Alfred Sisley, *Pont de Moret* (1893), Musée d'Orsay, Paris. Photograph © Giraudon/Art Resource, N.Y.; **171** © Tom Craig/The Picture Cube; **172** © Robert Fried/Stock, Boston; **174** © Owen Franken/Gamma-Liaison; **180 (left)** Jean-Auguste-Dominique Ingres, *La source*. Musée d'Orsay, Paris. Photograph © Erich Lessing/Art Resource, N.Y.; **182** © Claudia Dhimitri/The Picture Cube; **187** © Mahanam/Imapress/Outline; **192** © John Sylvester/First Light, Toronto; **194** © Eric A. Wessman/Stock, Boston.

Realia

Page 5 Brito, *Le Monde;* **9** *Elle*/Scoop; **15** *Marie-France;* **17** Published in *France Magazine;* **18** OCDE; **23 (top left)** Gamma; **(bottom left)** Sipa; **(right)** Allsport/Vandystadt; **27 (top left)** Agence Vu; **(bottom left)** Rapho; **(top right)** Sipa; **(bottom right)** Editing; **31** *Medicins Nouvelles;* **49** *Match*/Scoop; **67** From *Francoscopie:* 1993; **83** Pierre St.-Jacques; **84 (clockwise from top)** Yves Tessier/Productions Tessima Itée; Jacques Bourdeau; Yves Tessier; Piere Pouliet/Publi-photo; Yves Tessier; Jean Sylvain; **97, 98, 99** AP; **108** Europe 1-TV; **113 (left)** Opus 64, Musicaglotz; **(right)** Sygma; **114** Claude Gassian; **115** Imapress; **128, 135** *Nouveau Petit Larousse* © Larousse 1968; **134** *L'Express*/NYTSS; **137, 140** *Le Nouvel Observateur;* **145, 146** *Rivages;* **151** *Les Cles de l'Actualité,* no. 122, 29 September 1994, Milan-Presse, Paris; **163** Archives Durand Ruel; **180** Chanel; **184** *Francophonie;* **197** Office de tourisme et des congrès de la Communauté ubaine de Québec.

Literary Excerpts

Page 9 «Laurence Pollet: Sage-Femme» © *Elle*/Sophie Le Poitevin; **14** *Marie-France;* **22, 26** *Le Nouvel Observateur;* **34** *Le Vie quotidienne au temps de Jeanne d'Arc* by Marcelin Defourneaux © Hachette, 1952; **41** *Le Vie Quotidienne au temps de Louis XIV* by François Bluche © Hachette, 1984; **53, 58, 66** Gérard Mermet, *Francoscopie: 1993* © Larousse 1992; **73** «Evidences invisibles: Américains et Français au quotidien» by Raymond Carroll, in *La Couleur des idées* © Editions du Seuil, 1991; **80** Tourism Québec; **86** From *Journal du voyage au Canada* by Michael Turner (Paris: Editions Robert Laffont, 1984); **97** *Match*/Scoop; **103, 113** *Le Nouvel Observateur;* **119** *Jeune Afrique;* **129** *L'Express*/NYTSS; **136** *Le Nouvel Observateur;* **145** *Rivages;* **152** *Télérama;* **163** *Match*/Scoop; **171** *Le Nouvel Observateur;* **186, 187** *L'Express*/NYTSS; **187** Guy Joron, in *Le Défi Québécois* by François-Marie Monnet (Paris: Editions Robert Laffont; Montreal: Editions Quinze, 1977); **193** «L'Acadie ma seule patrie» by Clarence Comeau from *Acadie/Experience* (Montreal: Editions Parti Pris, 1977).

ABOUT THE AUTHORS

Lucia F. Baker holds a Diplôme de Hautes Etudes from the University of Grenoble and an M.A. from Middlebury College, and has done additional graduate work at Radcliffe College and Yale University. She recently retired after more than twenty years of teaching at the University of Colorado (Boulder). In addition to teaching first- and second-year French language courses, she coordinated the Teaching Assistant Training Program, which includes the methodology class and language course supervision. Professor Baker received two Faculty Teaching Excellence awards and in 1983 was honored by the Colorado Congress of Foreign Language Teachers for unusual service to the profession.

Ruth A. Bleuzé holds an M.A. in International Relations from the University of Pennsylvania and a Ph.D. in French from the University of Colorado (Boulder). She has taught language, literature, history, and civilization courses at the University of Colorado (Boulder and Denver campuses), Loretto Heights College, and Dartmouth College. She received a graduate student Teaching Excellence award in 1976, and in 1977 was listed in *Who's Who in American Colleges and Universities.* Dr. Bleuzé is currently director of training for Prudential Relocation Intercultural Services, a management consultant firm providing cross-cultural and language training for executives from multinational companies who are relocating to foreign countries.

Laura L. B. Border received her Ph.D. in French from the University of Colorado at Boulder. She taught first-, second-, and third-year French courses for many years. She studied French language, literature, and culture at the University of Bordeaux as an undergraduate student, and later taught English conversation, translation, and phonetics there. A recipient of the graduate student Teaching Excellence award at Boulder, she is now director of the Graduate Teacher Program at the Graduate School of the University of Colorado at Boulder.

Carmen Grace is the coordinator of *Collage, Quatrième édition.* She holds an M.A. in French from the University of Colorado at Boulder where she has taught courses in literature, language, civilization, and methodology during the last twenty years. She directed the first-year Teaching Assistant Program for three years. She now coordinates the Intermediate Language Program and supervises teaching certification candidates. She has also taught English courses at the University of Bordeaux. Awards received include a French Government Fellowship to the Sorbonne and a University of Colorado Teaching Excellence Award.

Janice Bertrand Owen received her Ph.D. in French Literature from the University of Colorado (Boulder). She has taught language and literature classes at the Boulder and Denver campuses for eighteen years. In 1977 she directed the University of Colorado Study Abroad Program in Chambéry, and in 1979 designed and taught an intensive course for secondary teachers of French in the Boulder Valley Schools.

Ann Williams-Gascon is associate professor of French at Metropolitan State College of Denver, where she teaches courses in language, literature, and contemporary French culture. She was the recipient of a 1994 Excellence in Teaching Award from the Golden Key Honor Society and received the Colorado Congress of Foreign Language Teachers' Young Educator Award in 1991. Her doctoral degree is from Northwestern University and she also has a Diplôme d'Etudes Approfondies from the Université de Lyon II.